书写训练

（第二版）

庆　旭　孙中国　主编

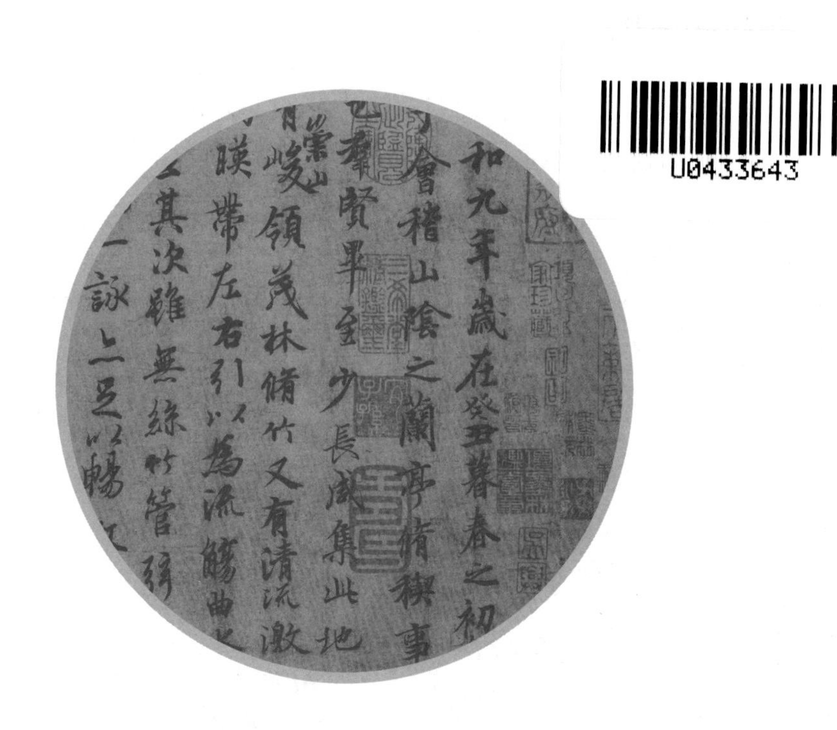

復旦大學出版社

内容提要

《书写训练》（第二版）一书主要从实践方面编排内容，选取了两种常用书体，即楷书和行书。全书由四个部分组成：毛笔楷书、毛笔行书、硬笔楷书、硬笔行书。毛笔楷书和行书部分以代表性碑帖——颜真卿《勤礼碑》和王羲之《兰亭序》为范本，编排模式相似，基本内容为各自的概述，笔法简析，笔画、偏旁和结构训练，碑帖原帖。硬笔楷书和行书部分主要内容为各自的概述，笔法简析，笔画、偏旁、结构训练。本书的技巧训练方法参考编者承担的中国教育学会“十一五”科研规划立项课题——“书法教育教学的模式研究”成果，采取“学以致用、随学随用、未学不用、不断巩固”的“十六字原则”进行教学实践。

本书适合高职、大专及本科院校教学使用，也可供幼儿园教师继续教育和进修时参考。

主　编　庆　旭

副主编　谢晓东　关向阳　冯　臻　张声林　刘付平

编　委　（按姓氏笔画排列）

马增誉　王海东　王汉芳　王　菁　冯　臻
纪　敏　孙中国　孙健彬　庆　旭　关向阳
李晓光　刘文林　刘昌民　刘付平　江东秋
吴　海　杜军勇　陈秉龙　何德能　张声林
陆有珠　郭　建　胡林能　曹万峰　徐晓玲
康国林　谢晓东　魏明坤

参编学校

苏州幼儿师范高等专科学校
潍坊学院
济南幼儿师范高等专科学校
黑龙江幼儿师范高等专科学校
德州幼儿师范学校
盐城幼儿师范高等专科学校
徐州幼儿师范高等专科学校
常州幼儿师范学校
贵阳幼儿师范高等专科学校
运城幼儿师范高等专科学校
上饶幼儿师范高等专科学校
广西幼儿师范高等专科学校
宁夏幼儿师范高等专科学校
天津师范大学初等教育学院
内蒙古赤峰学院初等教育学院
哈尔滨幼儿师范高等专科学校
广东省江门幼儿师范高等专科学校
江西赣南教育学院
福建幼儿师范高等专科学校
南京晓庄学院
宁波大学初等教育学院
华东师范大学教育学部

前言

目前，在书法基础阶段的书写训练（包括楷书、隶书和行书）中，以“点”作开篇的占有一定比例，这大约来源于“积点成线，聚线成面”的美术道理。但在书法的单字训练中，以单独的“点”作为部件而成字的范例在现代汉语里是不存在的，至少在楷书、隶书、行书、篆书中如此（草书中可以以三个聚合点表示“上、下”两字）。能以单独一种形态而成字的应该是横画，比如“一”，从笔画上讲，可以说是一个横画（长横），但从汉字上看，也可以说是一个“一”字，由此引申出“二、三”两字，这两个字还是由横画构成。这样就解决了笔画讲解与单字训练之间的磨合问题，而这一磨合问题也恰恰是多年来困扰着一线书法基础教育工作者的症结所在。

在以往更多的技法训练中，常常会出现笔画讲解与单字训练的脱节（比如讲解的是点画要领，但单字训练时常出现点画以外的线条，如横、竖等，这样不利于教学流程的完整），而按照“学以致用、随学随用、未学不用、不断巩固”的“十六字原则”，即在一定程度上很好地解决了这一问题。本书的训练模式即来源于此，这种训练模式正是编者曾经主持的中国教育学会“十一五”科研规划立项课题——“书法教育教学的模式研究”所关注的问题之一。

“十六字原则”的内涵是学会了一个具体的技法，就可以解决此后的问题，也可把它理解成一个不管在何处单元内出现的具体的“形”，总可以在前一个单元的学习中清晰地找到训练有素的痕迹，而暂时没有学到的内容不会出现在设定的范字训练中。这样，一方面头脑清晰地学习一个技法要领，另一方面又不断巩固已经获得的“动力定型”。一个单元学会了一个或者几个技法，这些技法与上面一些技法紧密相连，各有所用，就像一根链条一般，一根非常严密的技法链条。所以，这种模式在具体的训练过程中，要求学生必须学一个会一个，不要跳过。因为下一个环节中许多技法的连缀肯定是建立在完美熟练地掌握上一个技法基础之上的。通过一个一个技法单元的学习，把坚实的技法链条拉起来，从而形成一个严谨而完整的技法系统。

整个单字训练体系按照横、竖、撇、捺、点、提、折、钩这一顺序构成，不可颠倒。如横画的练习题理所当然地为“一、二、三”，竖画练习题则为“十、士、土、工”等。通过竖画练习题我们可以清楚地看到这些字中只有横画和竖画的搭配，横画技巧在上一单元的学习中已经获得，竖画写法正在讲解。临习这些字例一方面使横画技法得到巩固，另一方面又学习了竖画的写法。依此类

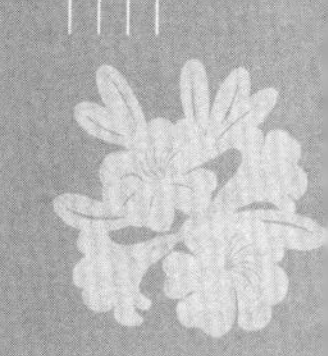

推，撇画的练习题可以设计为“川、千、左、在”等；捺画设计为“人、入、大、天”等；点画设计为“下、卞、卡、太”等；提画设计为“以、长、衣、表”等；折画设计为“口、白、史、吏”等；钩画设计为“于、乎、手、光”等。偏旁训练也借鉴笔画训练中单字的训练模式。

如此练习，技法会越来越多，范字也越来越多，这样又符合了学习书法的循序渐进的原则。

根据师范书法（书写）教育的艺术性与实用性的特点，本书分四章：第一章毛笔楷书，以颜真卿《勤礼碑》为范本；第二章毛笔行书，以王羲之《兰亭序》为范本；第三章硬笔楷书，其中技巧训练章节，笔画和偏旁部分的范字书写者为徐晓玲，结构部分的范字书写者为冯臻；第四章硬笔行书，其中技巧训练范字书写者为庆旭。

另外，需要特别强调的是，为了增强学习效果，本书在第二版修订时把《勤礼碑》和《兰亭序》两帖全文选入，相当于一册在手，四册体量，即毛笔楷书、毛笔行书、硬笔楷书、硬笔行书。

由于编写水平有限，书中一些不足之处，恳请各地教师和同学们批评指正。

编者

2021 年 1 月

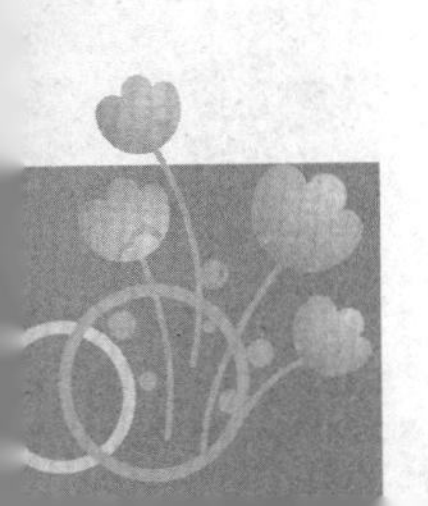

目 录

SHU XIE XUN LIAN

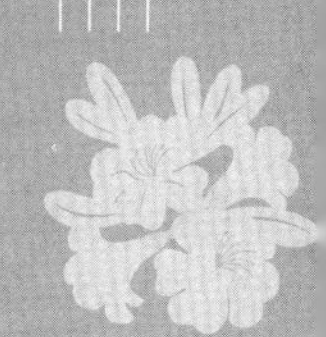

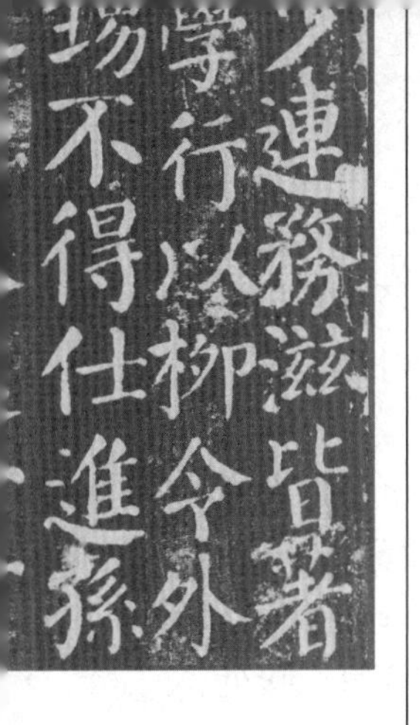

第一章

毛笔楷书（颜真卿《勤礼碑》）

第一节 | 概述

颜真卿（709—785），唐京兆万年人，字清臣。开元进士，迁殿中侍御史，为杨国忠所恶，为平原太守，故世称颜平原。安史之乱，颜抗贼有功，入京历任吏部尚书，太子太师，封鲁郡开国公，故又称颜鲁公。德宗时李希烈叛，宰相卢杞衔恨使真卿往劝谕，为希烈所留，忠贞不屈，被缢杀。真卿为琅琊氏后裔，家学渊博，工于尺牍；从褚遂良、张旭得笔法，其正楷端庄雄伟，气势开张，行书遒劲舒和，一变古法，自成一格，人称“颜体”。宋欧阳修评云：“颜公书如忠臣烈士道德君子，其端庄尊重，人初见而畏之，然愈久而愈可爱也。其见宝于世者不必多，然虽多而不厌也。”

颜真卿是唐代以来第一个富有创造性的书法革新家。颜体在继承传统的基础上独树一帜，改变初唐之秀媚，创唐代盛世之硕风。反映盛唐宏伟气魄的颜体呈现于书坛之后，唐代书法有了自己的面貌。颜真卿独具风貌的书法，沿袭至今，为后世景仰，影响极为广泛。特别是颜真卿以书法家的书品和爱国英烈的人品，博得人们的敬爱。在书法史上，他是继“二王”之后成就最高、影响最大的书法家。他的书法作品有 138 种。楷书代表有《多宝塔碑》《麻姑仙坛记》《勤礼碑》《自书告身》等，行草书有《祭侄文稿》《争座位帖》《裴将军帖》等。

由于唐太宗李世民大力推崇和提倡王羲之的书法，唐初的书法一直在“二王”书风的笼罩之下。唐初楷书直传六朝碑版之意，字形严肃而凝重，富于所谓金石气，但同时姿态众多，在凝重之中含有流美飞扬的风韵。唐初“四家”都宗师“二王”书法，又具有各自的风貌。这除了艺术因素外，还有一个很重要的因素，就是当时楷体作为一种文字现象，它的结构、形体和书写形态，在各家书法创作中仍有不小的分歧。这恰好说明初唐楷书还处在成熟前的酝酿阶段。人们的审美观此时也有较明显的变化，社会力量要求有反映盛唐时代风貌的新的艺术风格出现。颜真卿顺应时代要求，担负起发展中国书法艺术的重大使命，以自己的书艺成就，继王羲之以后树起了又一块丰碑。“颜体”出现后，汉字的楷体字体在结构形态乃至书写外观上，便有了固定的字体形态。

颜真卿《勤礼碑》自成一体，这是他中期的作品，已到成熟阶段。颜真卿初学王，受欧、虞、褚、徐影响；后师张旭，从篆书入手，深得泰山金刚经笔意，变方笔为圆笔，变折为转。结字宽绰疏朗，自成一家，对后世影响至深。

《勤礼碑》通篇气势磅礴，用笔苍劲有力，结体端庄古朴，血、筋、肉融为一体。该碑笔画组合取相向结构，有呼有应，常通过笔断意连来体现豁达大度的风格。看似形散而神不散，结构多为上轻下重，上合下开，犹如宝塔矗立，雄健而又平稳，气势开张恢弘。盛唐时期，国家非常强盛，人民具有雄大的魄力和自信心。这些都深刻影响着颜真卿的审美理想。特别是这一时期正是他不断丰富自己的知识积累，逐步建立审美观念的重要时期。因此，时代风貌和审美理想对他的书法风格影响有极其重要的意义，甚至是决定性的意义。另一方面，颜真卿卓越的人格情操、耿直刚烈的性格，直接影响着他的审美趣味。所有这些都使他必然具备了雄壮博大的审美追求。繁荣昌盛的时代风貌与他自己高尚的人品、忠贞爱国的审美理想完美融合，使颜真卿创造出了流芳百世的颜体书风，造就了他非凡的书法艺术成就，成为中国书法史上壮美书风的杰出代表。

《勤礼碑》全称《唐故秘书省著作郎夔州都督府长史上护军颜君神道碑》，唐大历十四年（779 年）立，此时颜真卿七十岁。现存陕西西安碑林。《勤礼碑》在用笔上有拙气，强调中锋运笔，讲究藏头护尾。由于受褚遂良、张旭的影响而创造出了“蚕头雁尾”式的捺法。此碑以圆润浑厚的笔致代替了方折劲巧的晋人笔法。如横画收笔处重按，出钩则必先收锋。捺笔是先收后放，在横竖交接处，采用提锋暗转。并且用笔多用篆法，由于用中锋书写，笔画显得圆厚而有立体感。此碑用笔涩而不滑、毛而不光，骨气内蕴而又刚劲有力。

《勤礼碑》在结体上以其平稳端庄的结构代替欹侧秀美的“二王”及初唐书体，改变了前人楷书中宫收缩的传统，代之以宽绰丰盈的结构，笔势开张，尽显盛唐之气。此碑还因字设体，善于利用规矩又不为法度所缚，根据字的不同结构作巧妙处理，显示出楷书重心安稳、结构匀停、四外撑足、外密中疏、避让有序的特点，体态舒展开阔、雍容大方。

《勤礼碑》在章法布局上也显示出了颜体书法的气势美。整篇如排兵布阵、纵横成列，整齐大度。在庄严整齐的前提下，做到了黑白互用、疏密得体、顾盼生姿、行行相向、字字相承，各具意态。此碑虽是楷书，但同样讲究错落有致，避免字字平均的布局。

《勤礼碑》集中体现了圆、厚、重、稳、拙、大等特点，创造出了不同于“二王”的一种新风格。不仅善于用拙，也善于用巧，形拙而神巧。在肥劲的线条中时有飘逸之笔，在端庄的字列中时有欹侧之势。规范而又自由，既重法度而又不失灵活，为颜体书法全盛时期的楷书杰作。

在颜真卿之后的中晚唐及五代时期，书家们受颜体的影响比较直接和具体，他们对颜真卿的笔法和神韵比较容易把握。五代之后，颜真卿一派书风之影响仍然延续于宋、元、明三代，共计七百余年之久。即使在推崇“二王”书风强盛之时，依然未能摆脱颜体书风的影响。在崇尚帖学的宋代，代表宋代尚意书风的苏轼、黄庭坚、米芾、蔡襄（“宋四家”），均不同程度地受到颜真卿书风的影响和熏陶，特别是苏、黄两人极力推誉颜鲁公，使颜体书风在宋代书坛上确立了极高的地位。到了清代初期，颜体书风得到书坛大家们的重视和提倡，尤其是董其昌、王铎、傅山等书家对颜体注入了极大的精力，加上后来的钱沣、何绍基、翁同龢等著名书家的推崇，颜体书法的影响在当时达到了前所未有的高度。

第二节 | 技法简析

（一）用笔

起收笔上，《勤礼碑》起笔处圆笔远多于方笔，落笔多藏锋，收笔多回锋，藏头护尾，追求笔意浑圆，使笔画沉实精敛，绵韧强健。

用锋上，中侧并用。颜真卿书法是中锋用笔的典范，以篆法入楷，其行笔雄健有力，笔力内含。中锋运笔，同时加强中侧锋用笔的转换。在一个字形中，有的笔画通过中锋用笔的舒缓涩进来表现，有的笔画却运用侧锋用笔的迅捷得以体现，甚至一个笔画中也有中侧锋的变化，使得颜体的用笔十分丰富，整幅作品力求笔画饱满圆融而不失灵动。

行笔上，《勤礼碑》行笔充分利用笔锋的压力，增强笔道的渗透度与力量感，给人入木三分、力透纸背的感觉；在行笔的韵味上追求“屋漏痕”的效果，逆锋铺毫涩进，粗的笔画笔毫充分铺开，气势充盈，细的笔画不失骨力，劲爽灵活。横画轻，竖画重，对比十分强烈。在行笔的方向上，以曲代直，笔画中部有微妙调整，使横、左竖、右竖等笔画略呈弧形，两竖同时出现时，左竖常与横画一样细，且两竖常相向状安排（外拓）。

在转折上，《勤礼碑》有三种写法：方折、圆折、断折。三种写法的交叉运用，丰富了笔画语言。转折常用提笔法，多呈外圆内方之形。方折强劲，有棱角分明之感；圆折提笔暗渡，有绵韧婉转之美；断折笔断意连，缺口处通透一丝气息。

注意练习颜体时不可一味强调其粗壮的一面，而忽视了颜字点画用笔厚重、挺健、遒劲的主要特征，书写时应该能感到一种雄强的笔意贯注笔端，否则会使字显得肥滞，毫无生气。写此帖宜用劲健的羊毫笔。

（二）结构

根据整体布局，通过用笔的轻重缓急，藏露结合变化，此碑虽然变化诡秘，随形赋势，但在结构上也呈现一些有章可循、带规律性的特征。

1. 横轻竖重，对比明显

《勤礼碑》一大特点是通过强化用笔的提按拉大笔画的粗细对比。横轻竖重，对比鲜明，形式俊美，如主干粗壮、枝条细劲的苍松。

2. 方圆兼备，有骨有肉

《勤礼碑》方圆的变化主要体现在折的变化和字的造型上，折下的竖画骨力洞达，而又线条丰腴，呈现有骨有肉之美，具有盛唐气象。

3. 点画呼应，自然流畅

《勤礼碑》书写自然放松，点画之间信笔拈来，气息通畅，尤其是左右点、三点水、横四点的呼应上笔意连带明显，生动传神。

4. 结字宽博，圆润雄强

这是颜体的艺术特色，也是其结构特点。采用圆笔中锋的笔法；并列两竖的相向，造成一种外拓的张力，有力度，动感强。《勤礼碑》整个字形雍容大度，宽博古荡，宽绰而又显紧凑、稳重而又凝练，豁达端庄间有一种凛凛然庙堂之气。

5. 拙中见巧，敧正相生

整篇作品拙中见巧、古朴敦厚、老成持重、奥妙无穷，从中可窥见其书写时的独具匠心、灵活多变。每字中的重复笔画，起笔、运笔、收笔几乎都不相同。就横竖画而言，其形态或方或圆、或尖或秃，走势或直或曲、有粗有细、有长有短，巧妙至极，避免了雷同，质朴中透着秀气，险象中蕴含平正。

《勤礼碑》是颜楷的代表作，为历代书家所珍重，是初学楷书的好范本。以上所述是其主要特征，若拓宽观察角度仔细琢磨，应该还有更多的发现。学习者可在实践中不断研习，细心体会，融入自己的审美意趣，力争写出富有新意的楷书作品。

第三节 | 技巧训练

（一）笔画

笔画是汉字书写的最小单位。学好书法，首先要掌握基本笔画的写法。元代赵孟頫说："用笔千古不易"，意思是说不论学什么字，都有其笔法所在，而这种笔法是相对不变的。因此，初学者应该从基本笔画学起，在熟练掌握基本笔法后，才能把字写好。

汉字基本笔画有横、竖、撇、捺、点、提、折、钩八种。这些笔画大都有变形，进而组合成相对复杂的笔画。

1. 横画

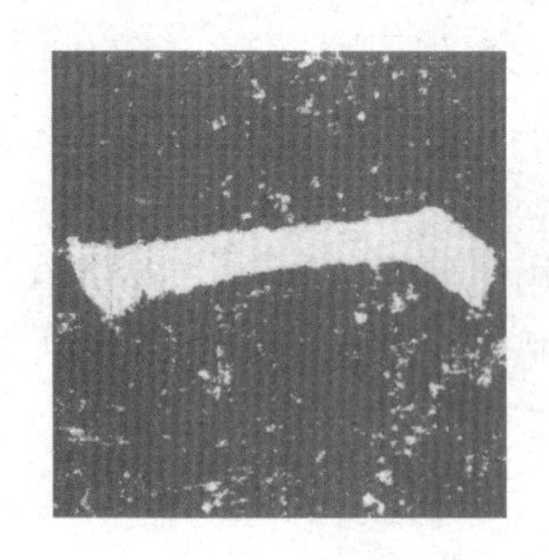

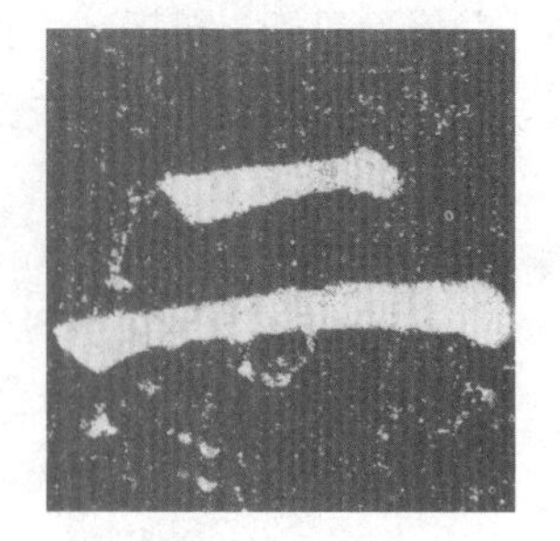

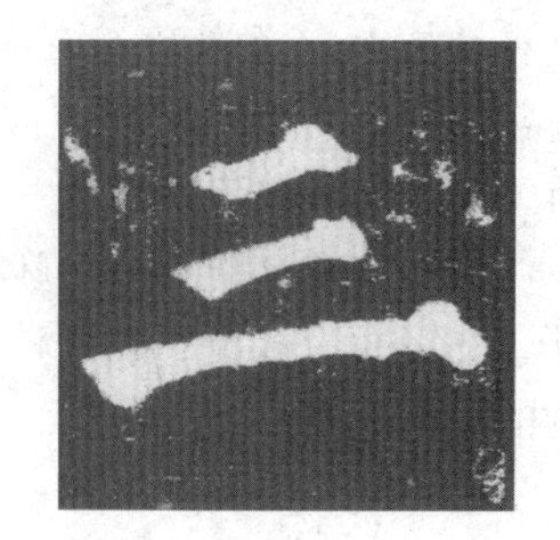

2. 竖画

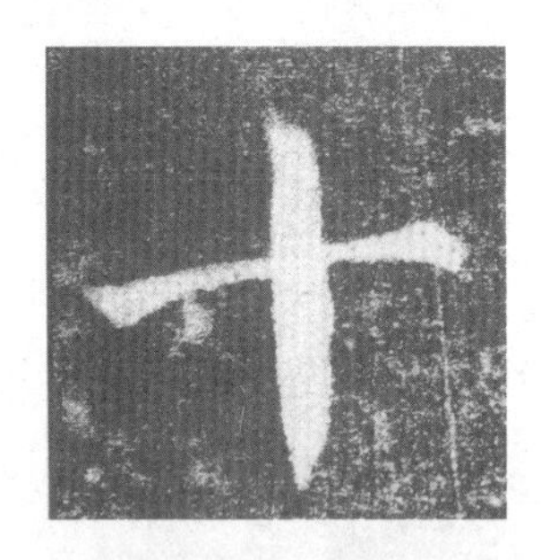

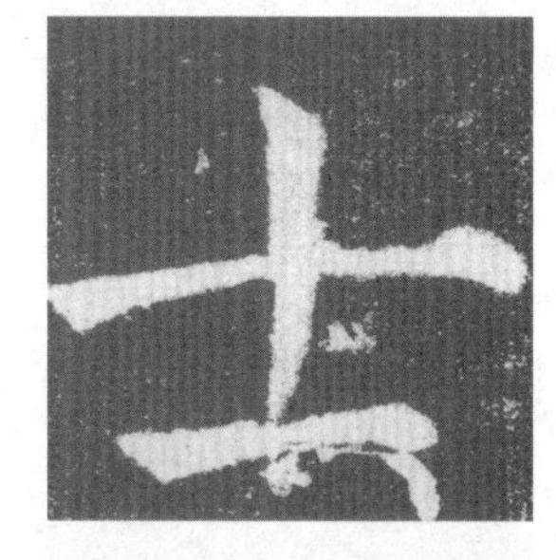

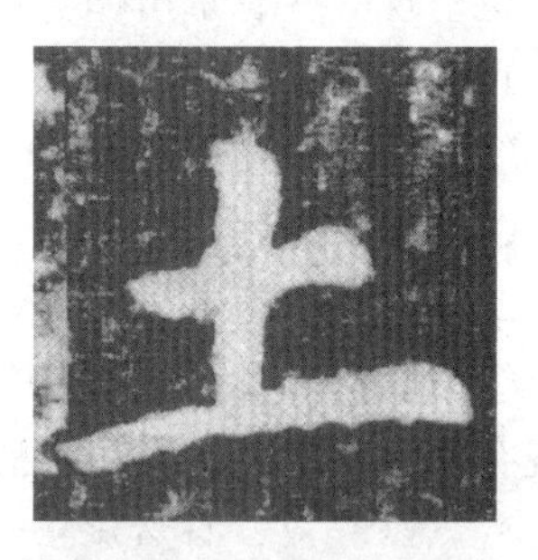

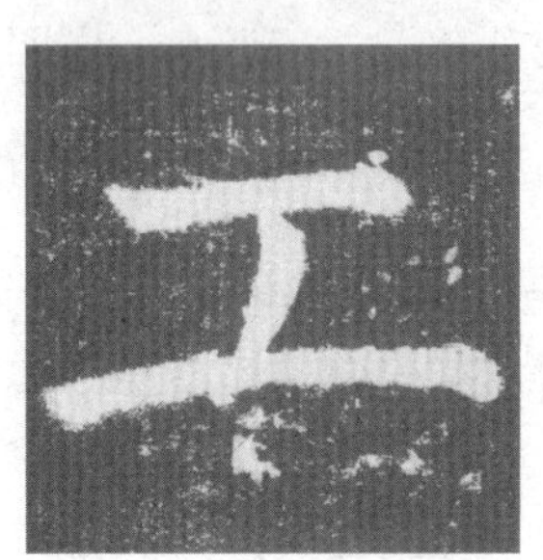

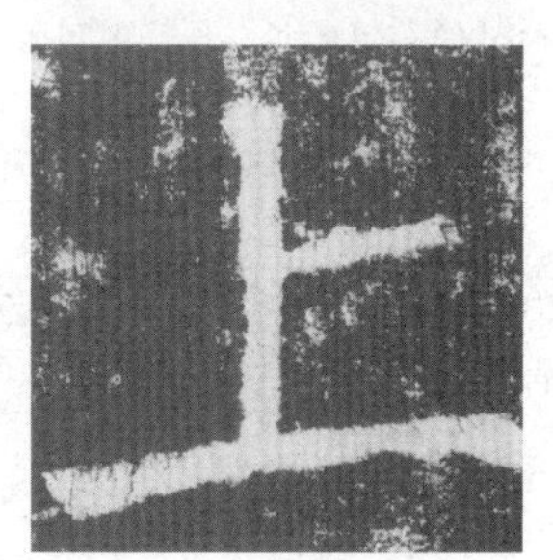

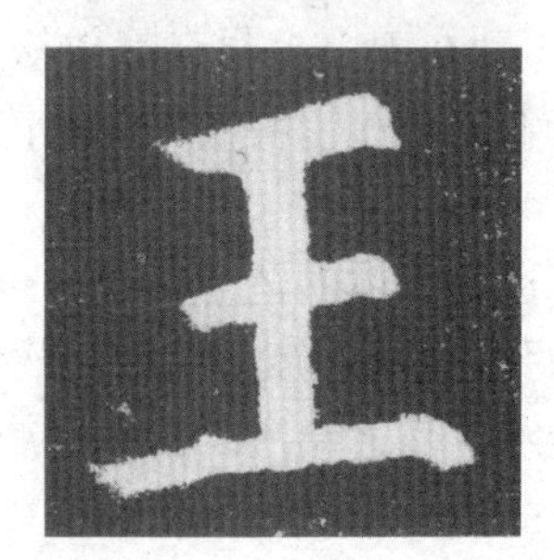

3. 撇画

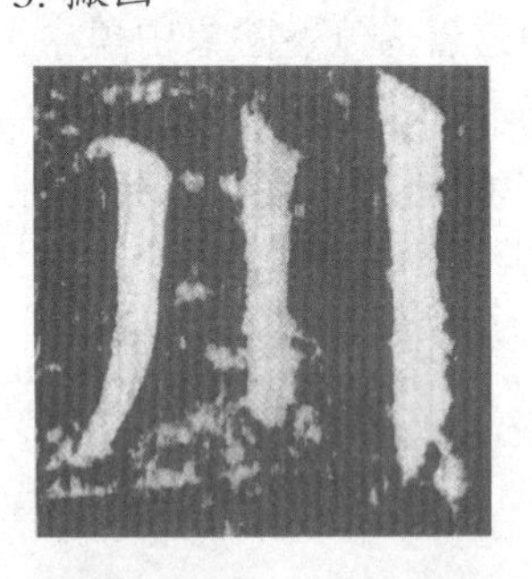

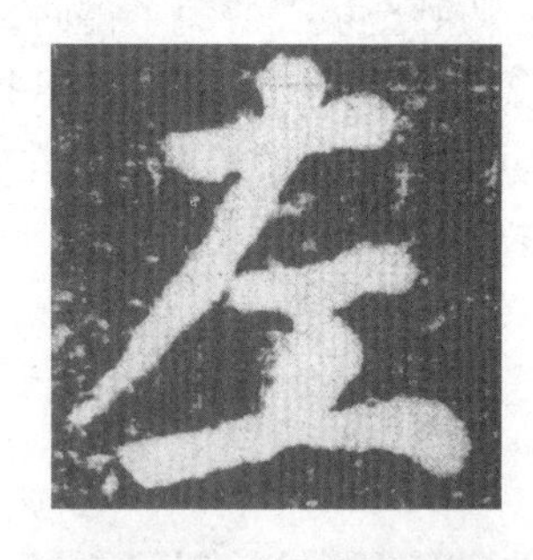

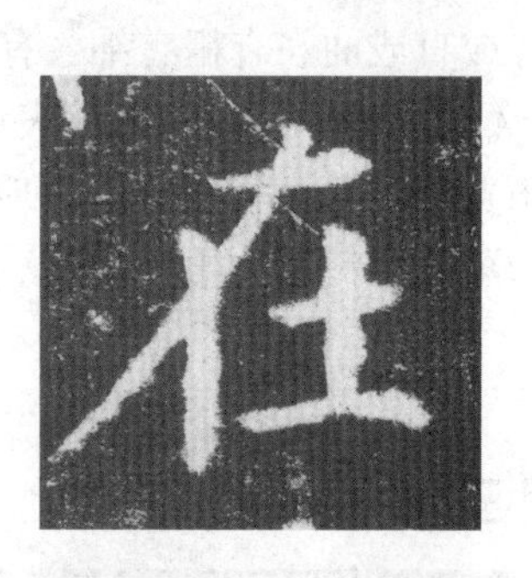

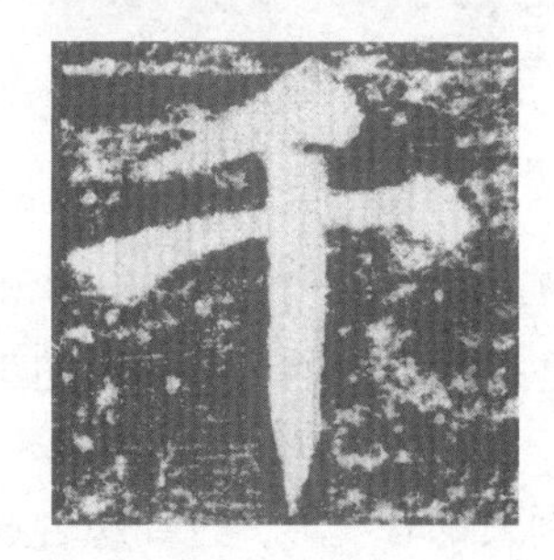

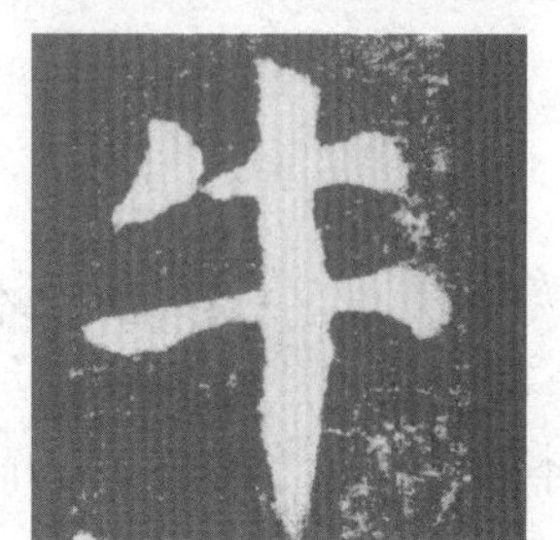

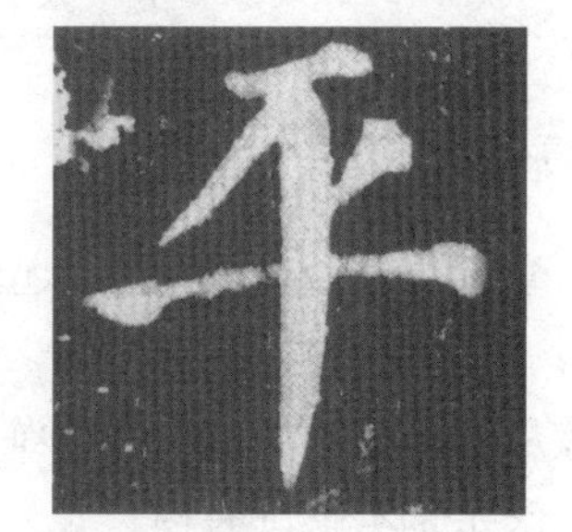

4. 捺画

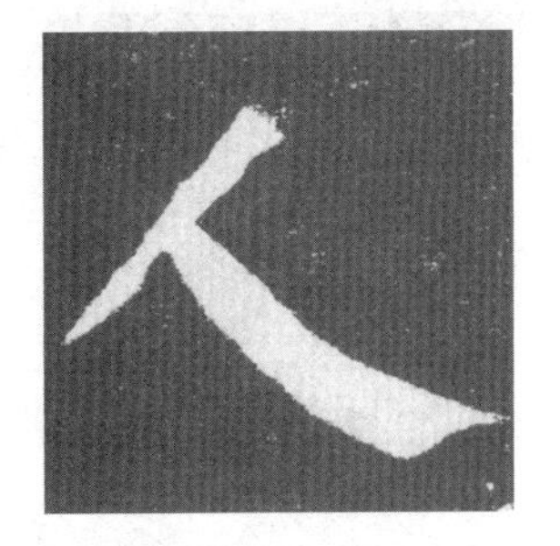
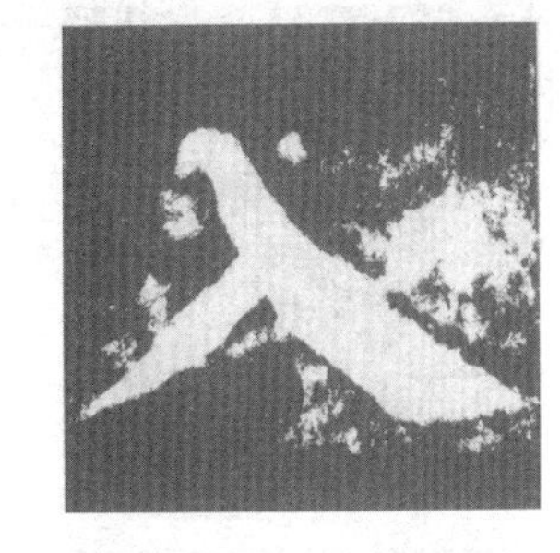
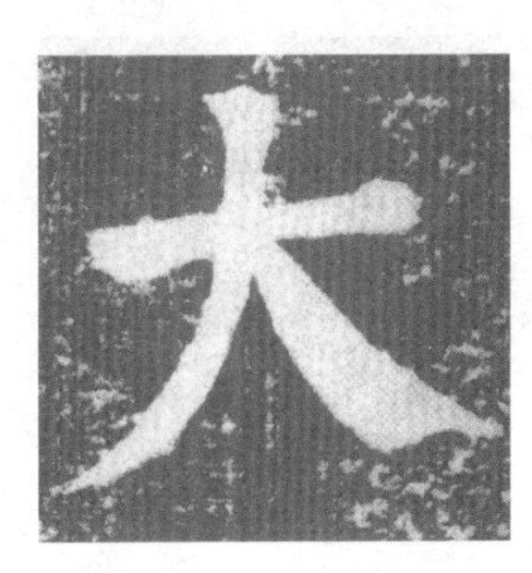
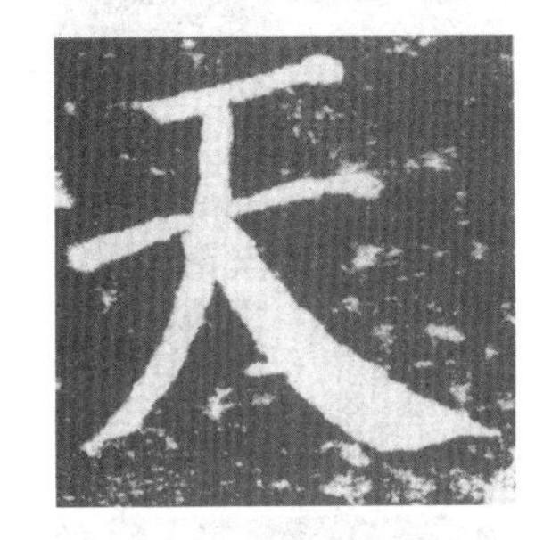
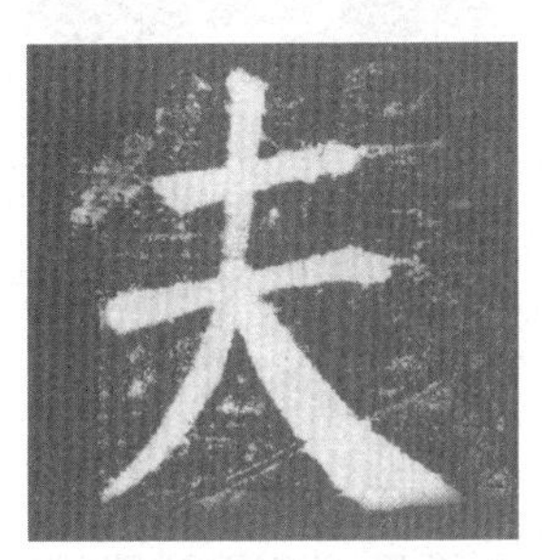
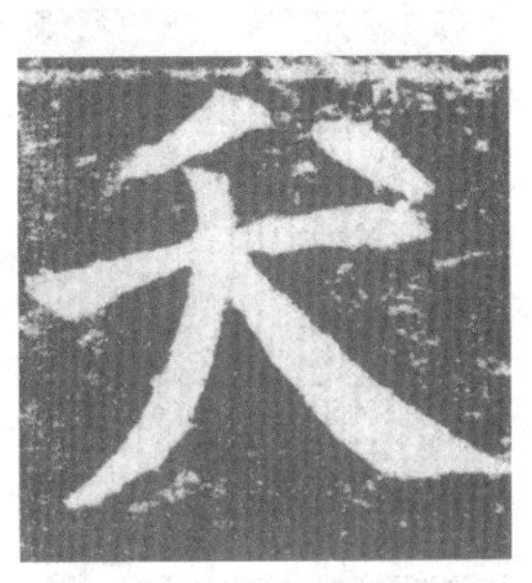

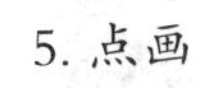

5. 点画

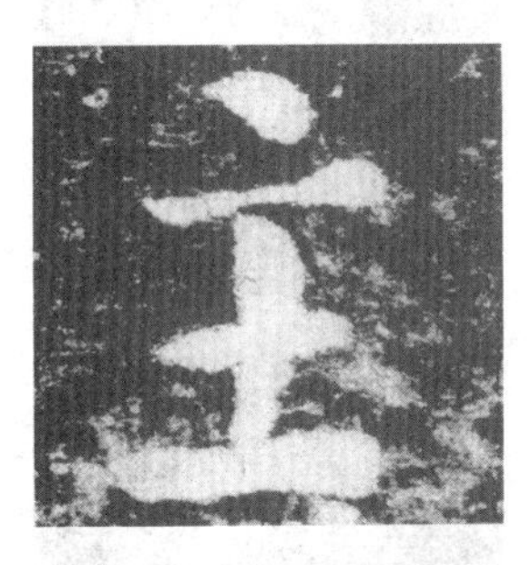
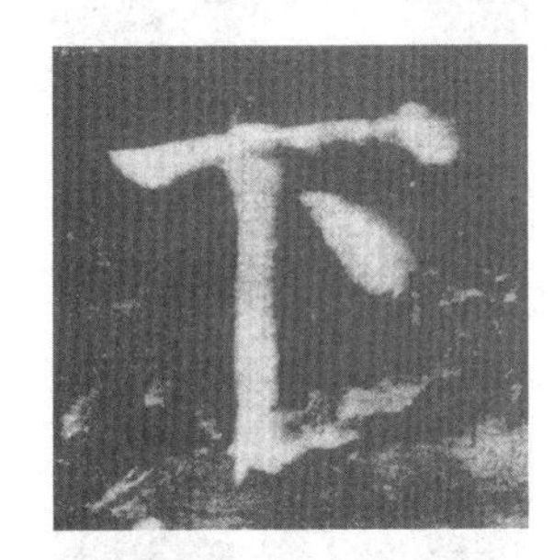
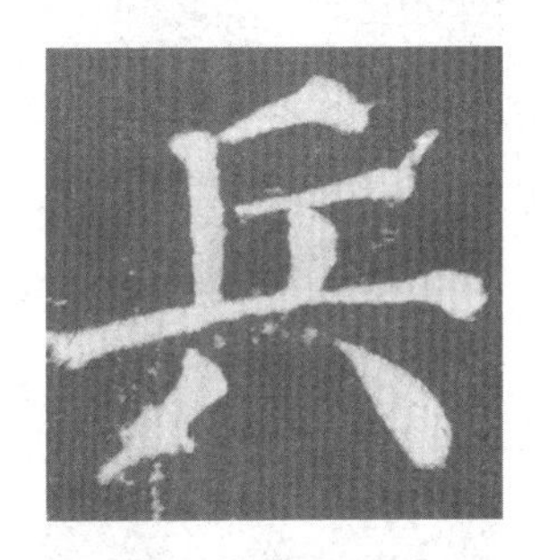
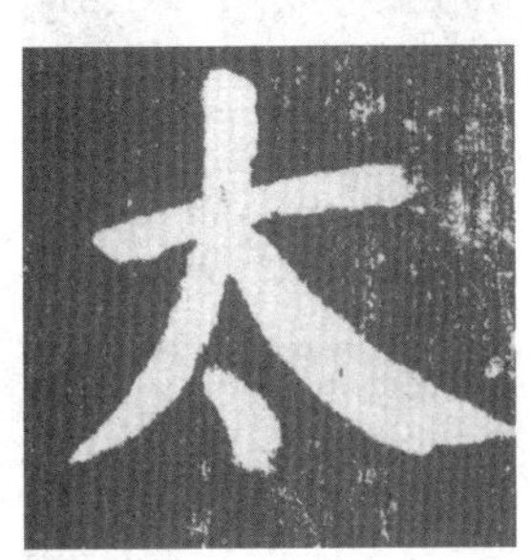
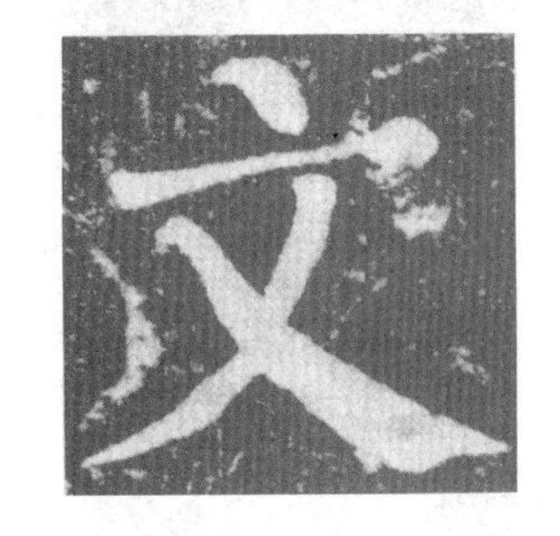
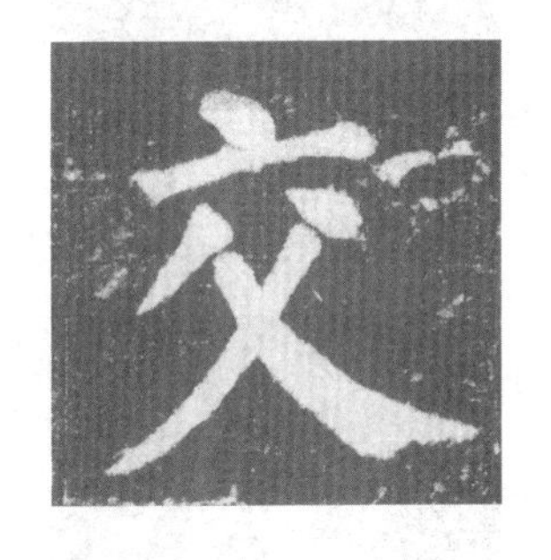

6. 提画

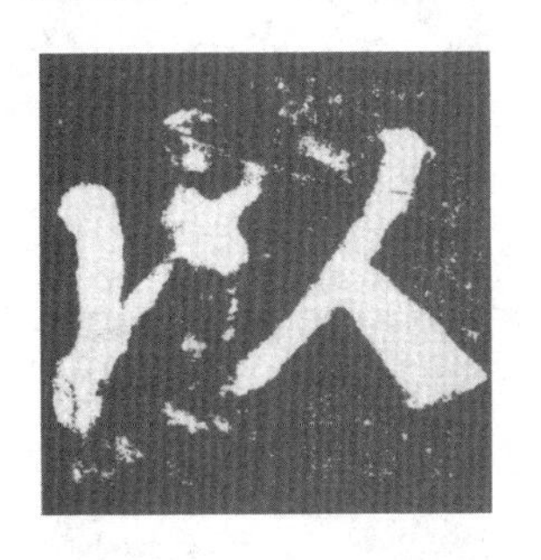
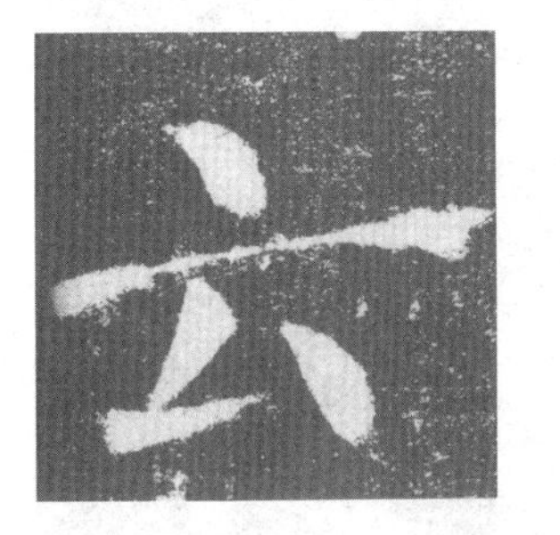
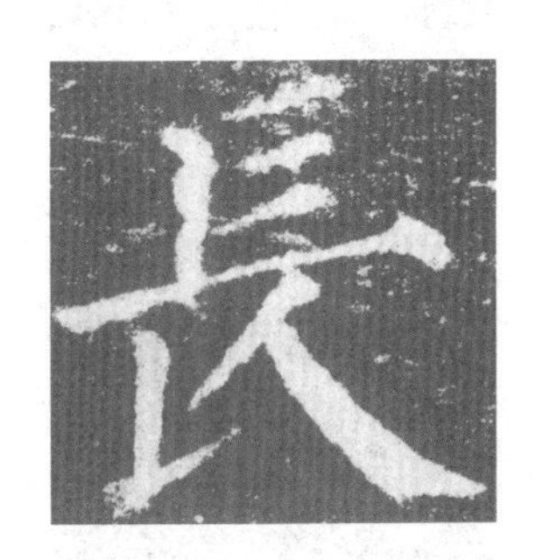

7. 折画

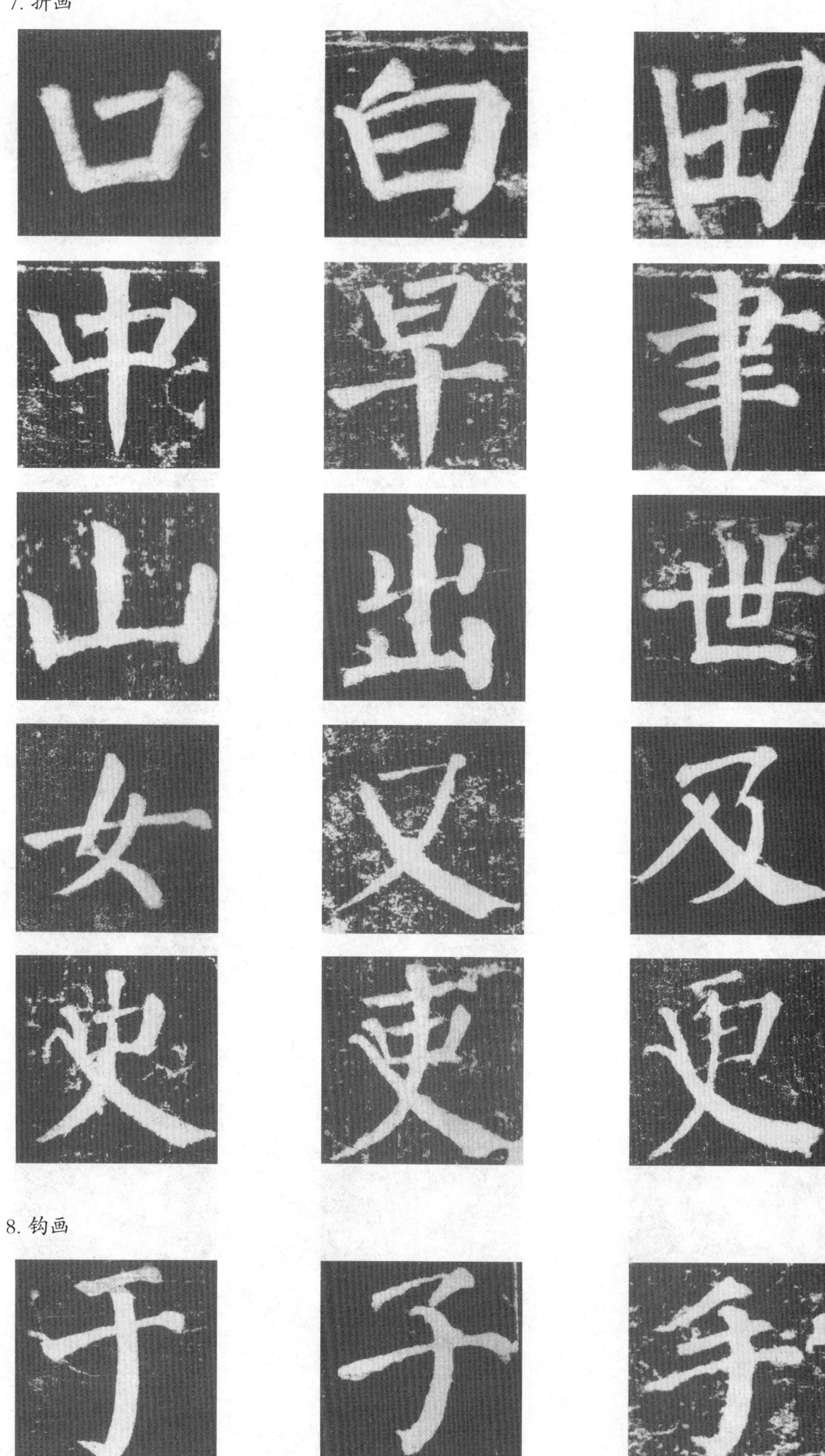

8. 钩画

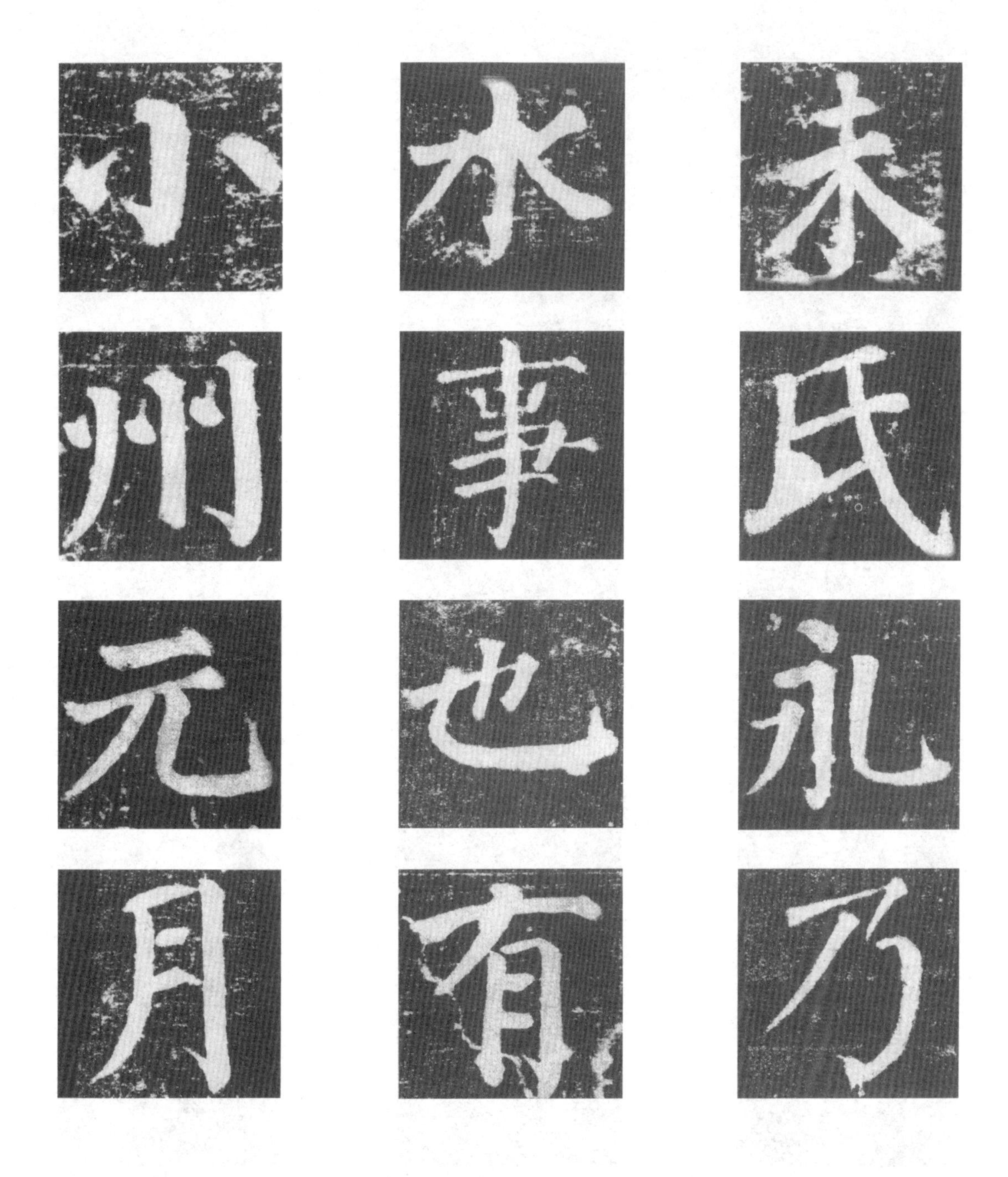

（二）偏旁

在汉字中，合体字占绝大多数，也可说除去独体字之外的所有字都是合体字。合体字由独体字或结构单位组成，组成合体字的独体字或结构单位我们统称之为“偏旁”。

习惯上，常把偏旁和部首合在一起称作“偏旁部首”。事实上，做部首的偏旁只是偏旁的一部分，所以说偏旁不一定是部首。偏旁主要用于研究分析汉字的结构，部首则主要用于字典的查字。在一般的书法教材中，在分析字体结构时，使用的概念多是偏旁。

偏旁部首有的由独体字演变而来，有的就是一个结构单位，但并不是所有的独体字都能做偏旁部首。即便做偏旁，也会演变为另一种形式，如“水”“心”做偏旁时形状都发生了变化。偏旁部首在合体字中已演变为较为固定的形态，并有固定的位置，将相同偏旁的字集中练习，有利于巩固其形态特征，做到触类旁通，更好地向结构过渡。

1. 横向分布

（1）左偏旁

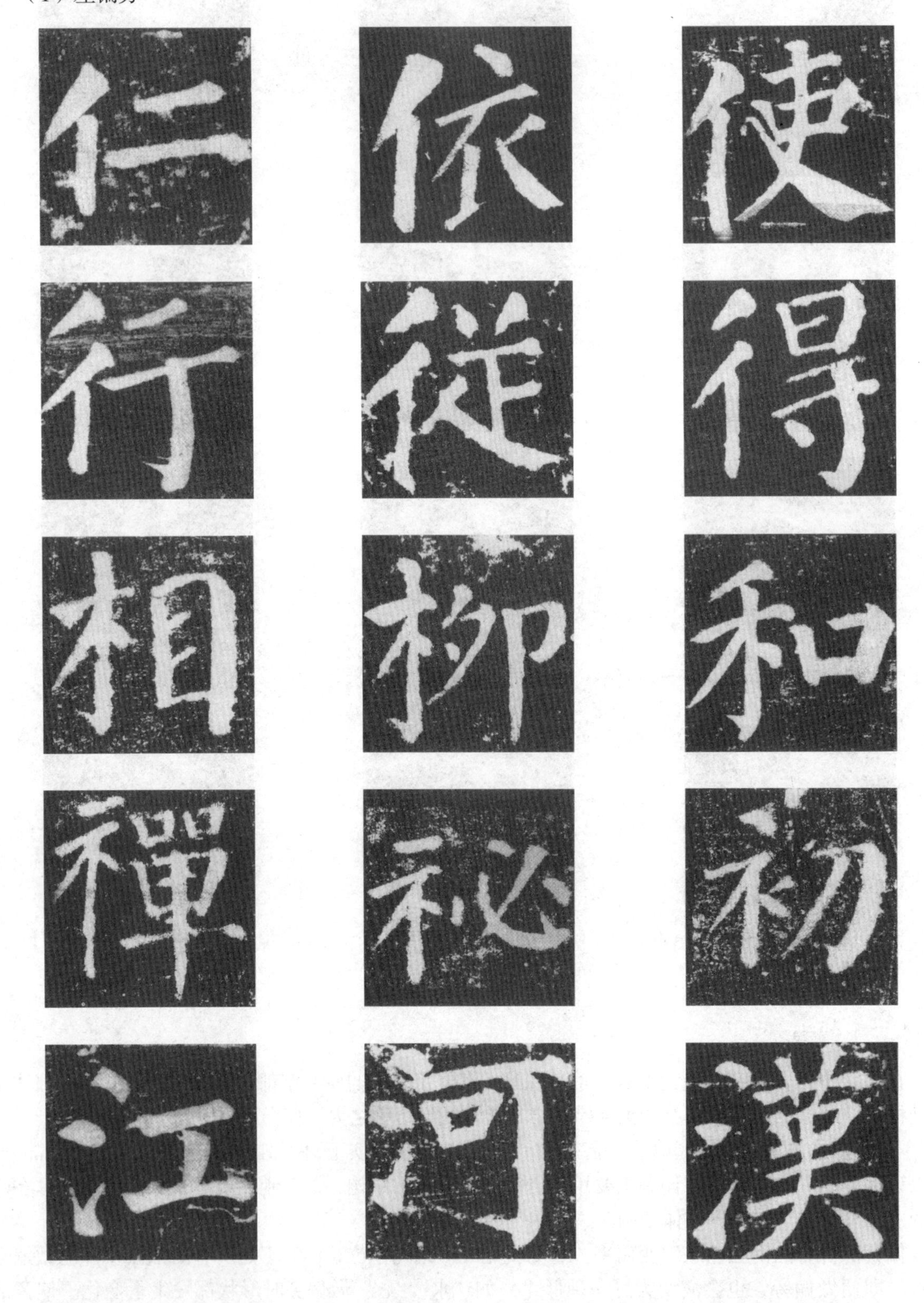

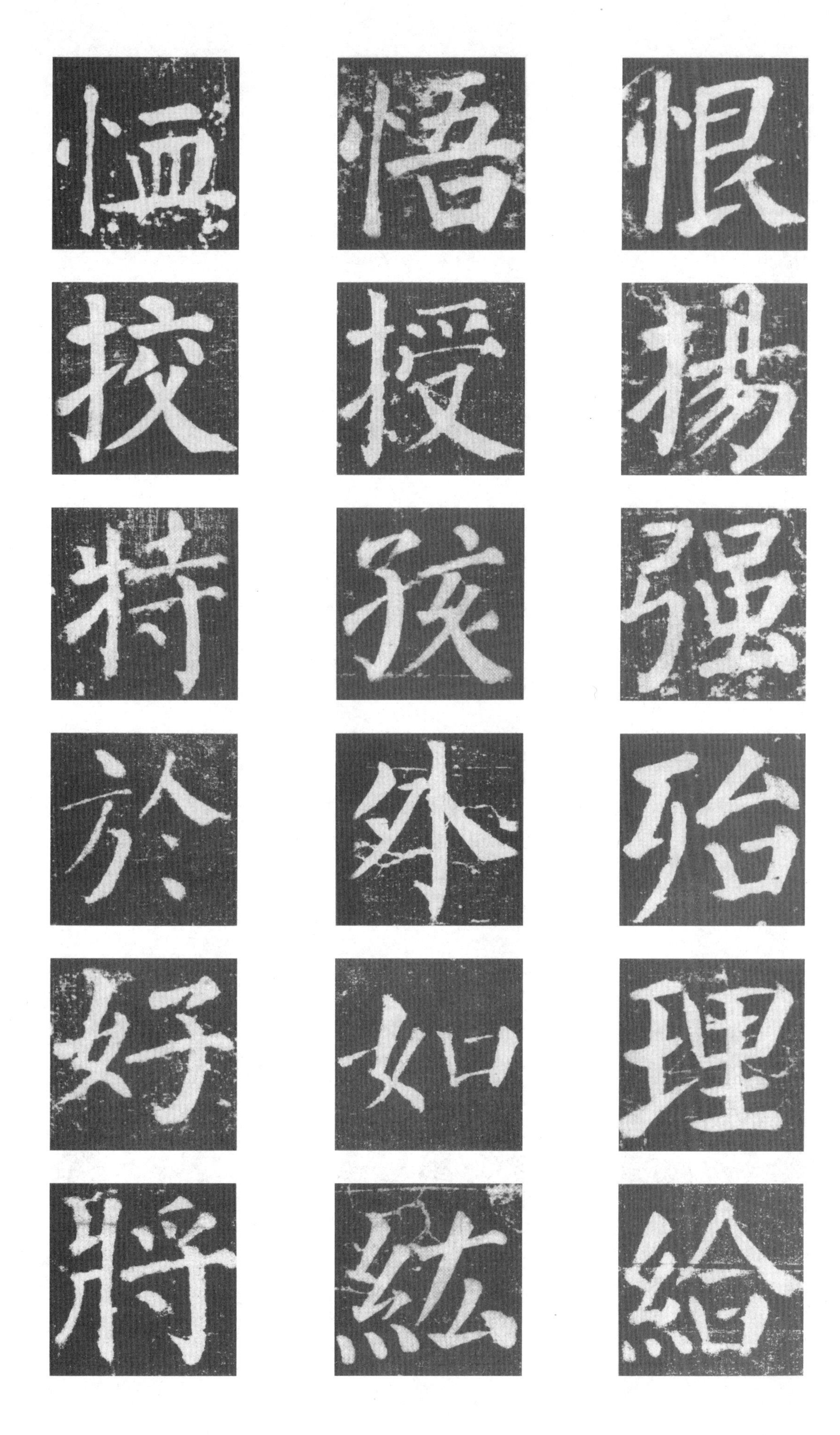

恨
悟
恤
揚
授
挍
强
孩
特
殆
外
於
理
如
好
給
紘
將

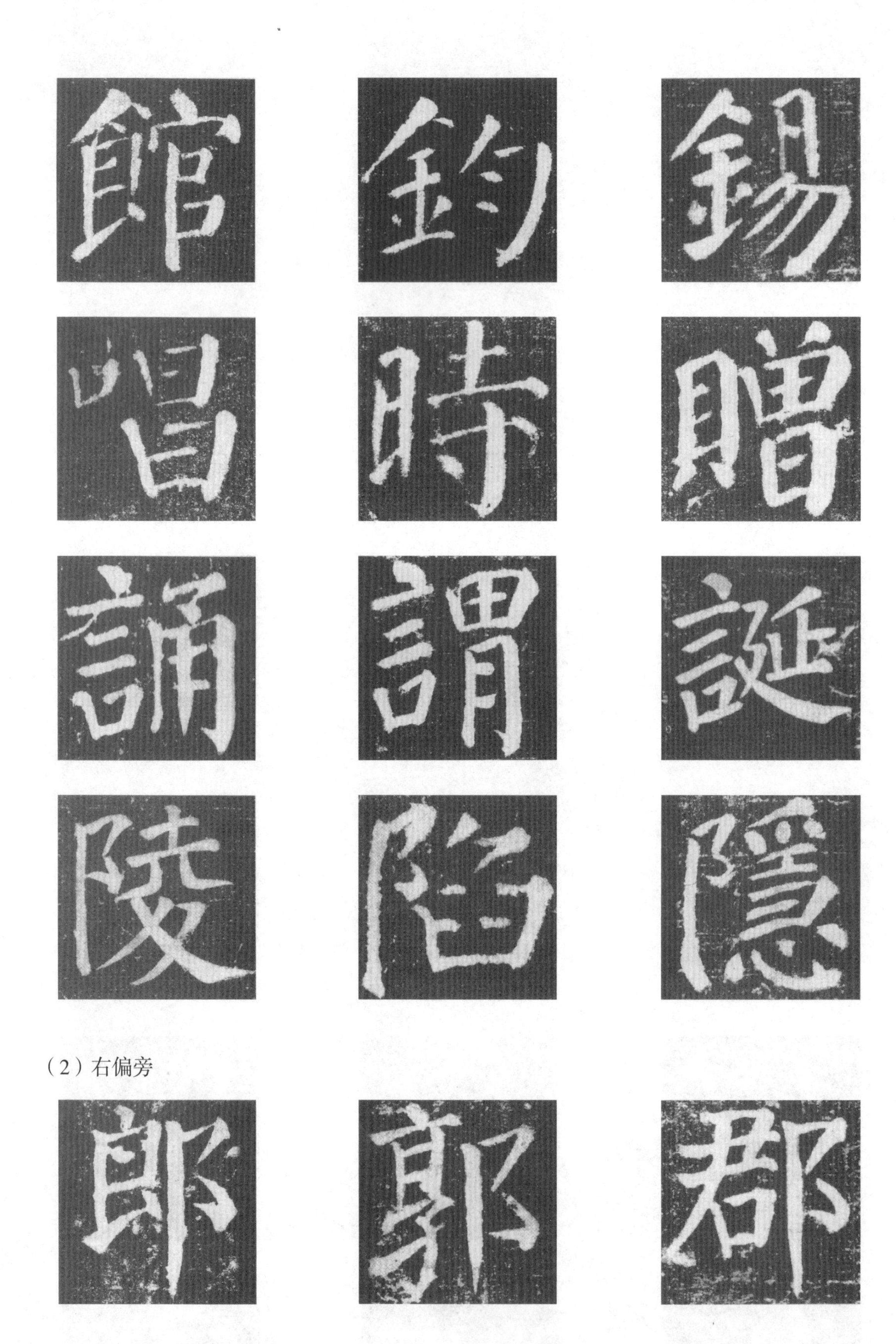

（2）右偏旁

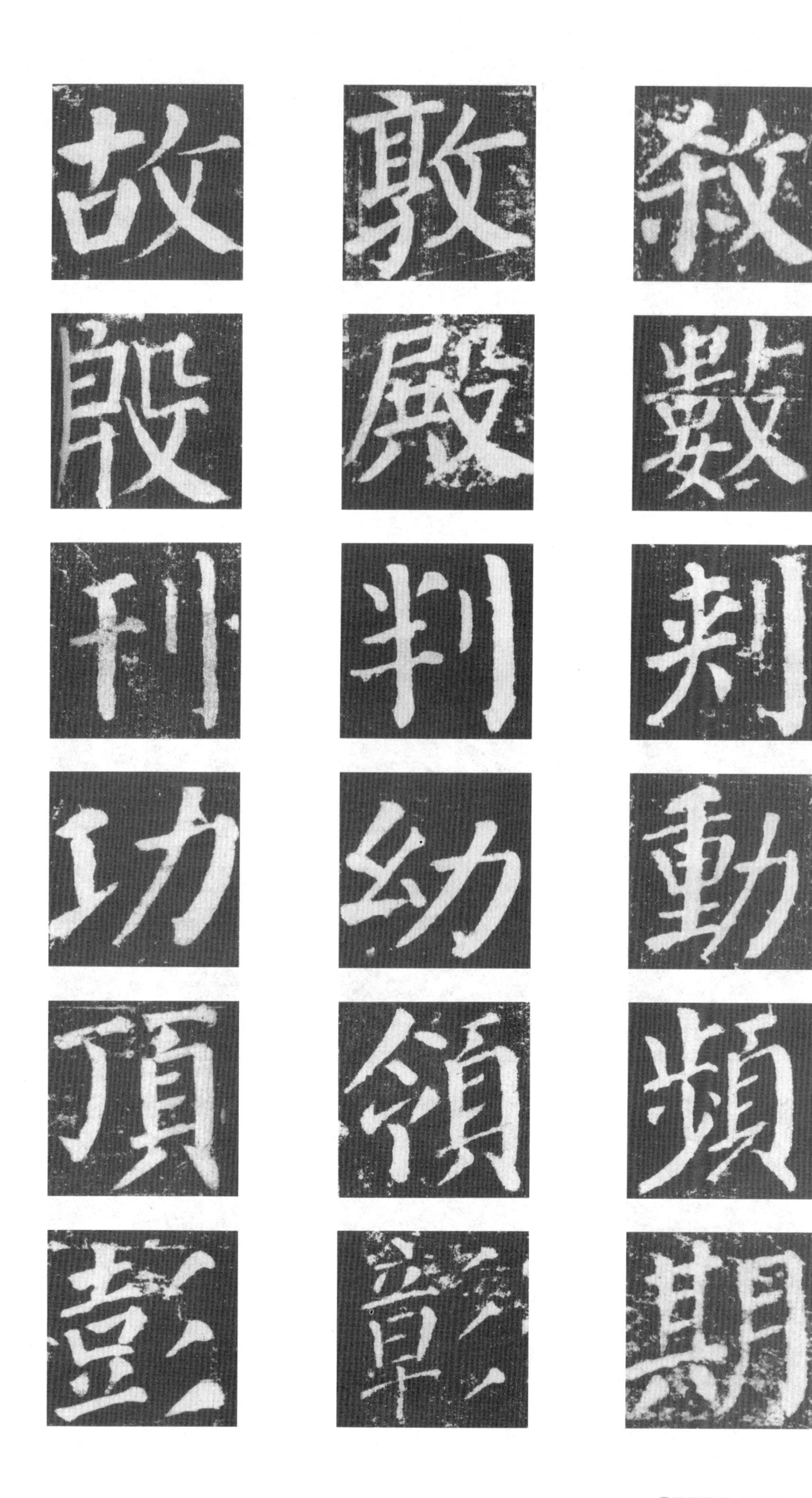
敍
數
剚
動
頻
期
敦
殿
判
幼
領
彰
故
殷
刊
功
頂
彭

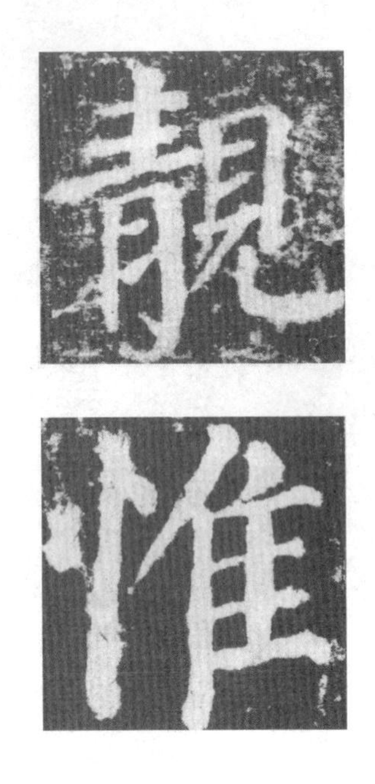

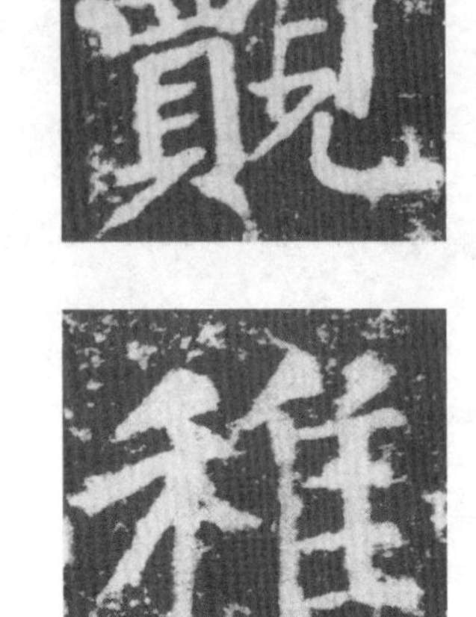

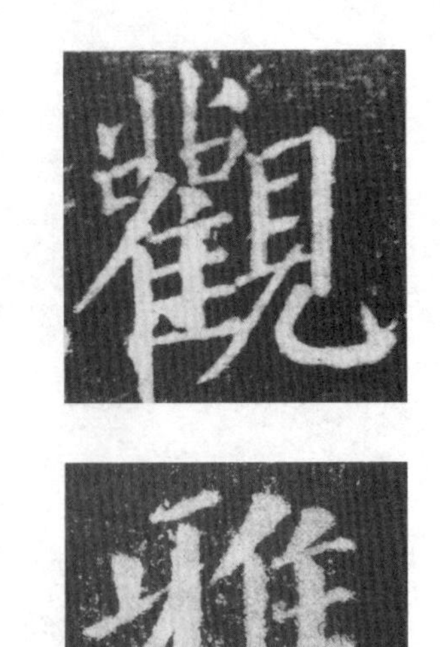

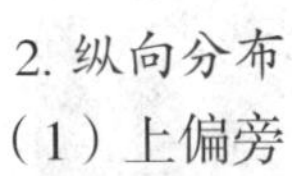

2. 纵向分布

（1）上偏旁

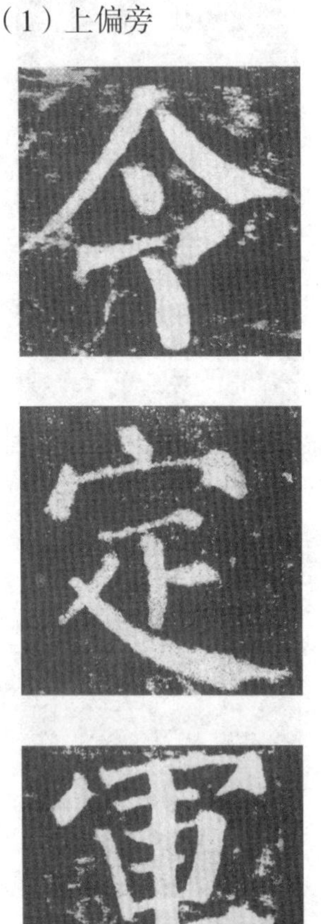

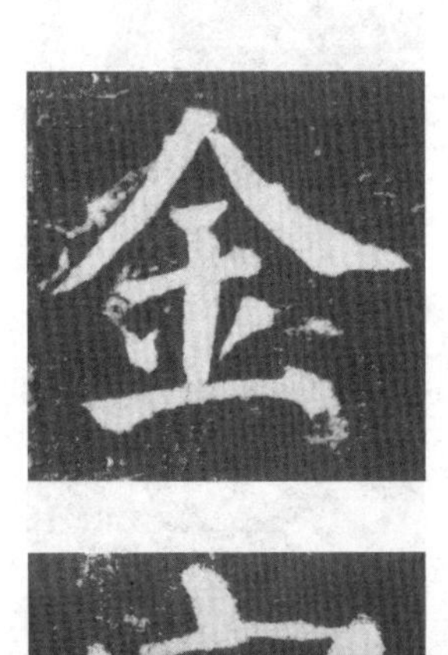

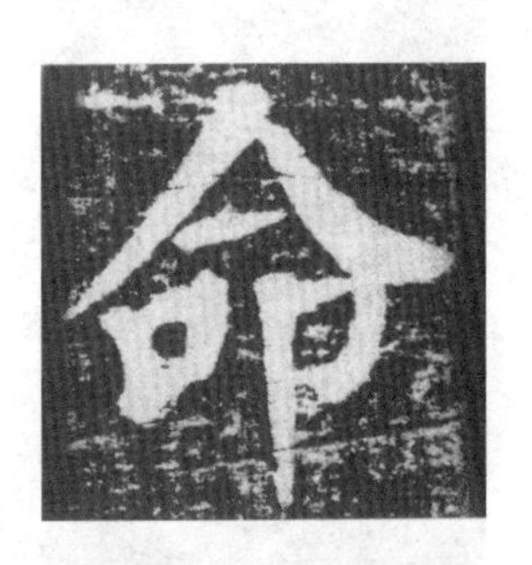

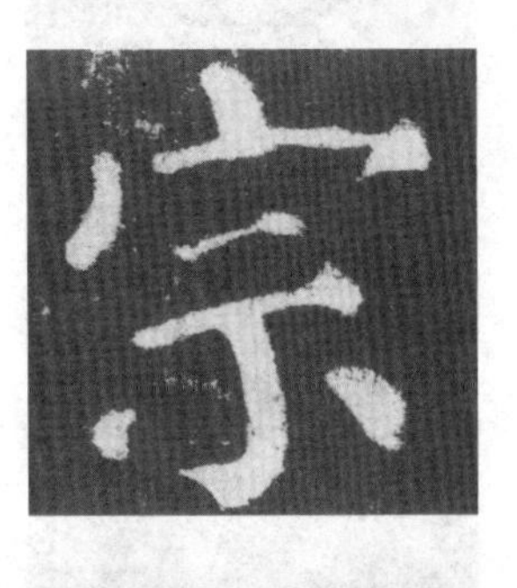

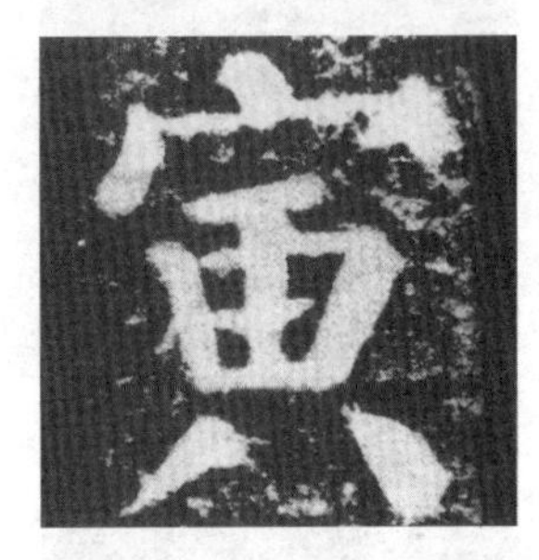

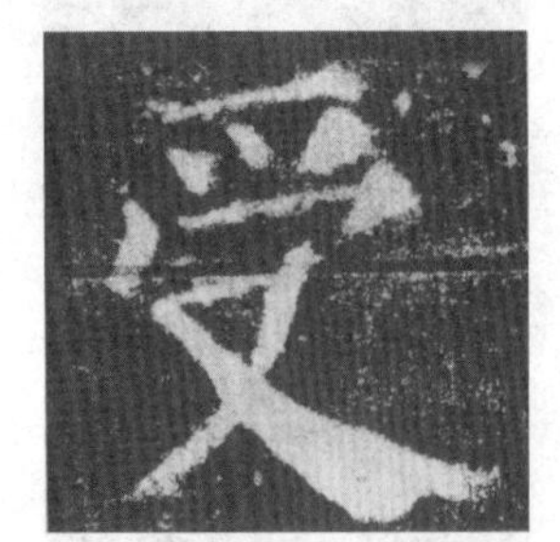

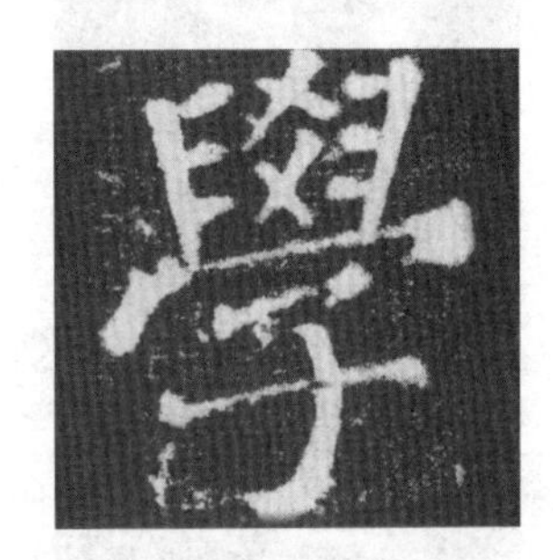

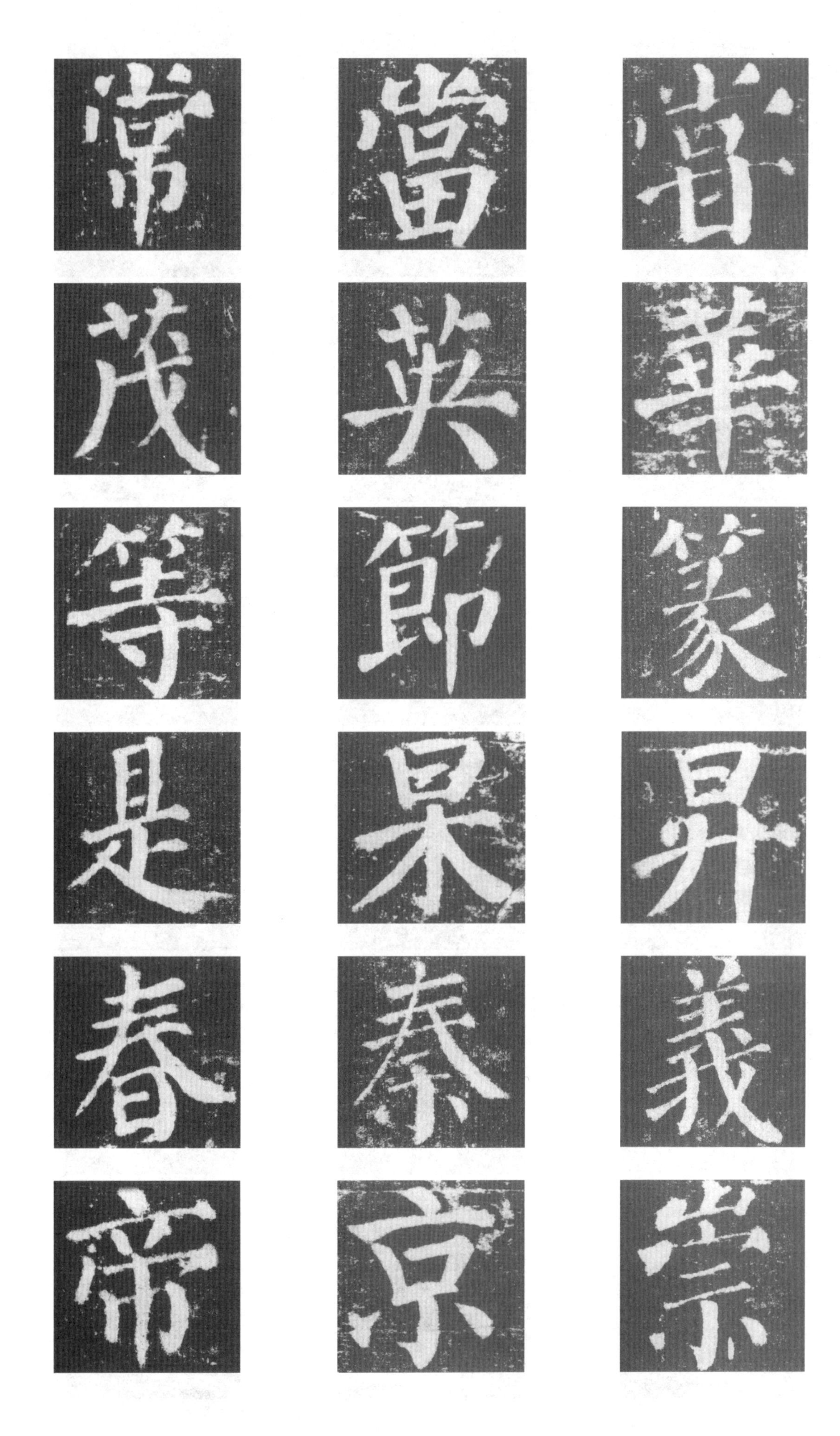

（2）下偏旁

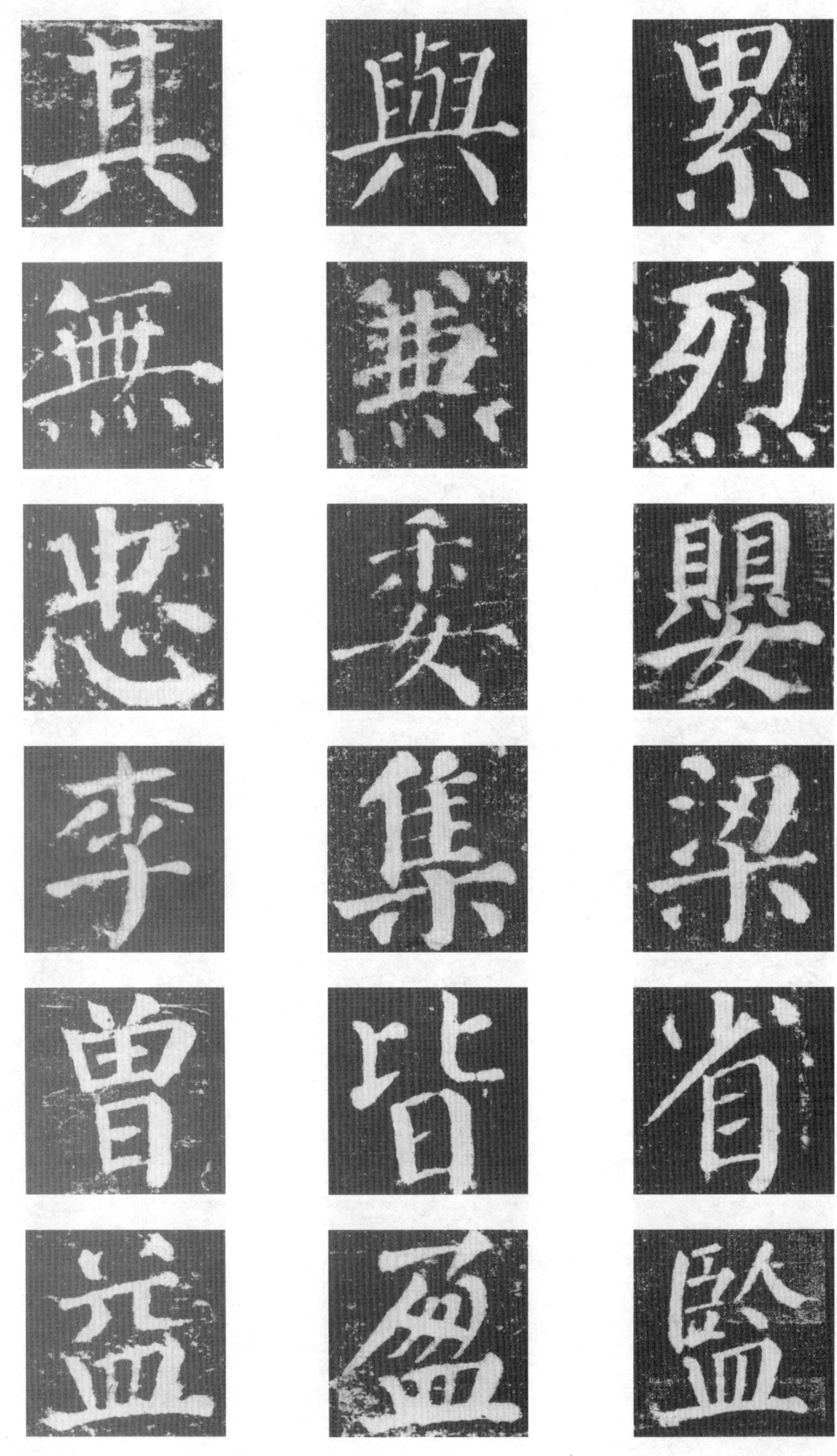

3. 斜向分布

（1）左上包右下

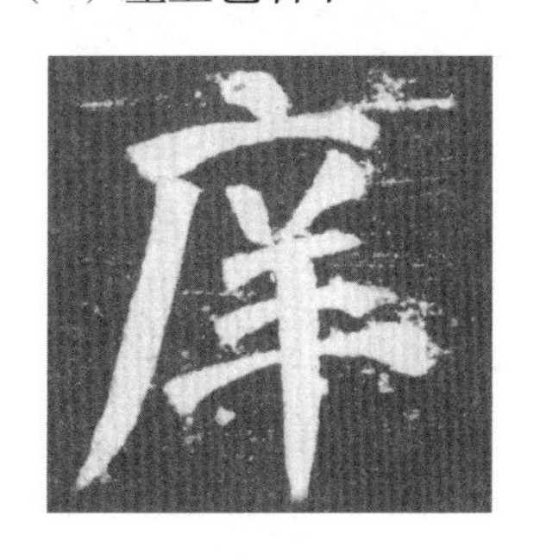 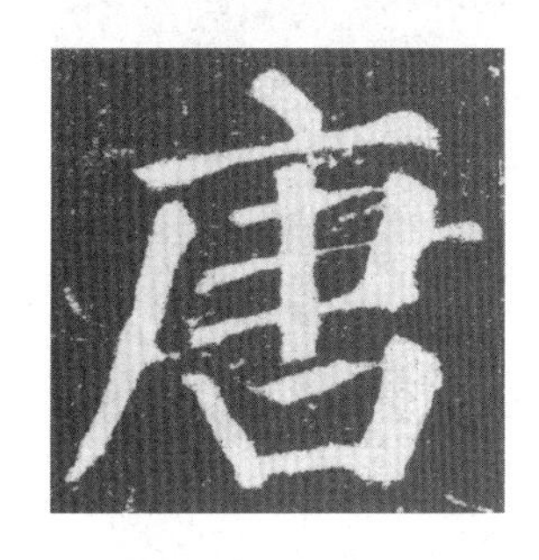 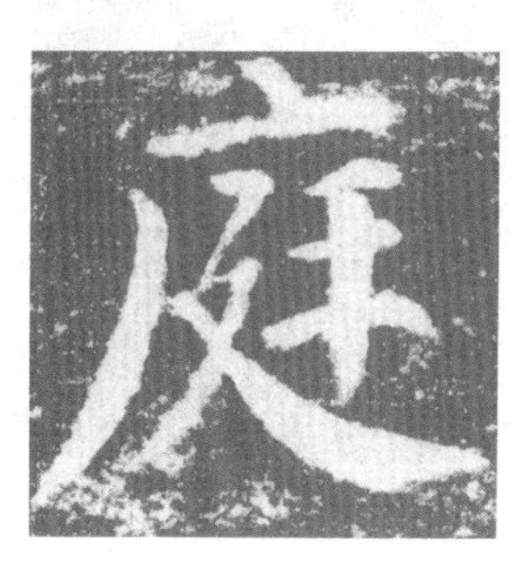

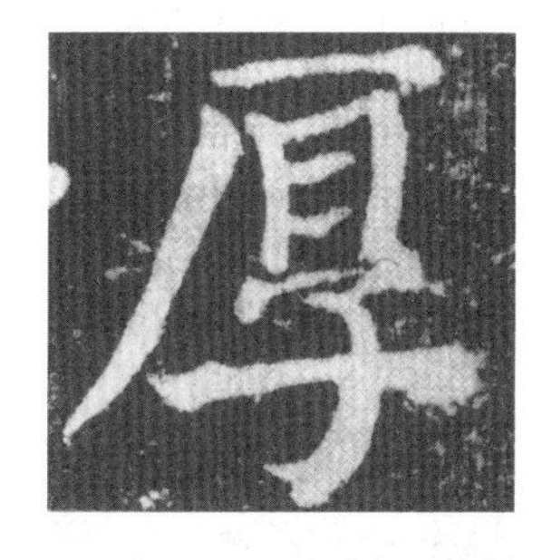 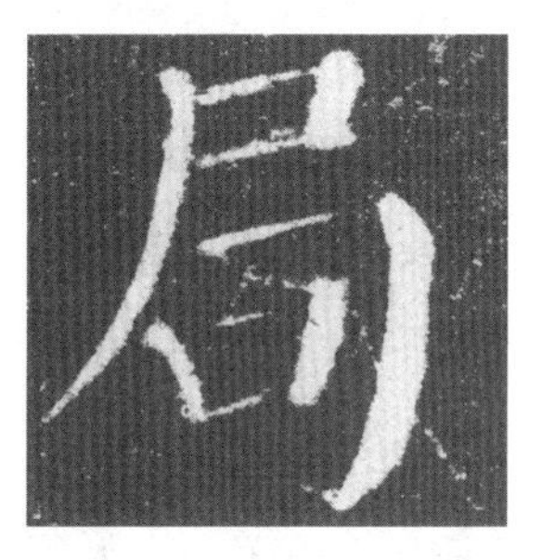 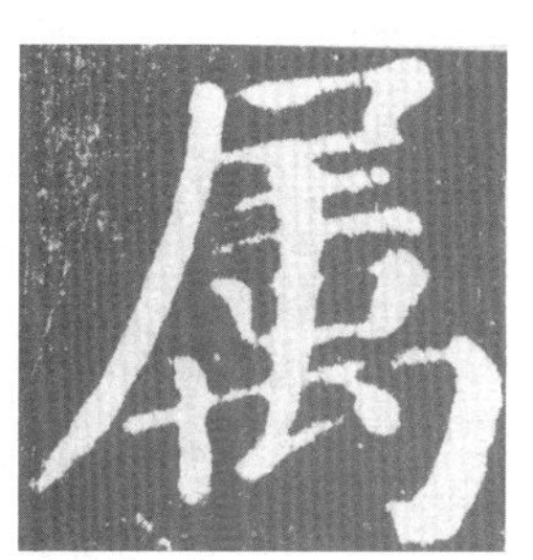

（2）左下包右上

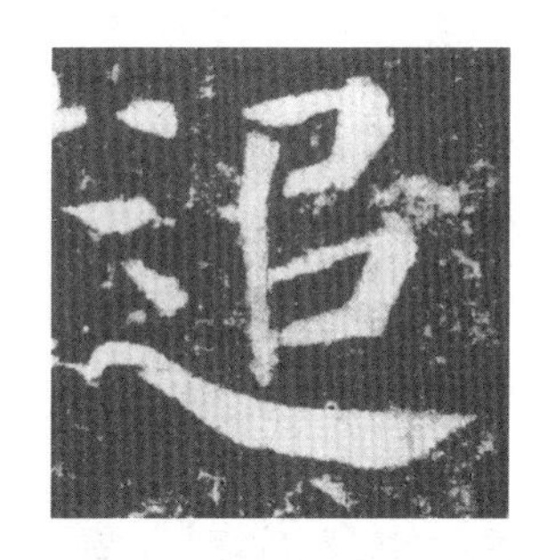 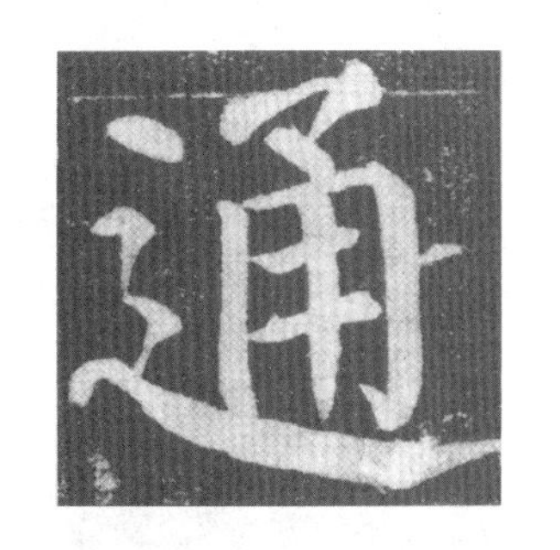 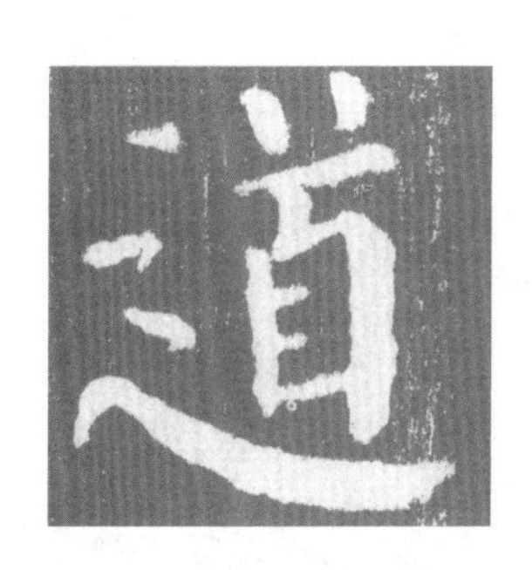

（3）戈部

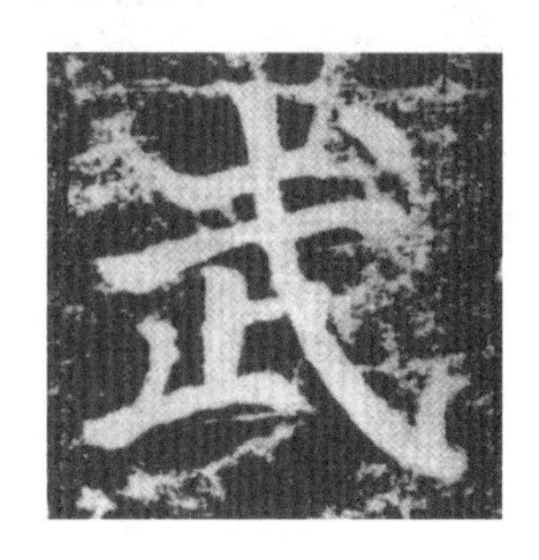 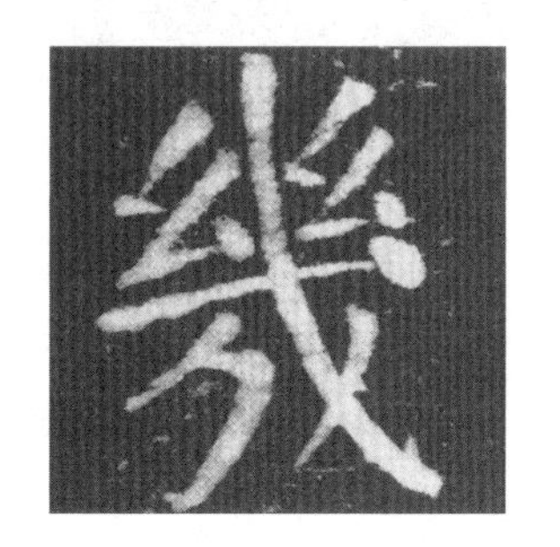 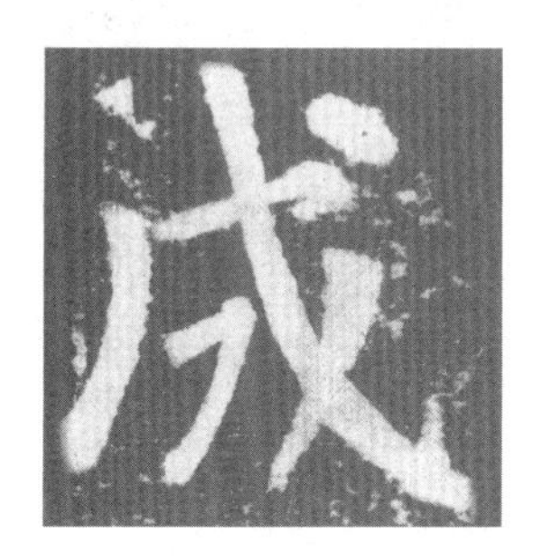

4. 字框

（1）门字框

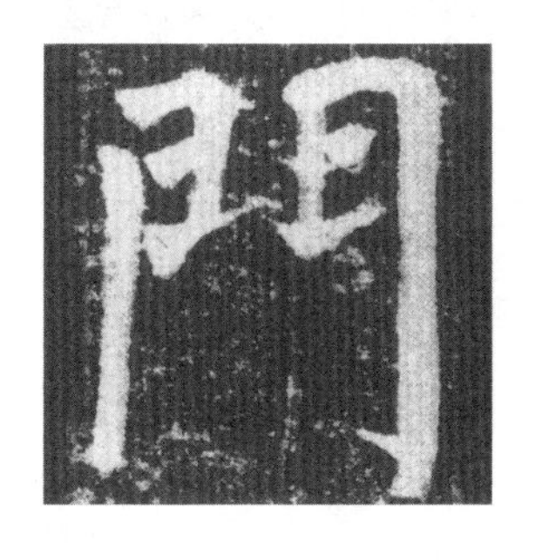 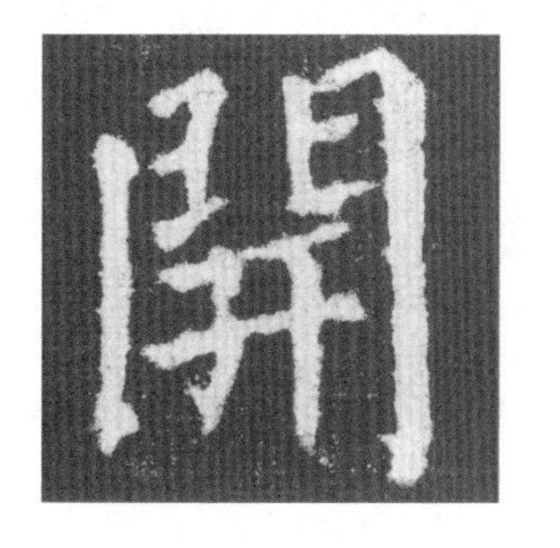 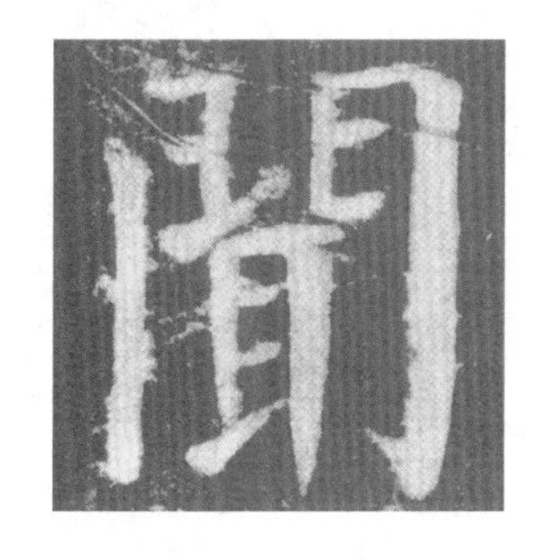

（2）同字框

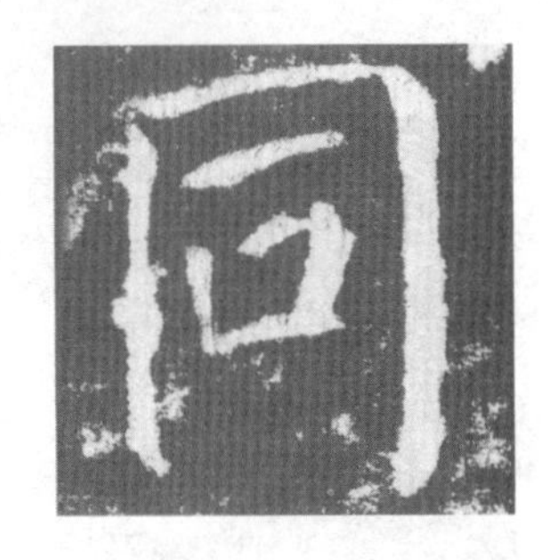

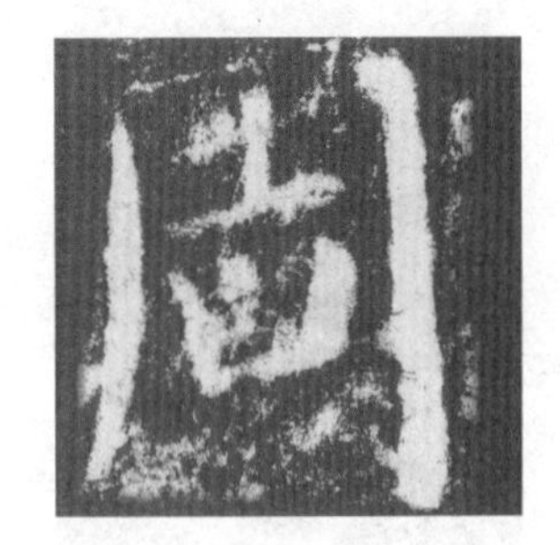

（3）两框

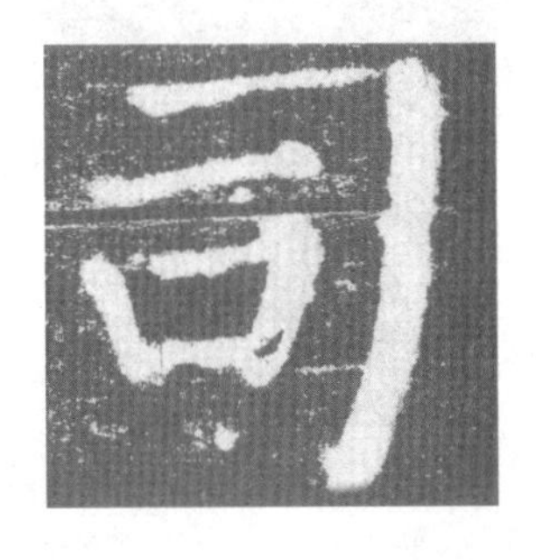

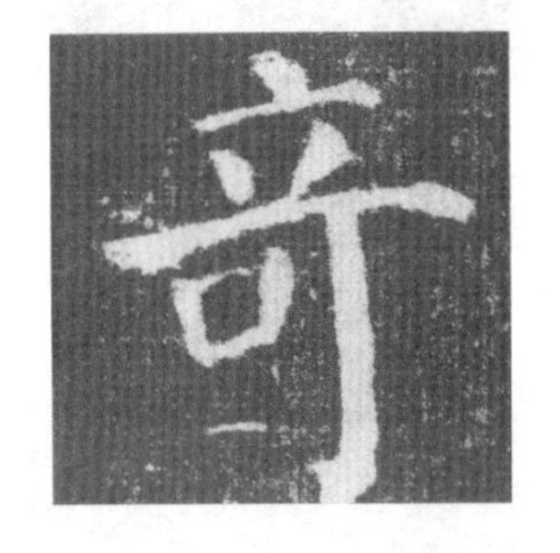

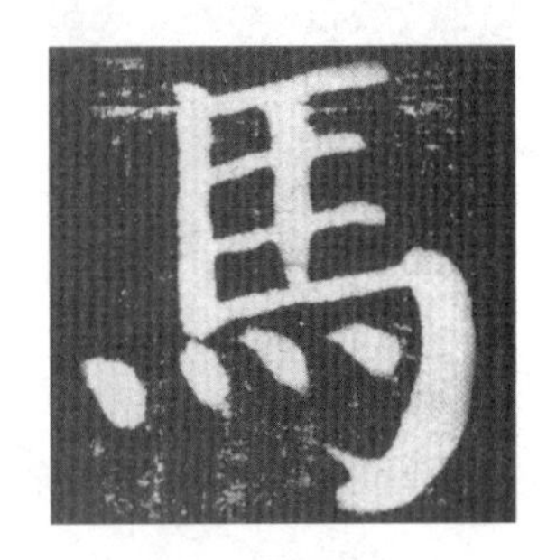

（4）三框

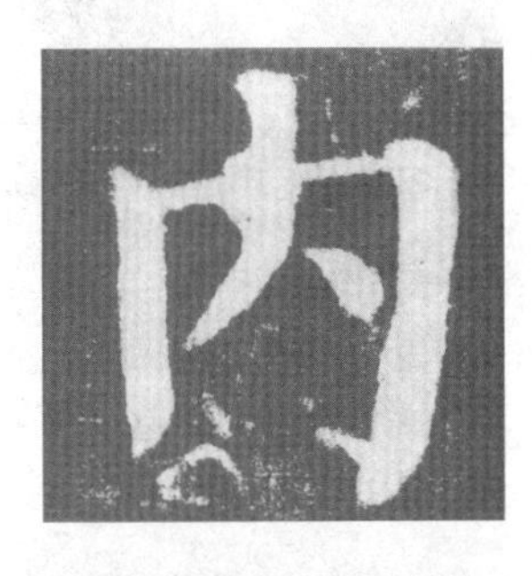

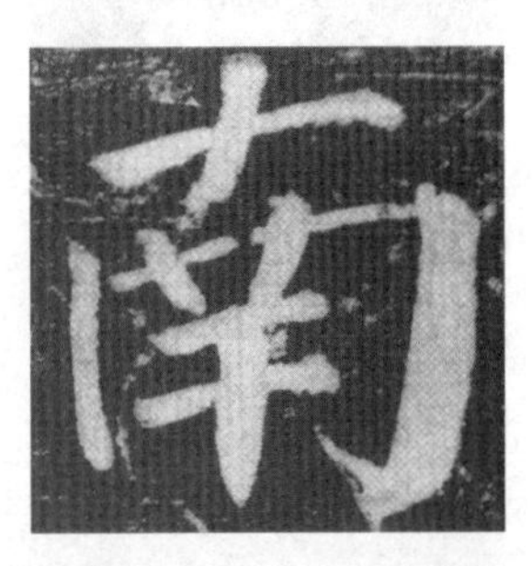

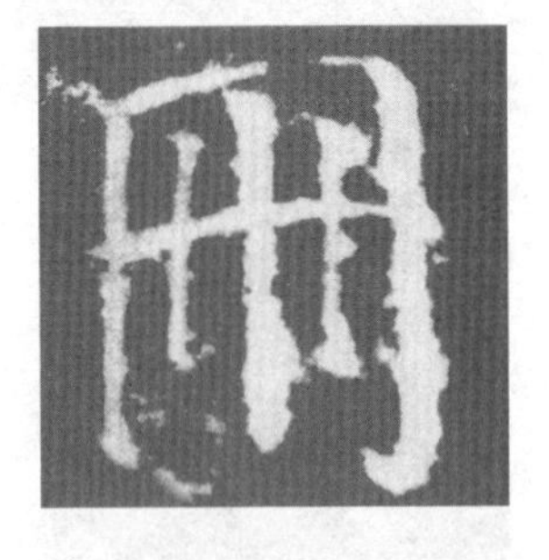

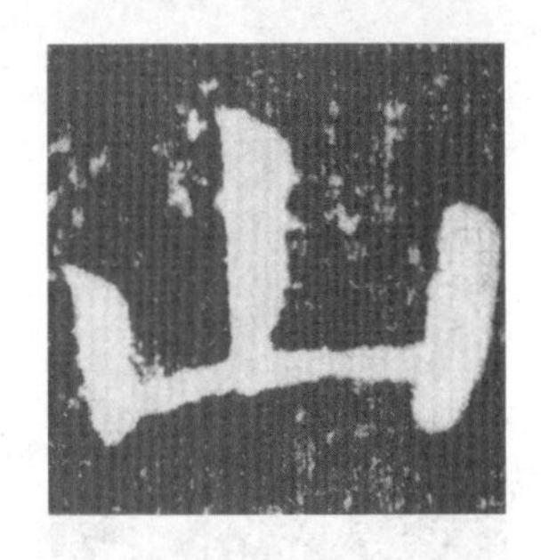

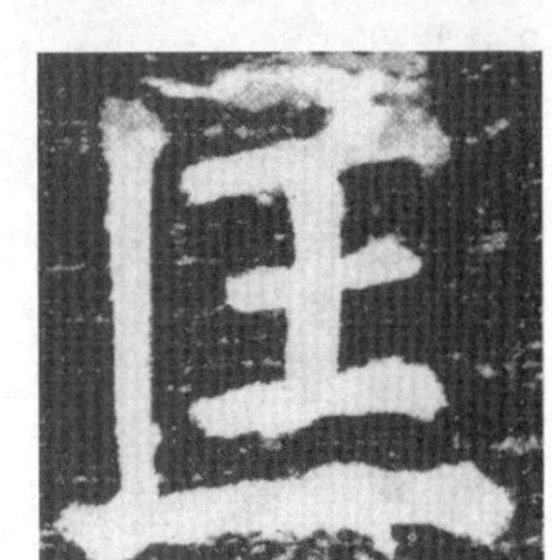

（5）四框

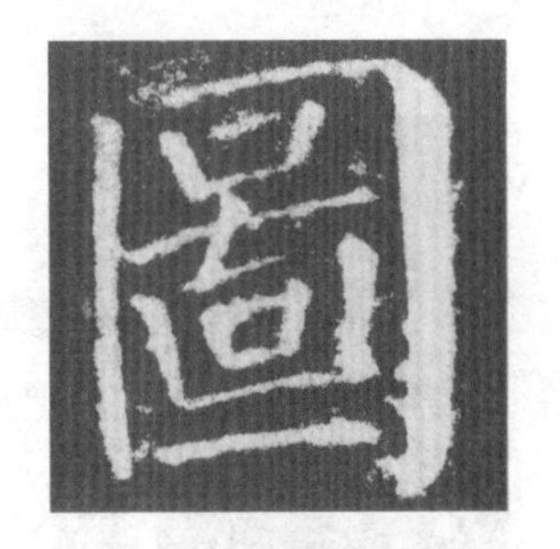

（三）结构

在书法四要素（笔法、字法、章法、墨法）中，笔法解决的是单个线条问题，如线形刻画、线性表达等，结构则是解决点画、线条的相互组合问题。训练笔法，是为了求得线条美；讲究结构，是为了掌握造型美。尽管书法有五体之别，各体变化丰富、风格不一，但都应遵循结构基本原理。

书法中的结构是指点画在字中的布置和处理。它又称“结体”“结字”“字法”“间架”“间架结构”等。结构和用笔是书法的两大法宝，因此，古往今来的书法家对这两个问题都极为重视。王羲之云：“夫书字贵平正安稳。……作一字，横竖相向；作一行，明媚相成。……若作一纸之书，须字字意别，勿使相同。”孙过庭云：“初学分布，但求平正。既知平正，务追险绝。既能险绝，复归平正。初谓未及，中则过之，后乃通会。通会之际，人书俱老。”赵孟頫云：“学书有二：一曰笔法，二曰字形。笔法弗精，虽善犹恶。字形弗妙，虽熟犹生。学书能解此，始可以语书也已。”

对于结构这一专项，古代书家作了大量研究，如隋代智果《心成颂》、唐代欧阳询《结字三十六法》、明代李淳《大字结构八十四法》、清代黄自元《间架结构摘要九十二法》等，都对传统书法的学习有一定的借鉴意义。不过因为中国书论的特殊表述方式——有的多用类比，极为繁琐，不利记忆，有的抽象深涩，难以理解，所以很有无所适从之感。一段时期以来，随着人们对汉字结构研究的深入和书法教育的日益普及，书法家、书法教育家们总结出一些简明扼要、便于理解记忆，甚至颇有自家特色的结构规律和方法，这为人们学习书法提供了一些“捷径”。当然，我们在实际的学习过程中，既要遵循这些规律和方法，又不可过于拘泥，要学会融会贯通，这样才能在继承传统的同时有所创新。

1. 横平竖直

字贵平正。唐代书论家孙过庭说：“初学分布，但求平正。”“平正”是结构的最起码要求，是点画组合的基本原则。“横平竖直”是楷书“平正”的方法之一，用于以横、竖为主要笔画的字。但是需要指出的是，此处的“平”和“直”并非绝对的“水平状态”和“垂直状态”，而是都有一定的斜度，横画要左低右高，竖画或偏左偏右，或相对垂直。

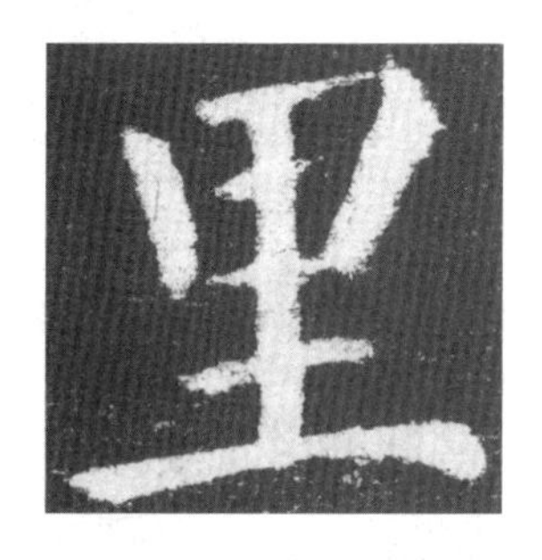

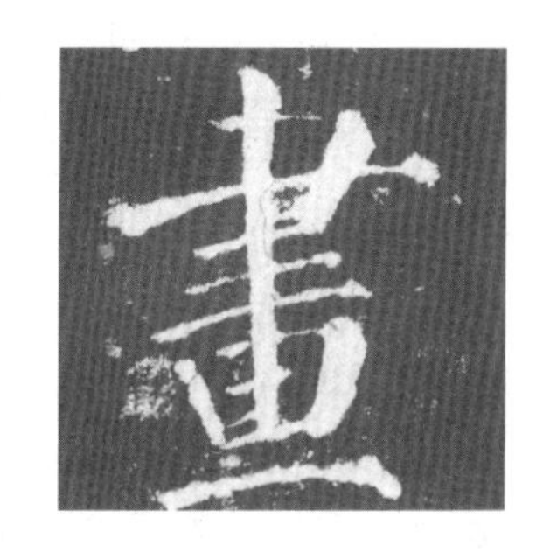

2. 重心平稳

每个汉字都有其主笔和重心，找准竖中线和支撑点，写好主笔，是保证重心平稳的关键。通常说来，在一个字中，撇、捺、钩画是主笔；字中最长一个笔画是主笔；有底盘者，底盘是主笔。

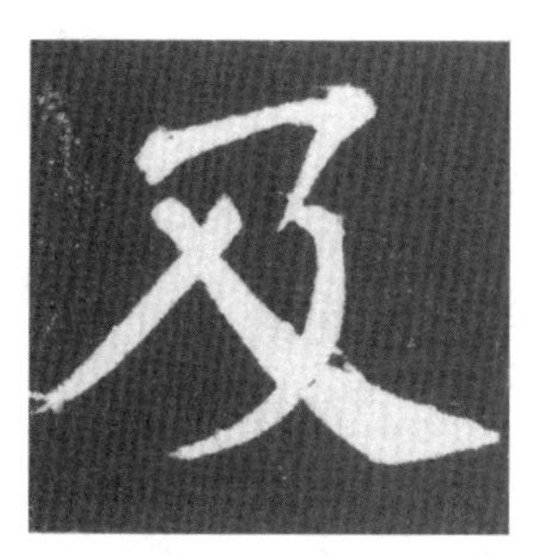

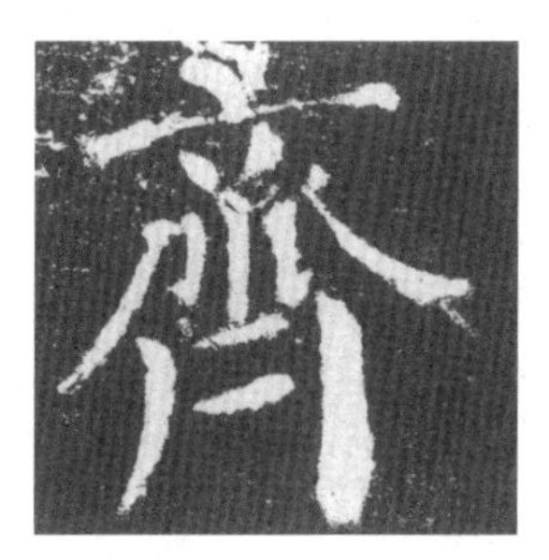

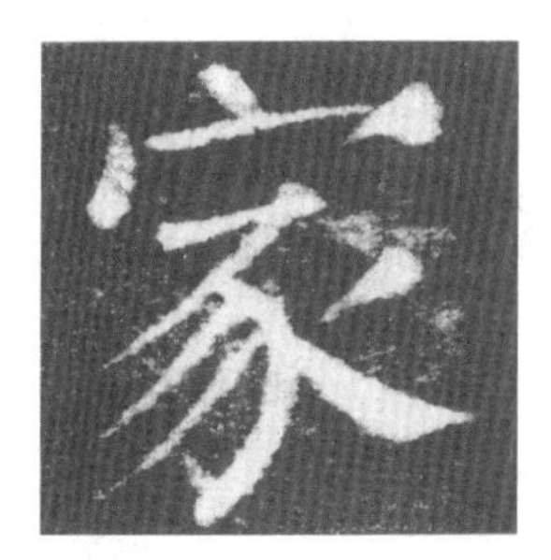

3. 疏密得当

由于汉字构成的特点，其笔画有多有少，只有把点画按“疏可走马，密不透风”的原则去安排，才能写出均衡匀称、美观大方的字来。即笔画少的字，要求疏开架势，稀排点画，用笔粗壮，力求线条饱满；笔画多的字要密布间架，紧排点画，用笔偏瘦，力求线条清晰可辨，字势安祥。

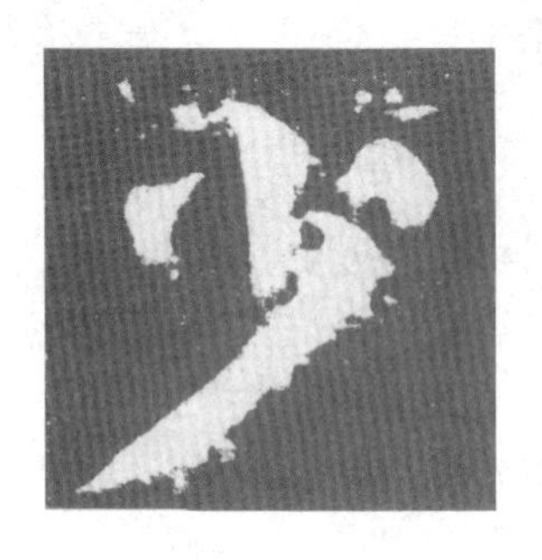
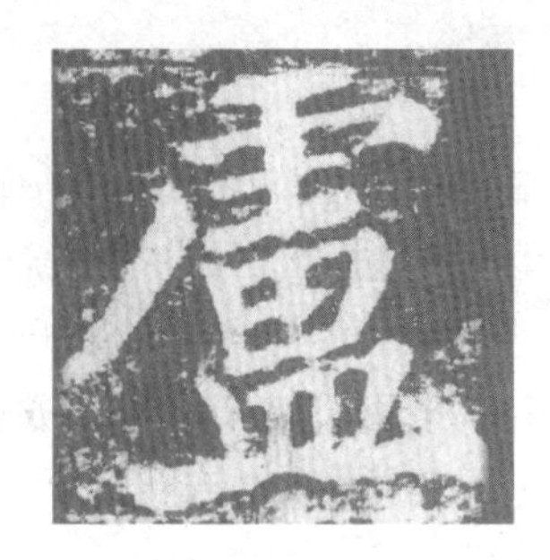
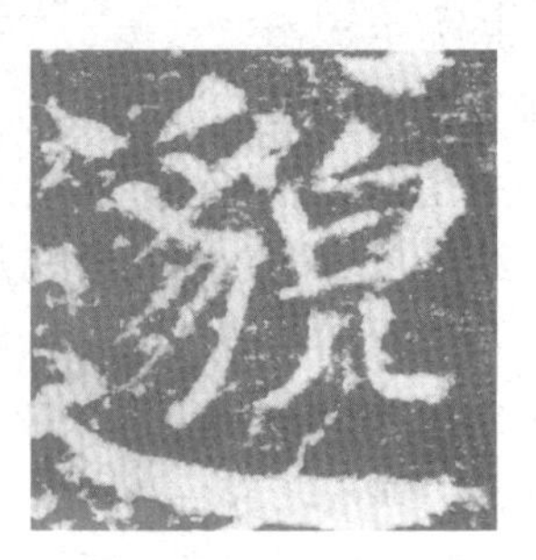

4. 比例适宜

在合体字中，各个部首所占比例要分配得当，整个字才协调匀称、方正美观。有时是几部分相等，有时是几分之几，要看具体情况。

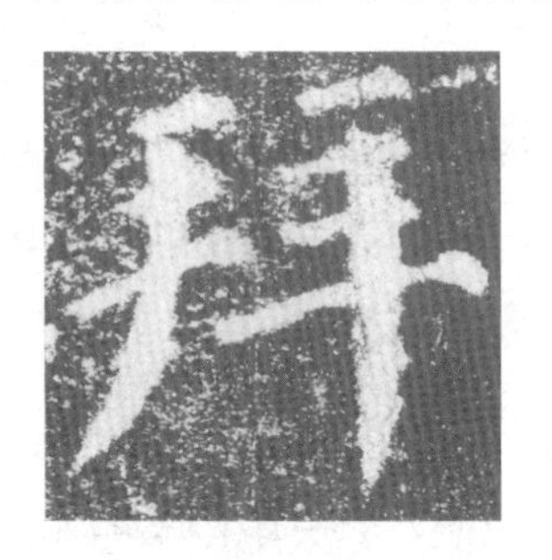
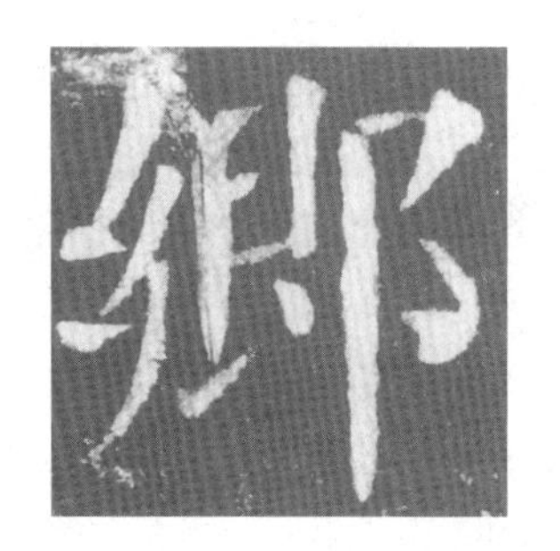
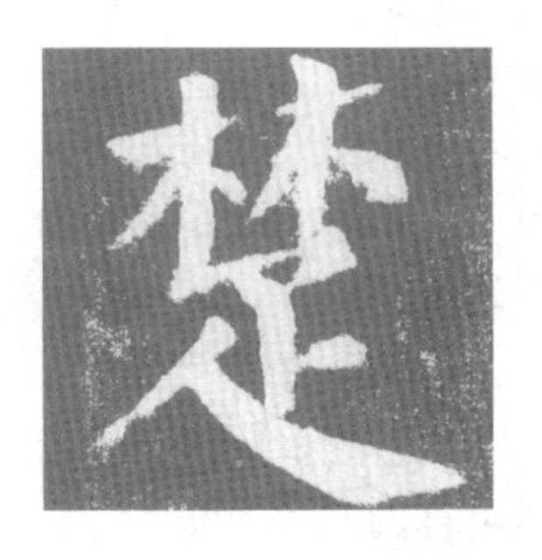

5. 向背分明

这是单对左右结构而言，要讲究“向不犯碍，背不脱离”。所谓“向不犯碍”，是指左右笔画要相互避让，相向不犯；“背不脱离”是指把握左右两部分间距离，要宽度适中，做到笔势连贯，相背不离。

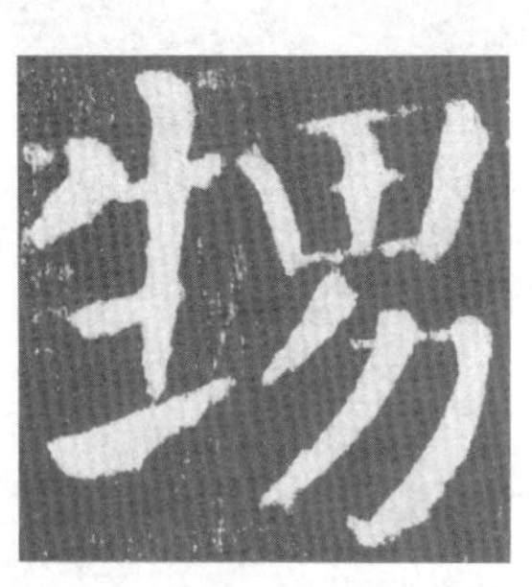
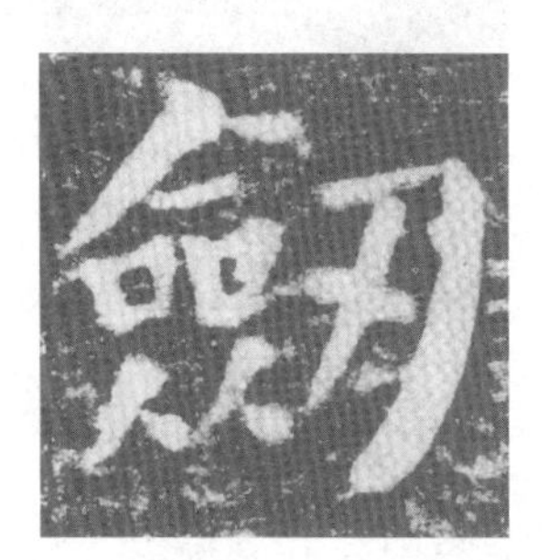
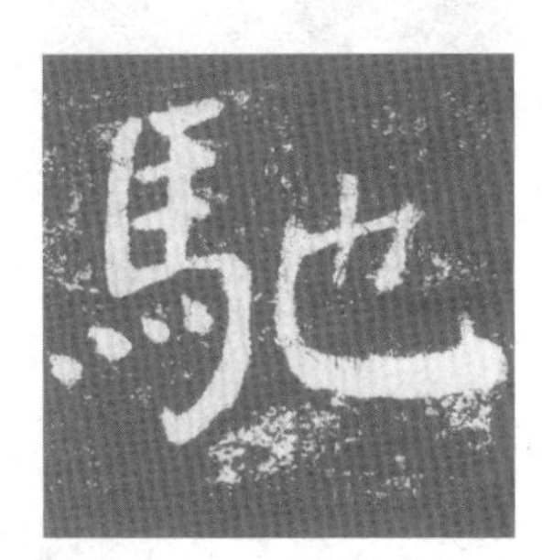

6. 参差有致

楷书既要写得庄严端重，又要参差错落。相同笔画和部位要讲究变化，通过“一收一放”“一短一长”“一大一小”“一高一矮”“一轻一重”“一正一斜”等方法，使之错落有致，富有变化。一般来说，上小下大，左收右放。

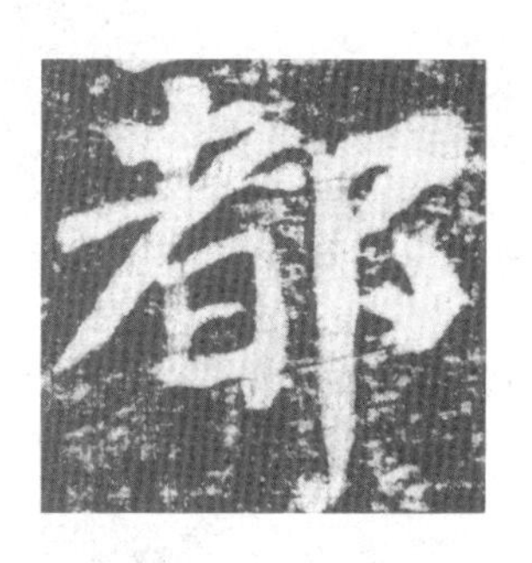
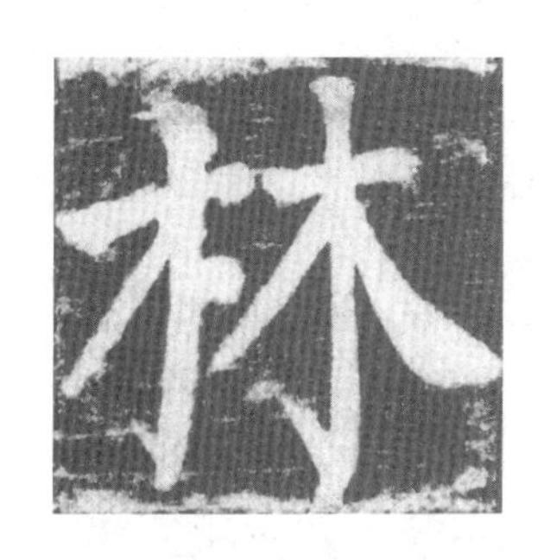
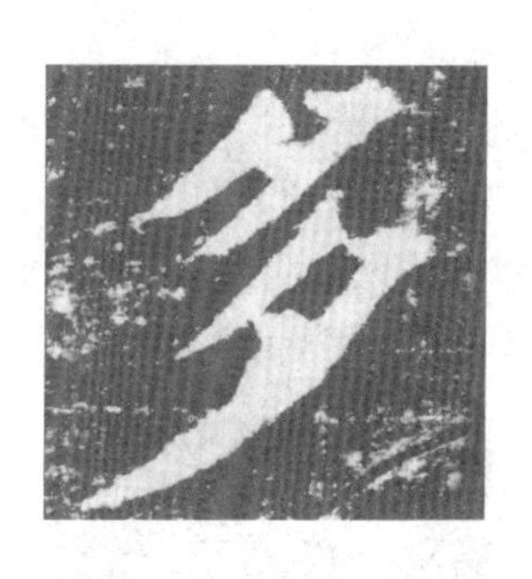

7. 点画呼应

书法的点画是按照一定规律组合成字的，它们之间联系密切，这种联系在行草书里显而易见，在楷书里点画的联系不像行草那样明显，但是它们的用笔却大致相同，运笔路线上要持续不断。所以，楷书也要讲究笔势的连贯，如此运笔，不但能写出活泼的楷书点画，也能为日后的行草书的学习，打下坚实的基础。

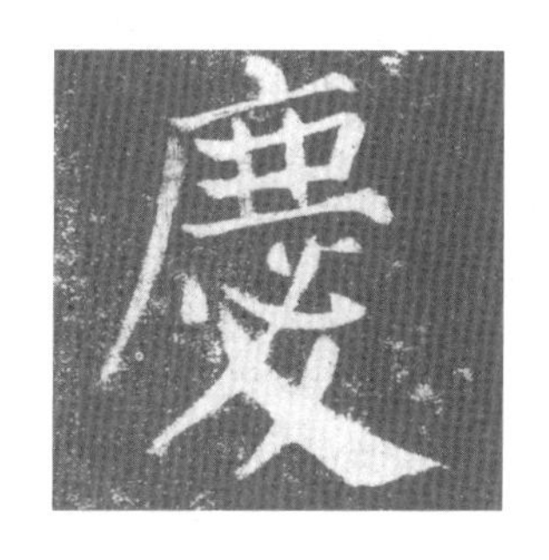
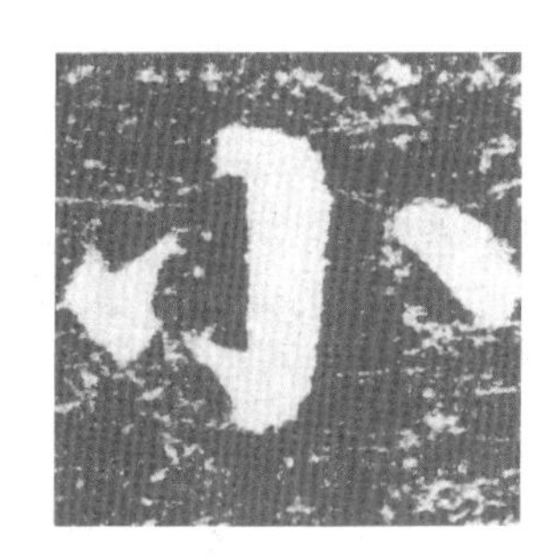
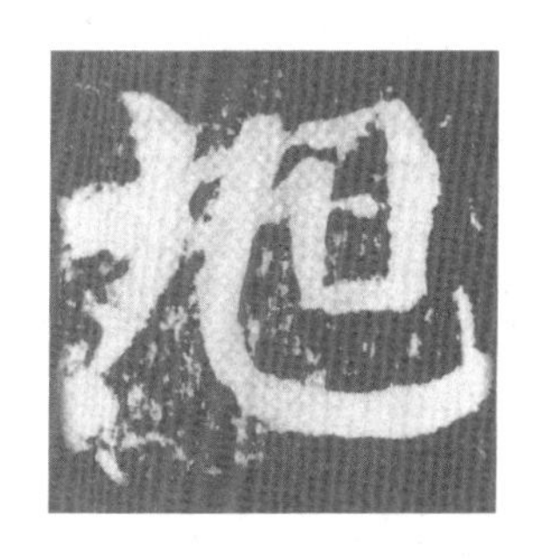

8. 偏旁迎让

所谓迎让，是指有的缩小，有的增大，一迎一让，协调一致。在独体字中是指点画的迎让，在合体字中是指部首的迎让。合体字中常见的部首迎让有以下四种情况：小让大，短让长，窄让宽，简让繁等。

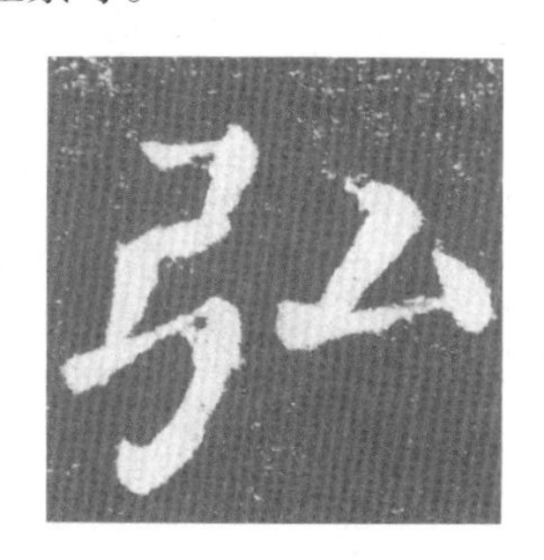
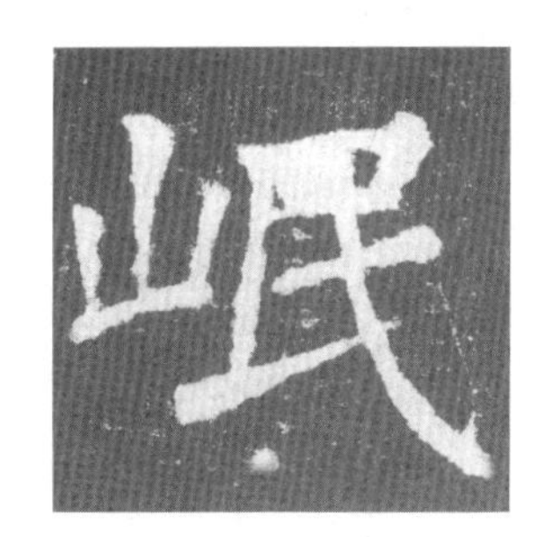

9. 内外相称

这种情况主要针对包围式结构而言。由内外两部分组成的字，在安排结构时，内外两部分的大小、斜度、宽窄等都要匀称妥帖，方才美观。根据包围结构的不同情况要有不同安排。

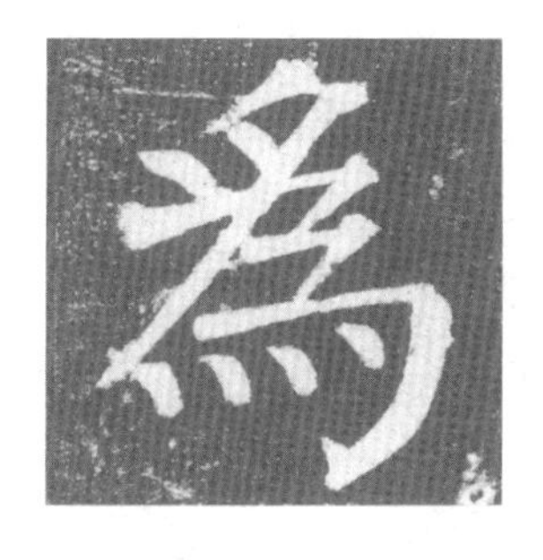
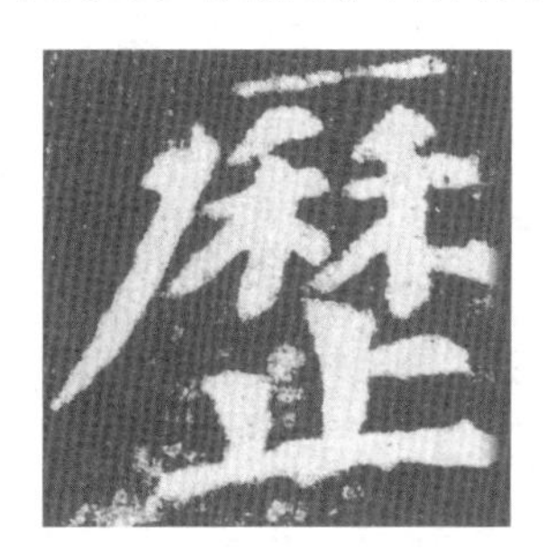

10. 形象自然

形象自然是指还事物以本来面目。如字形长的不要压扁，要写得俊挺，但要避免瘦长；字形扁的不要拔高，要写得秀劲，但要避免矮肥；字形正的不要写歪，要写得左右对称，但要避免呆板僵化；字形斜的不必写正，但要避免重心偏离；字形大的略加缩小，使其疏密得当，亦有自然本色；字形小的略加放大，使其宽绰丰满，亦有自然本色。

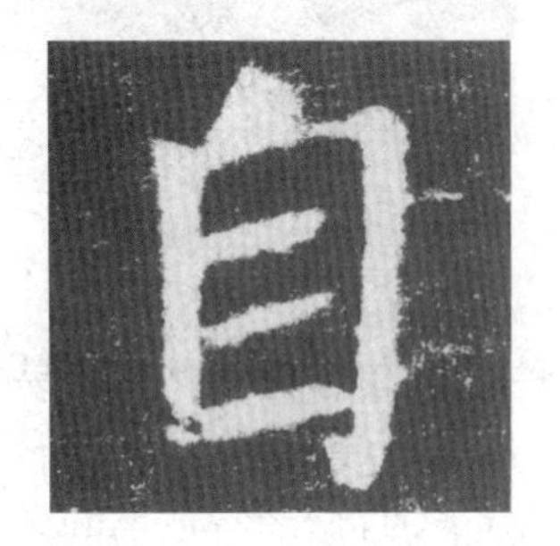

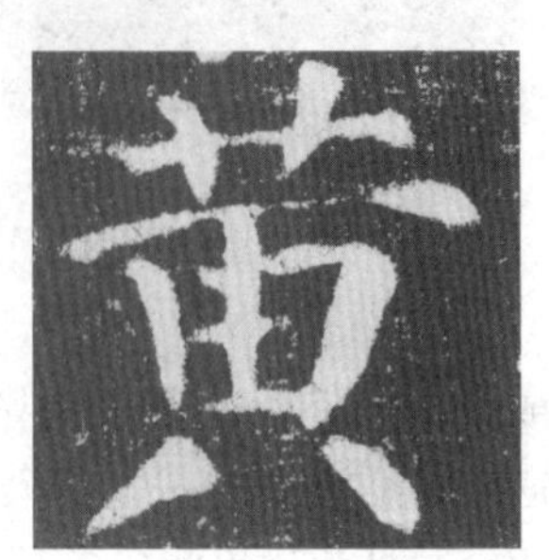

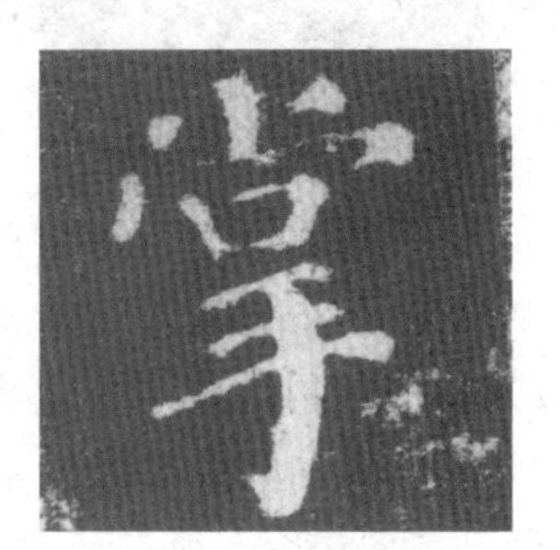

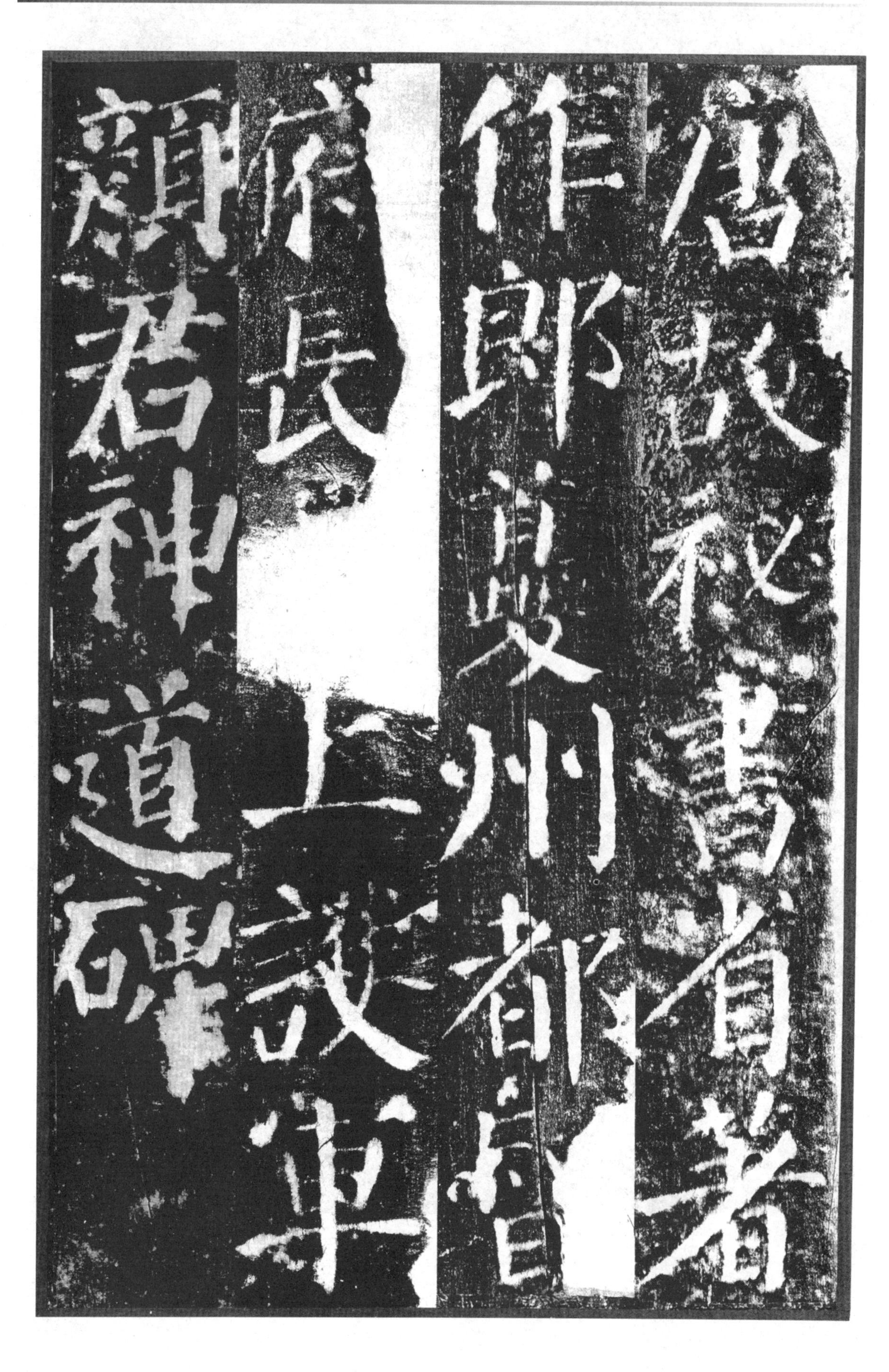
唐故秘書省著
作郎夔州都督
府長史上護軍
顏君神道碑

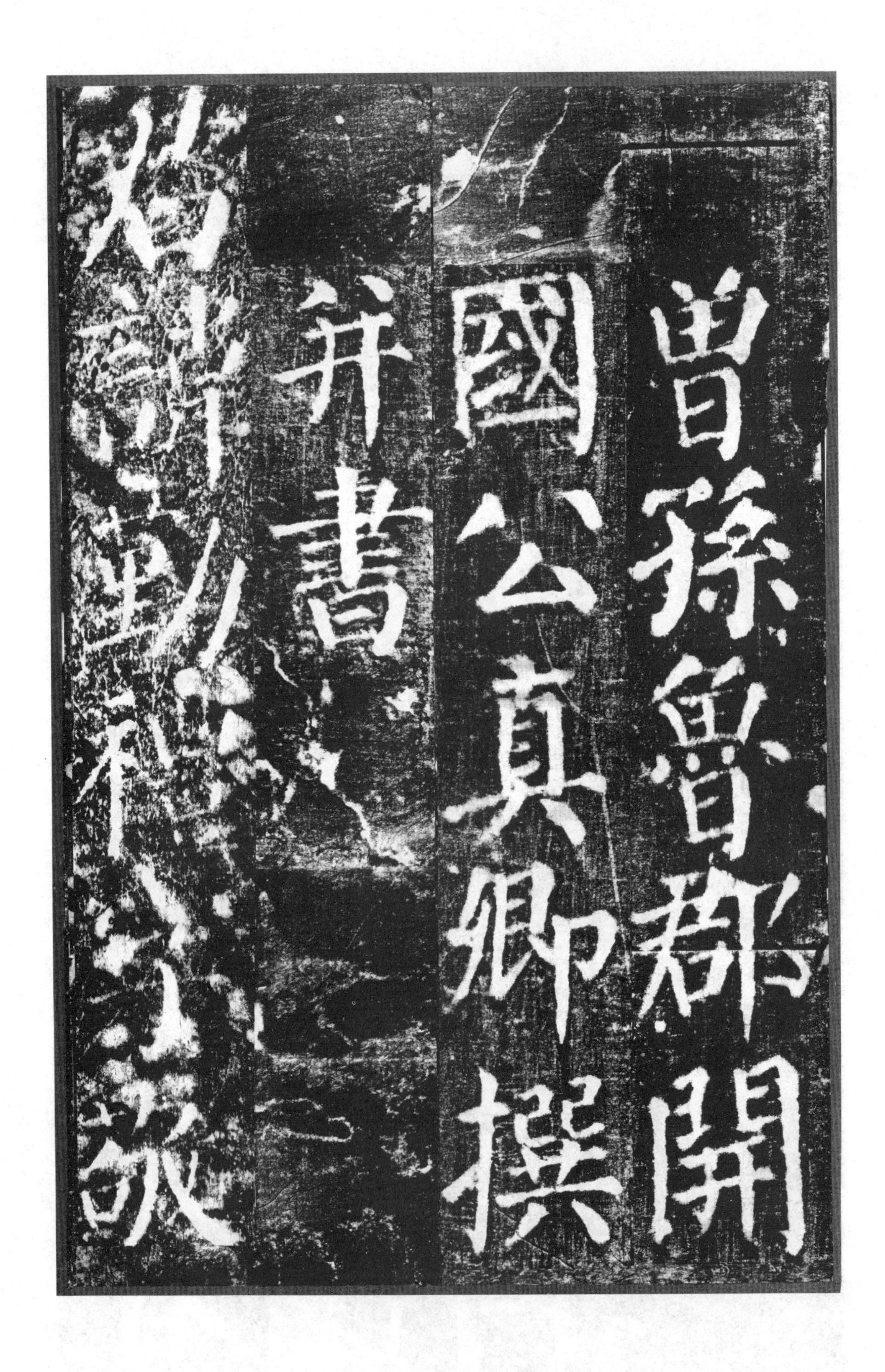
曾孫魯郡開
國公真卿撰
并書

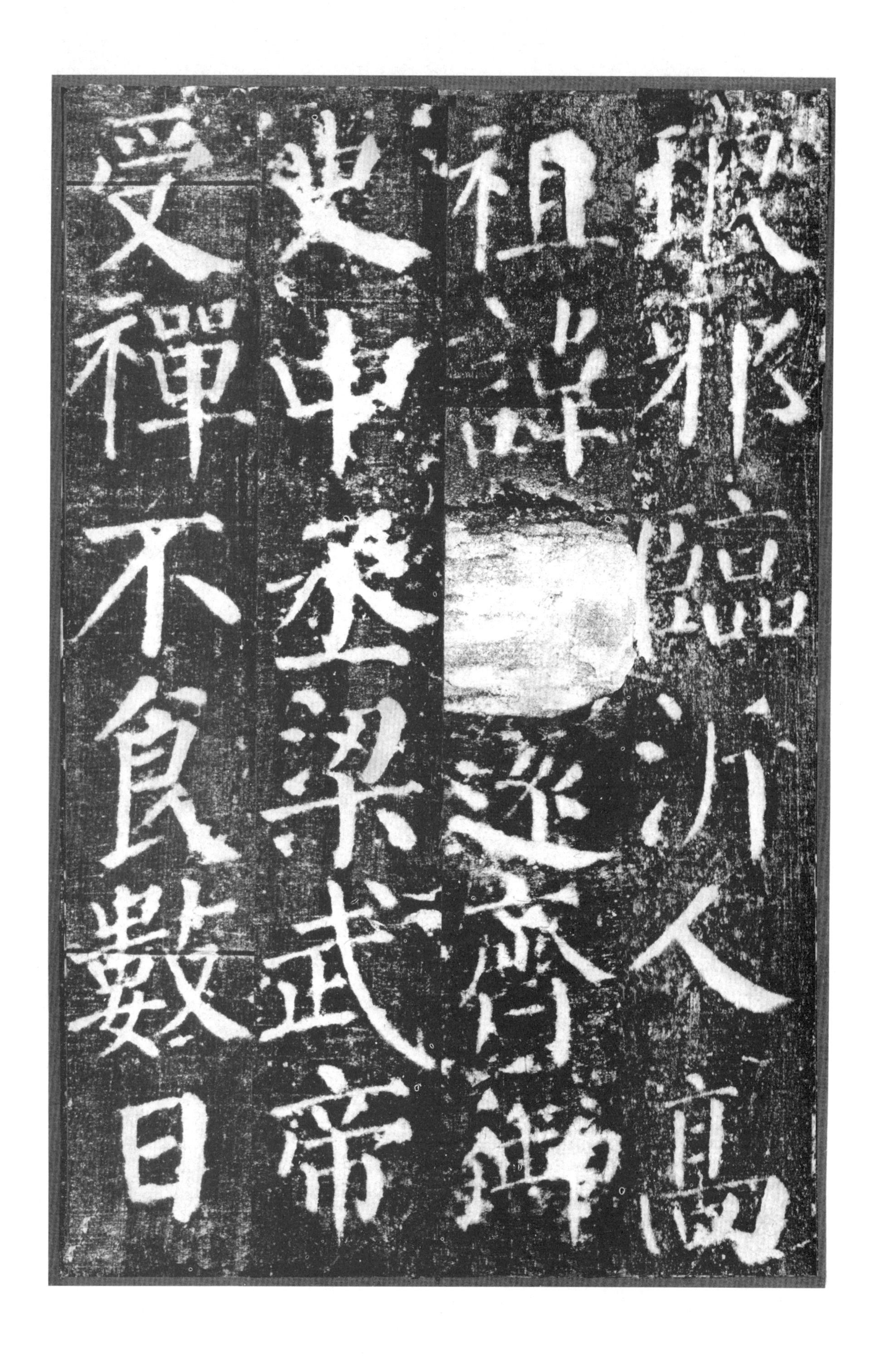
瑯邪臨沂人高
祖諱逸齊御
史中丞梁武帝
受禪不食數日

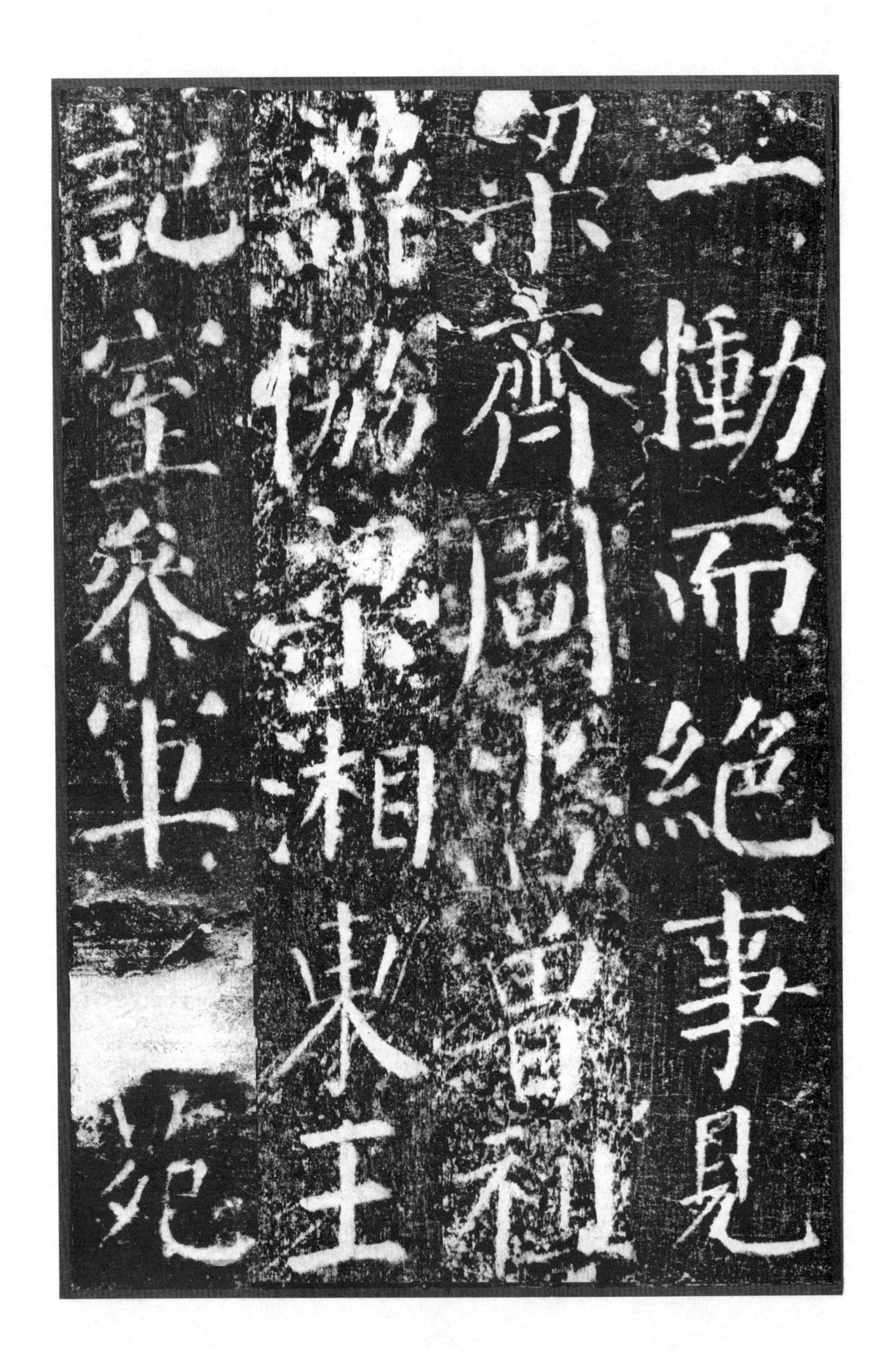

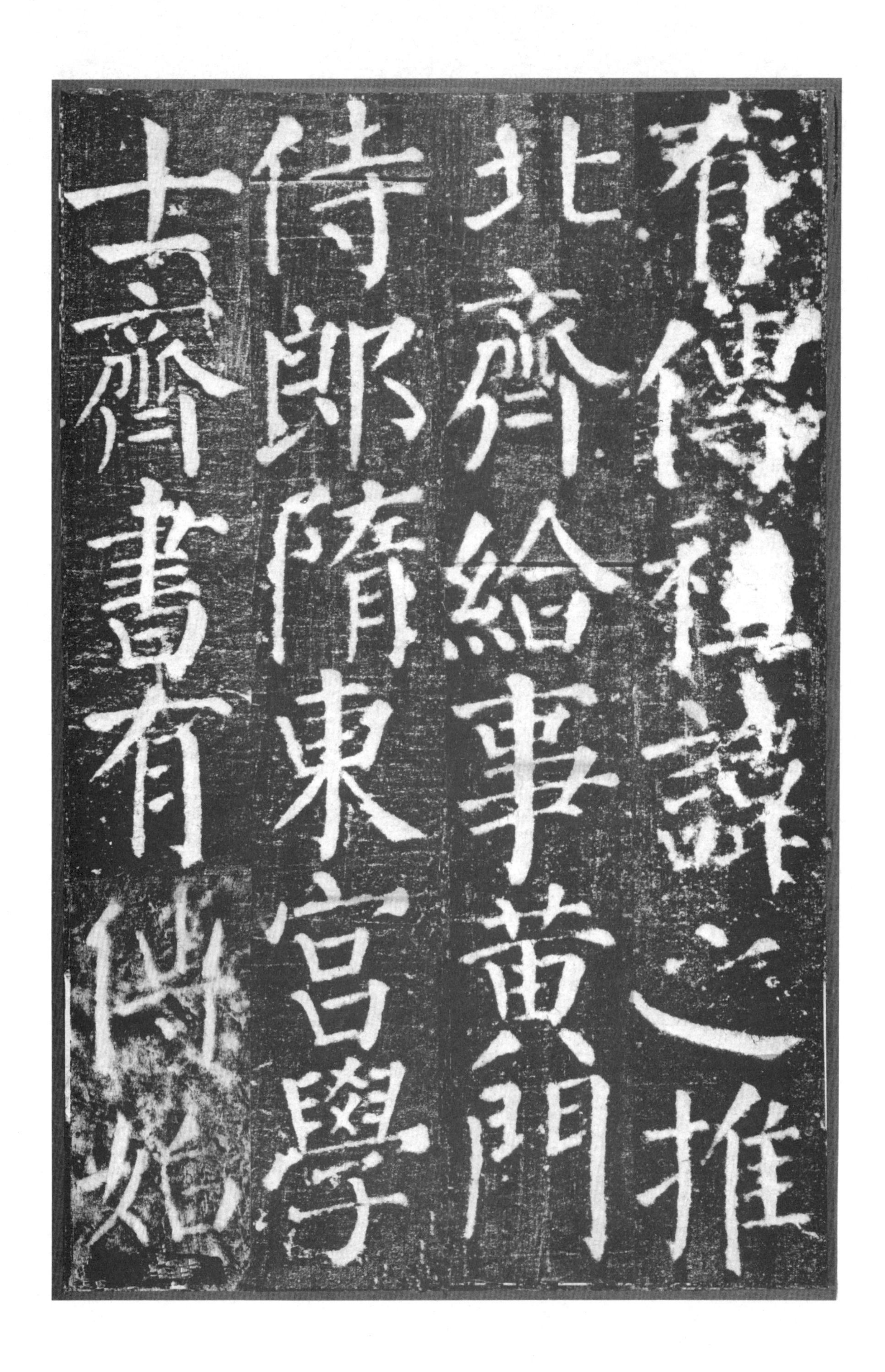
有傳祖諱之推
北齊給事黃門
侍郎隋東宮學
士齊書有傳始

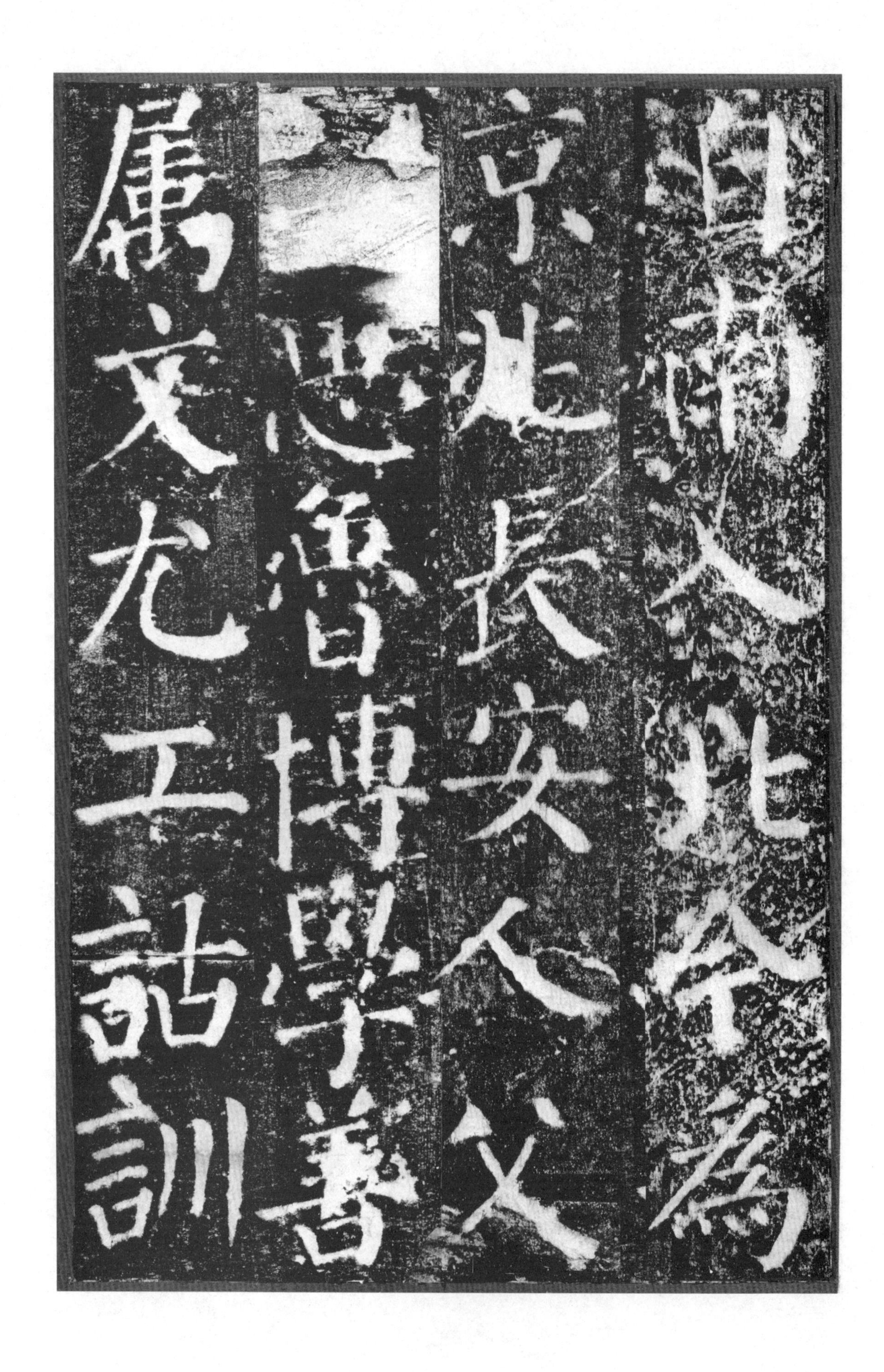
自南入北今為
京兆長安人文
思魯博學善
屬文尤工詁訓

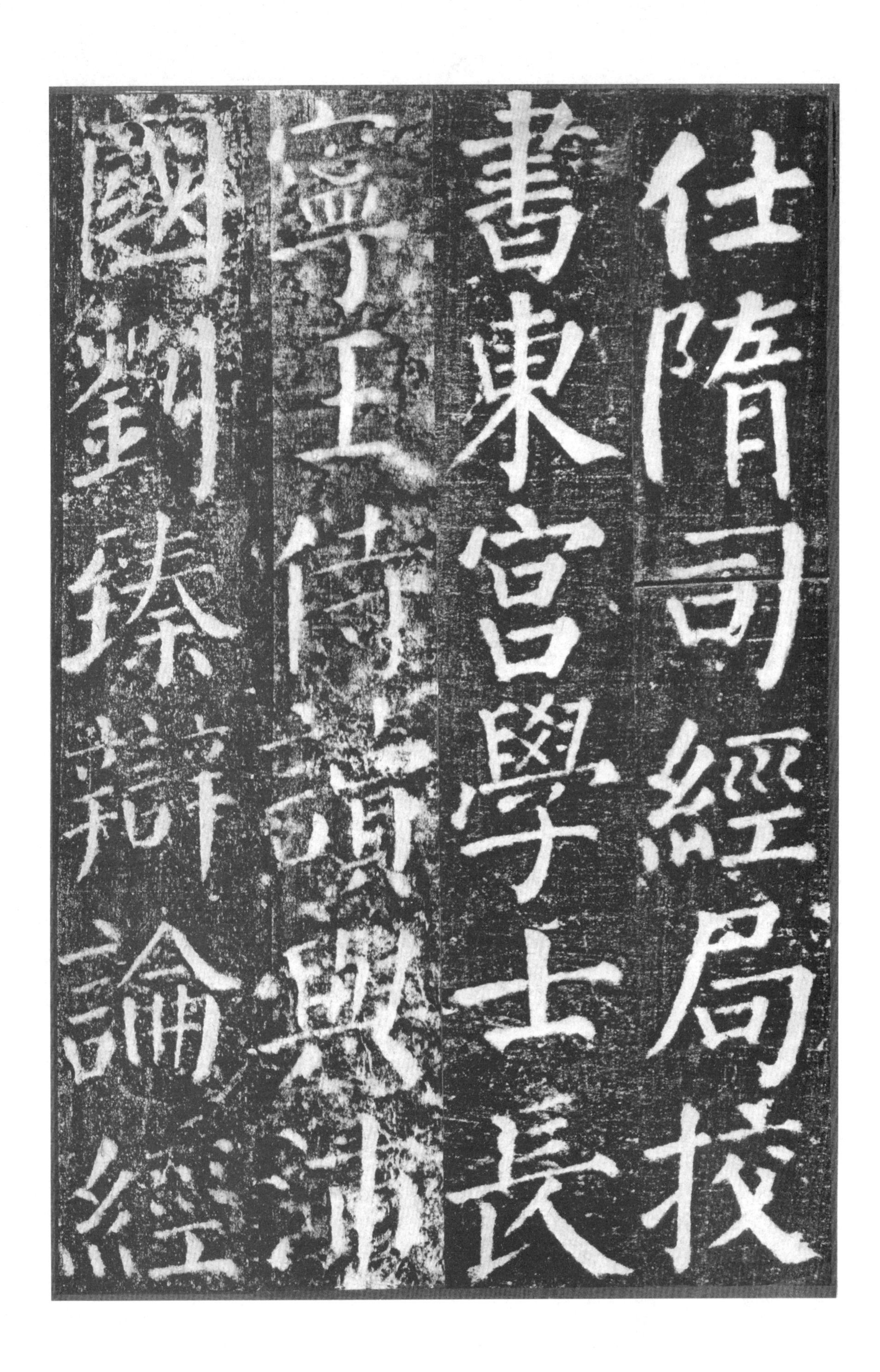
仕隋司經局校
書東宮學士長
寧王侍讀與潘
國劉臻辯論經

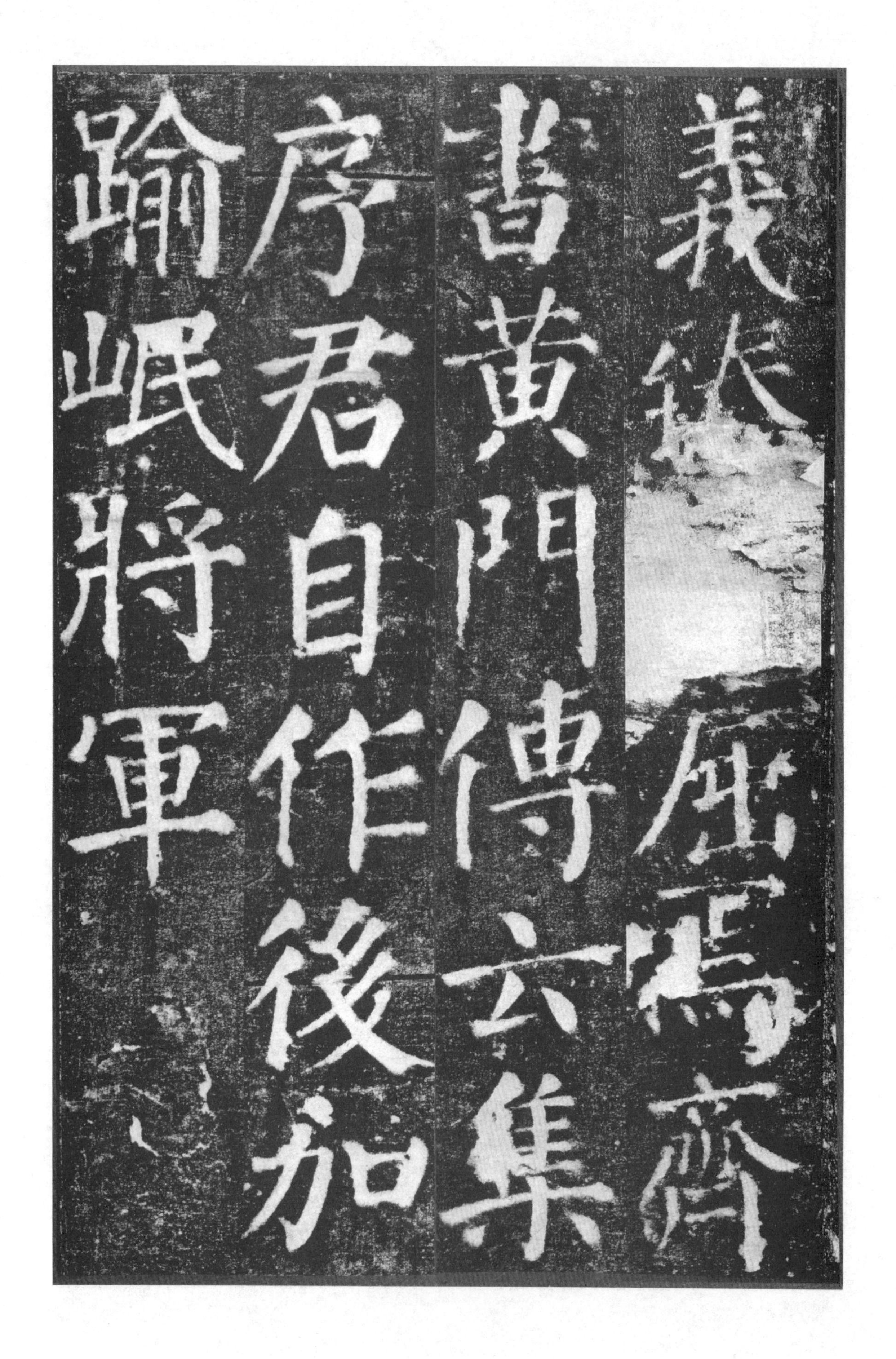
書黄門傳云集
序君自作後加
踰岷將軍

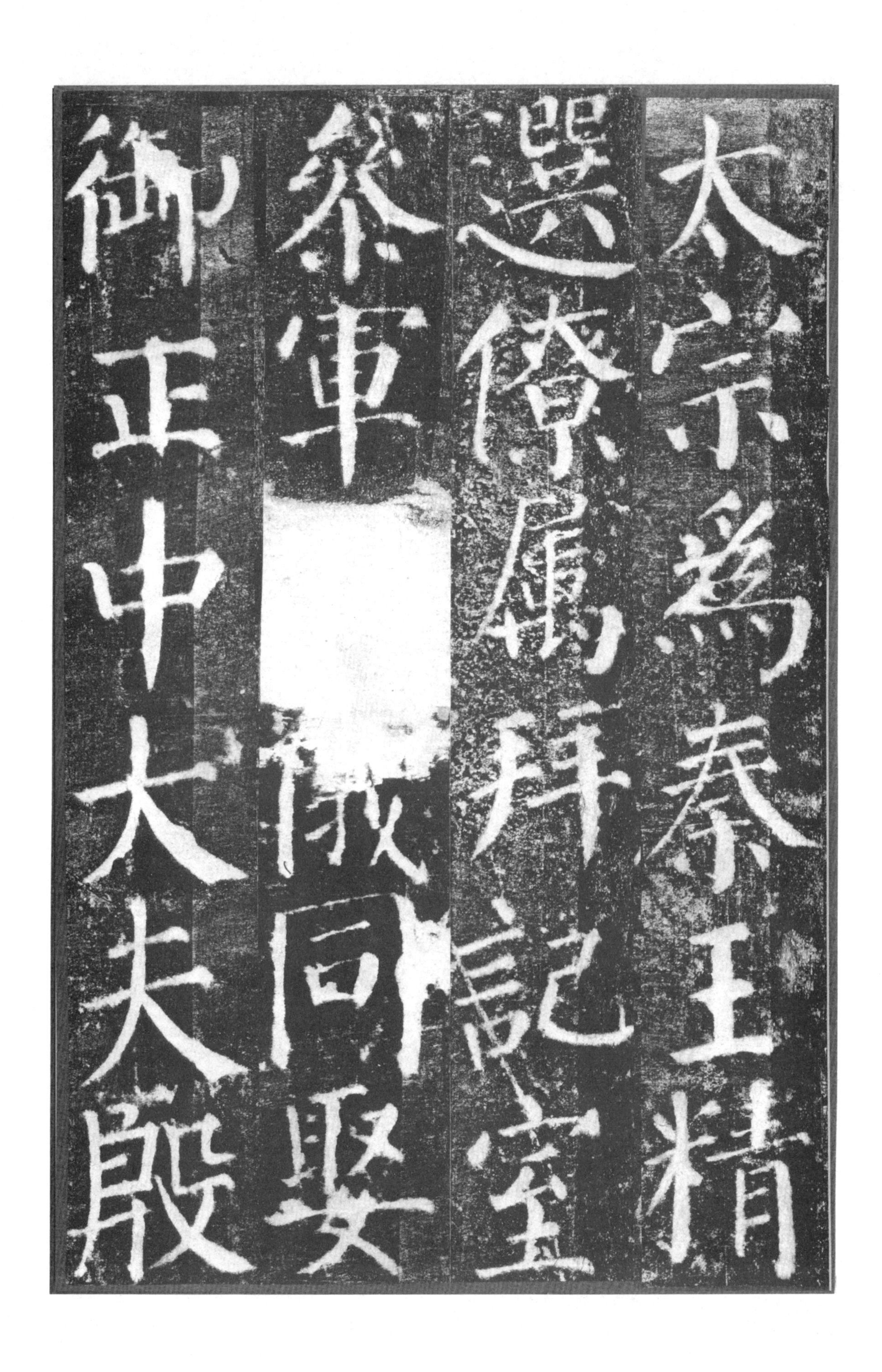
太宗為秦王精
選僚屬拜記室
參軍
同要
御正中大夫殿

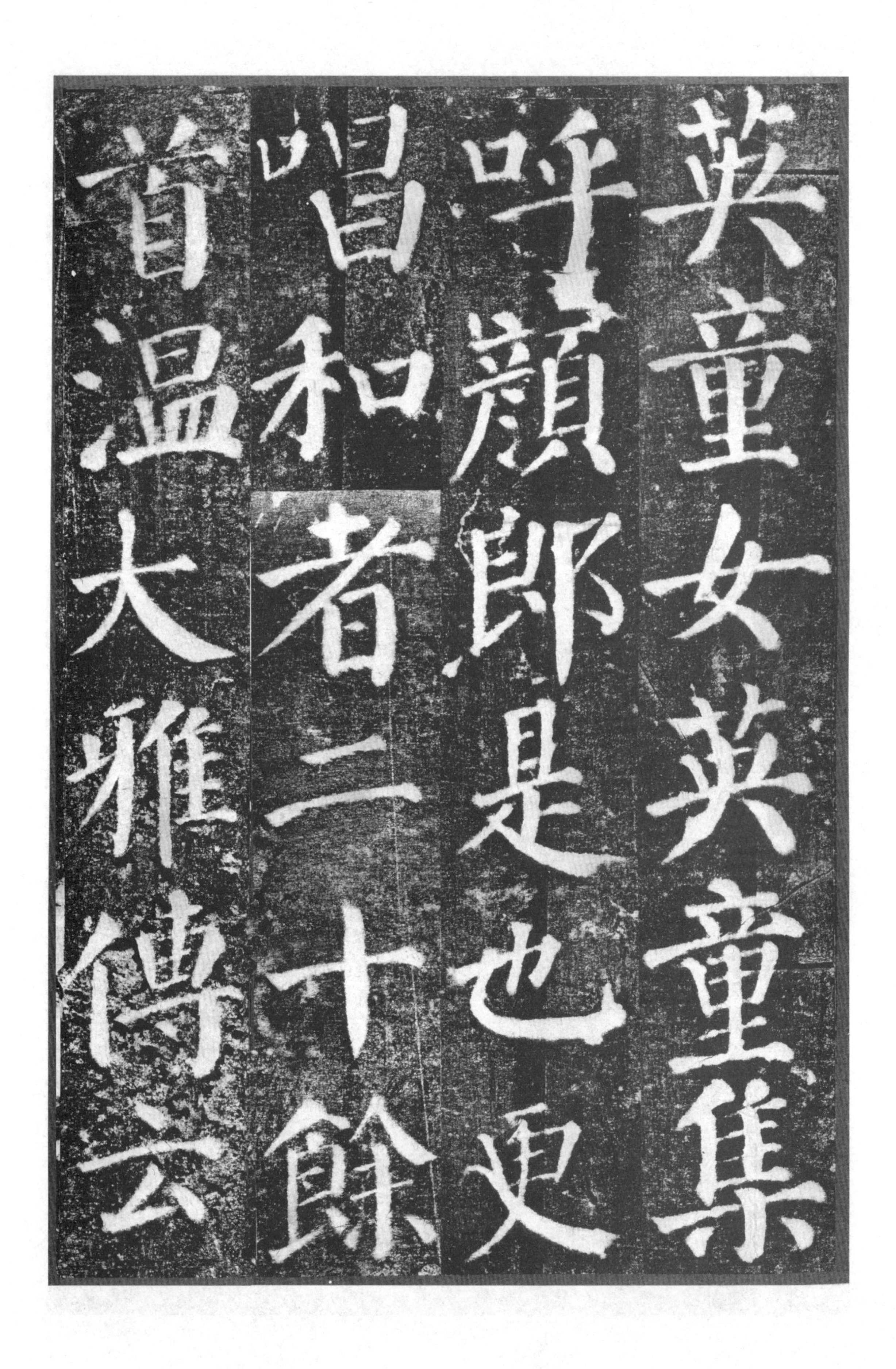
英童女英童集
呼顏郎是也更
唱和者二十餘
首溫大雅傳云

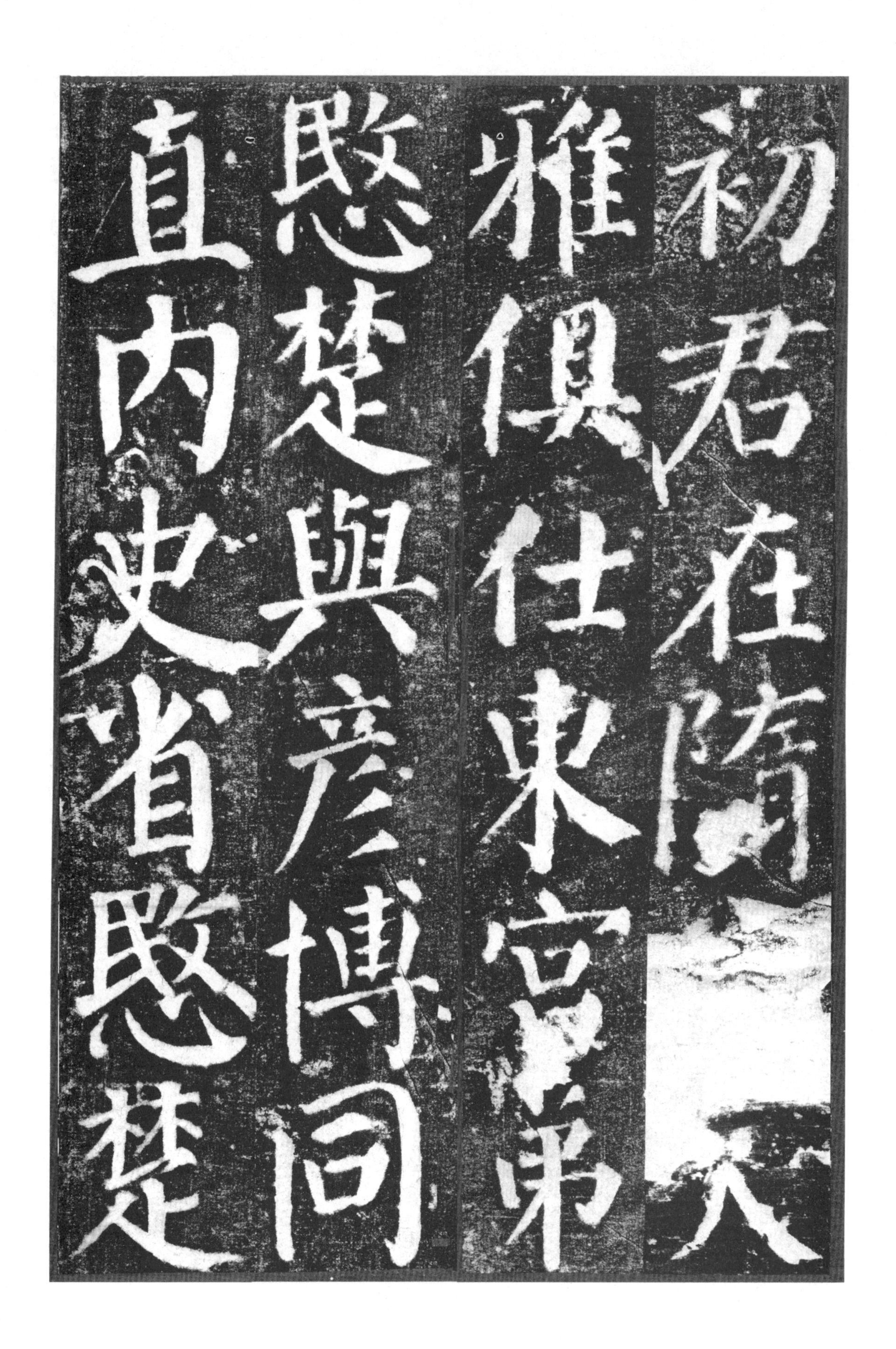
初君在隋大
雅俱仕東宮第
愍楚與彥博同
直內史省愍楚

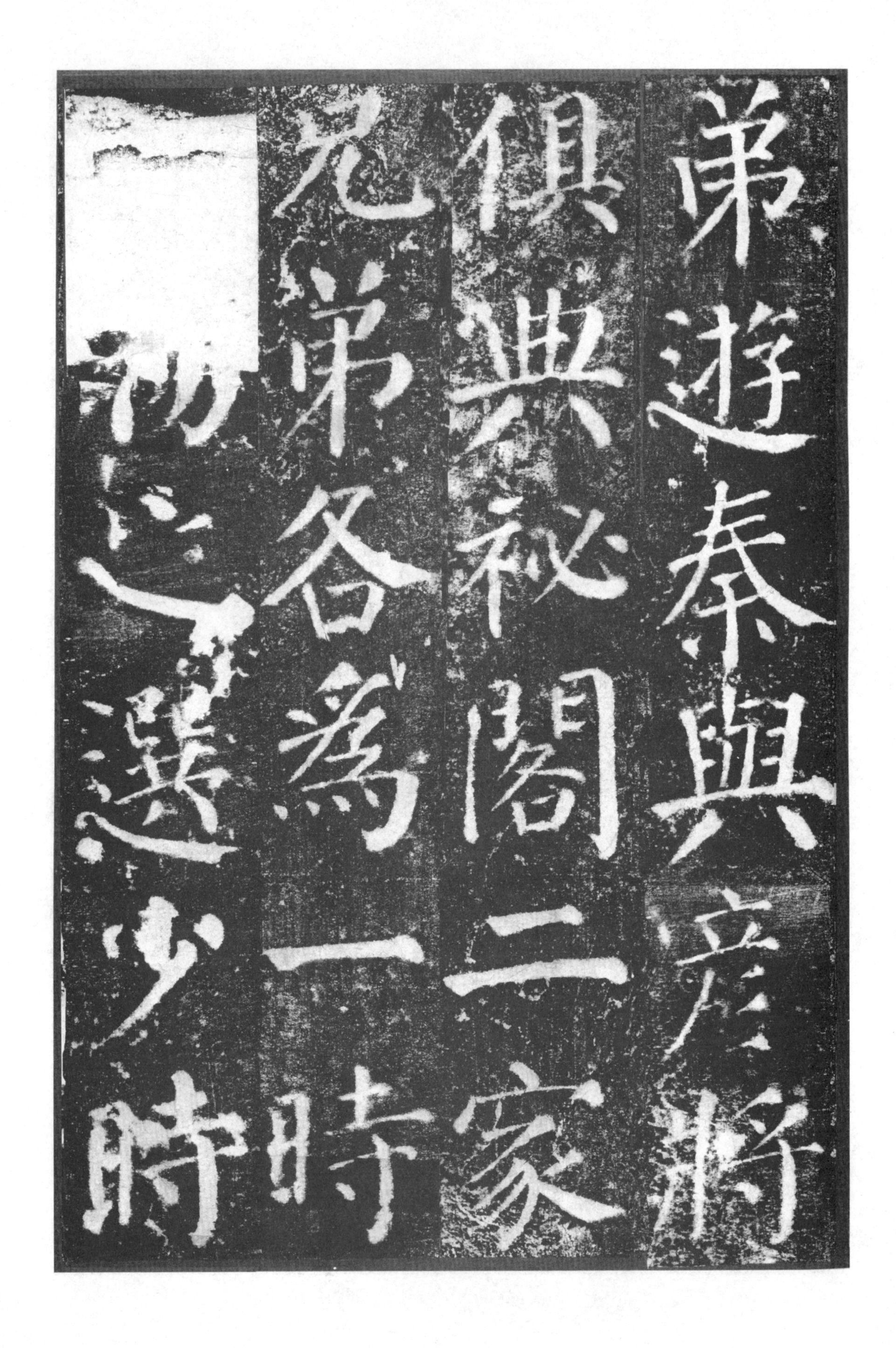
弟遊秦與彥將
俱典祕閣二家
兄弟各爲一時
物之選少時

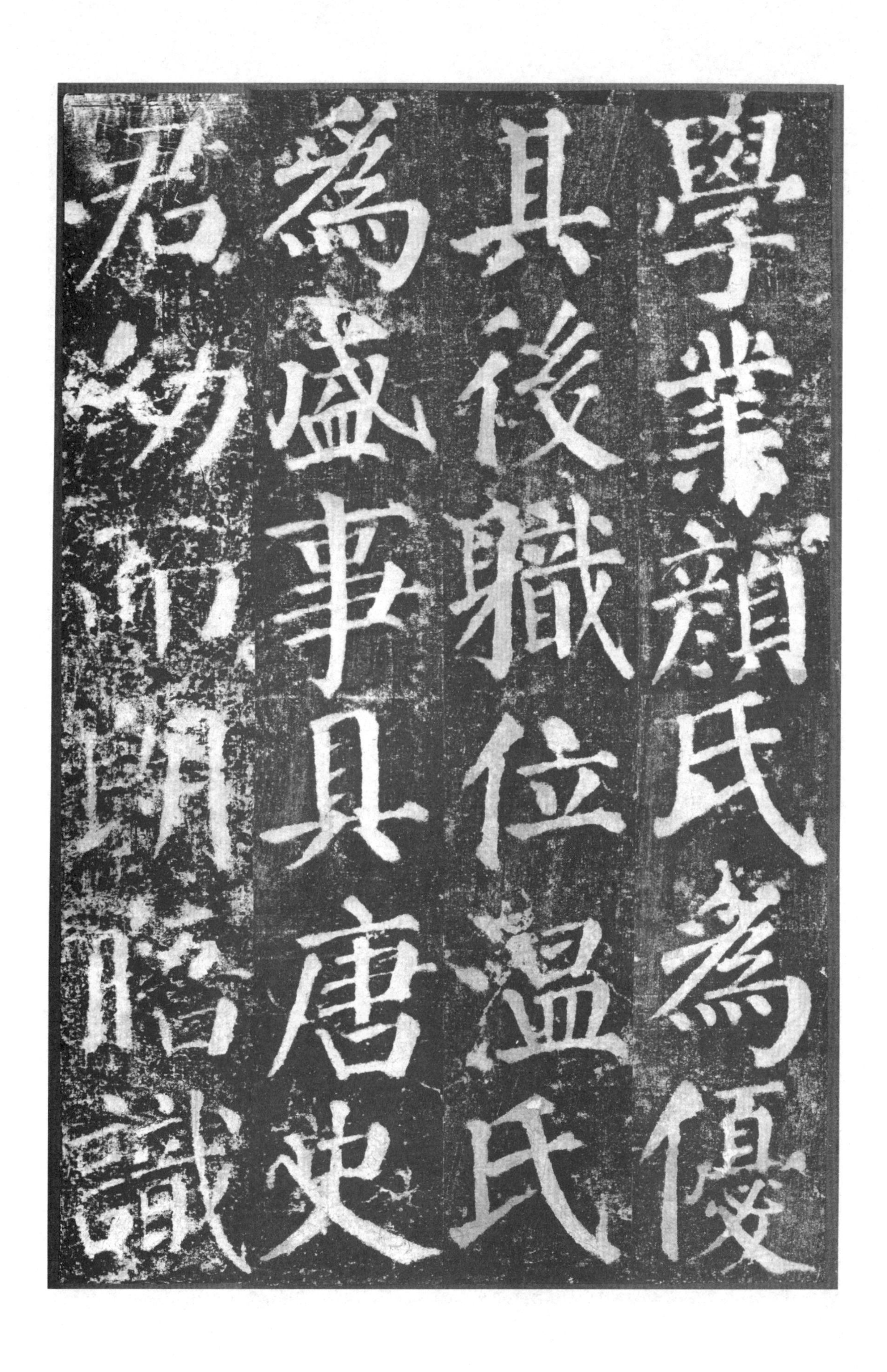
學業顏氏為優
其後職位溫氏
為盛事具唐史
君幼而朗晤識

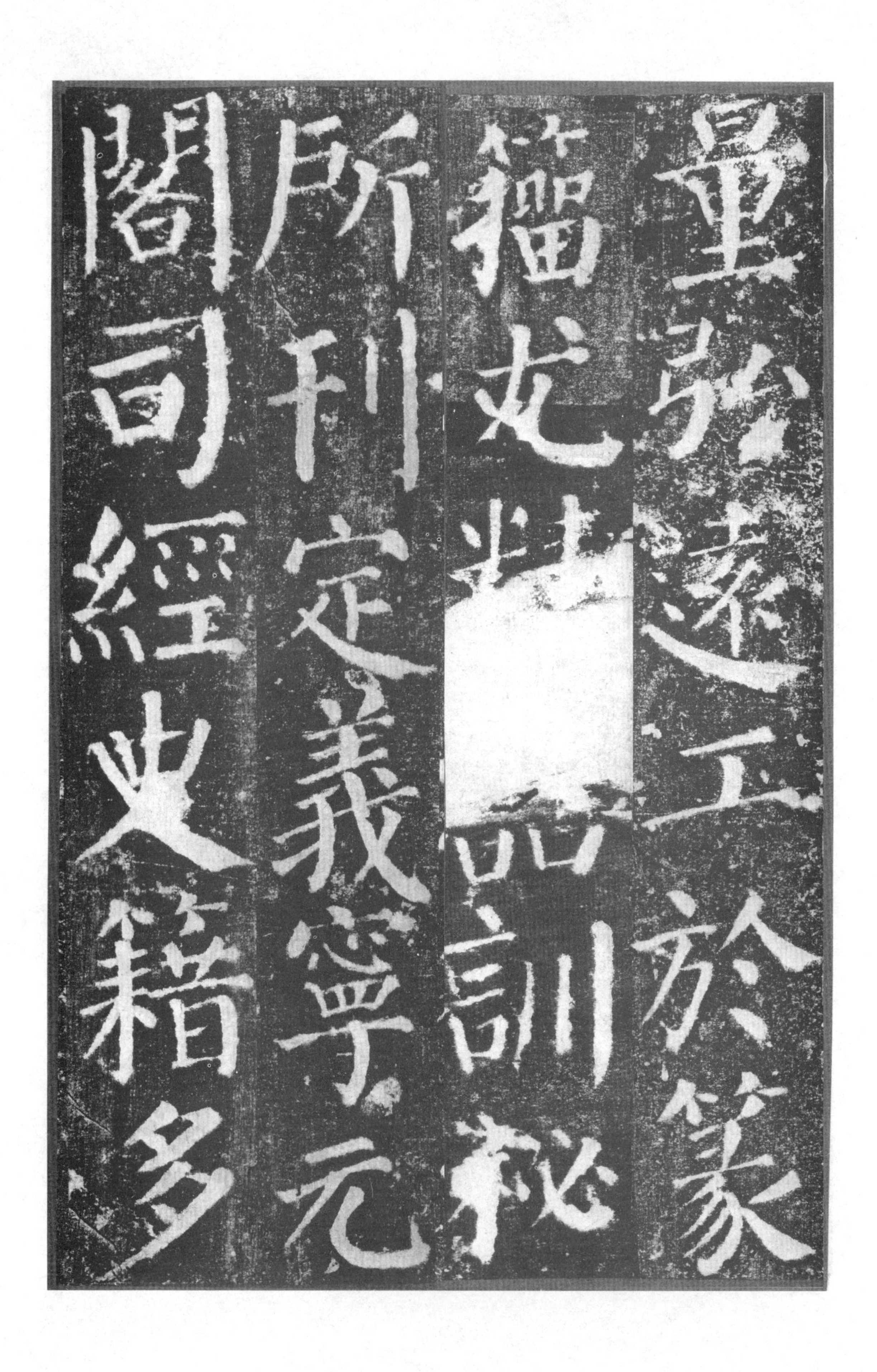
遂工於篆
籀尤精詁訓秘
所刊定義寧元
閣司經史籍多

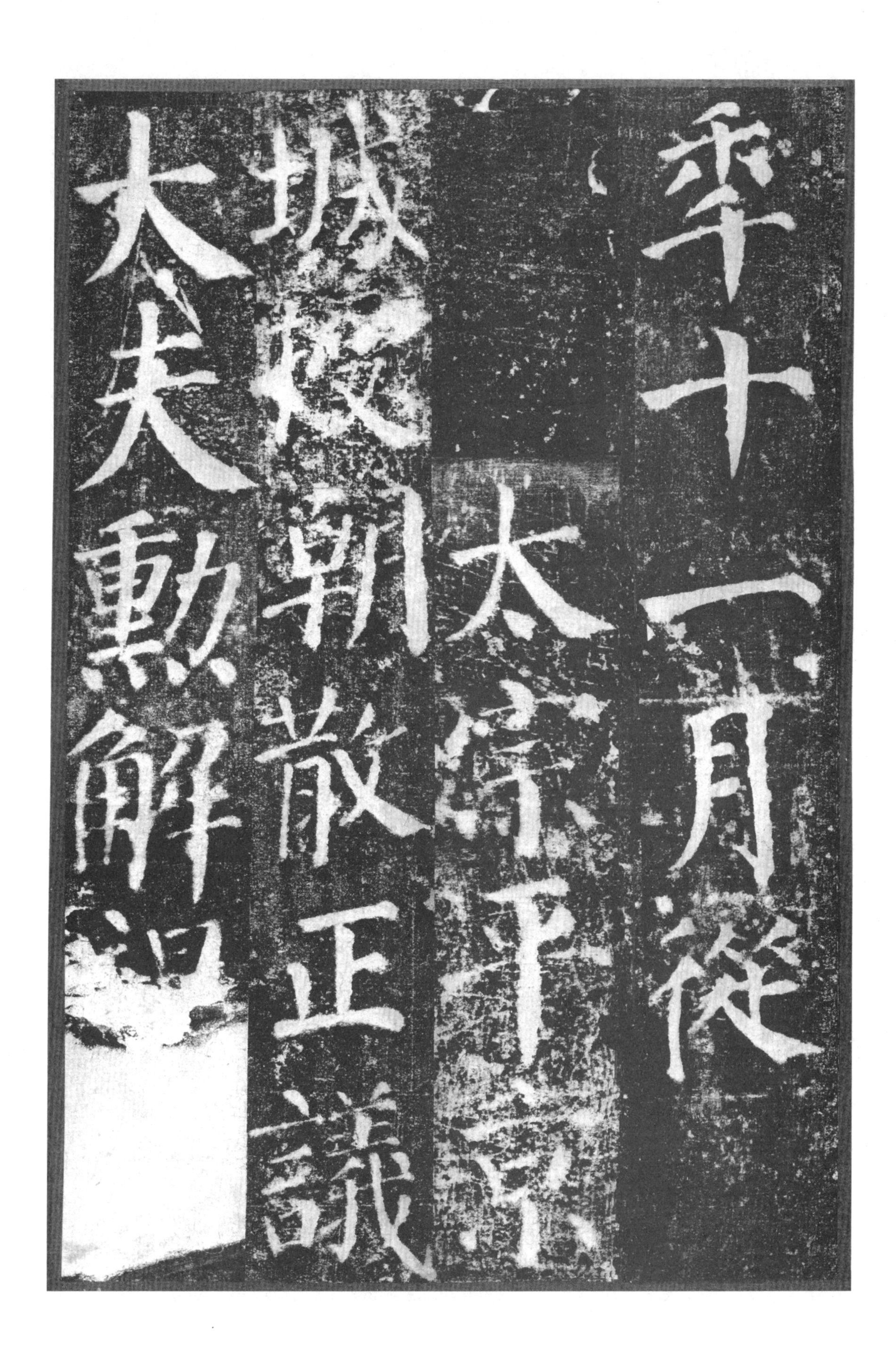
年十一月從
太宗平京
城
勒散正議
大夫勳解

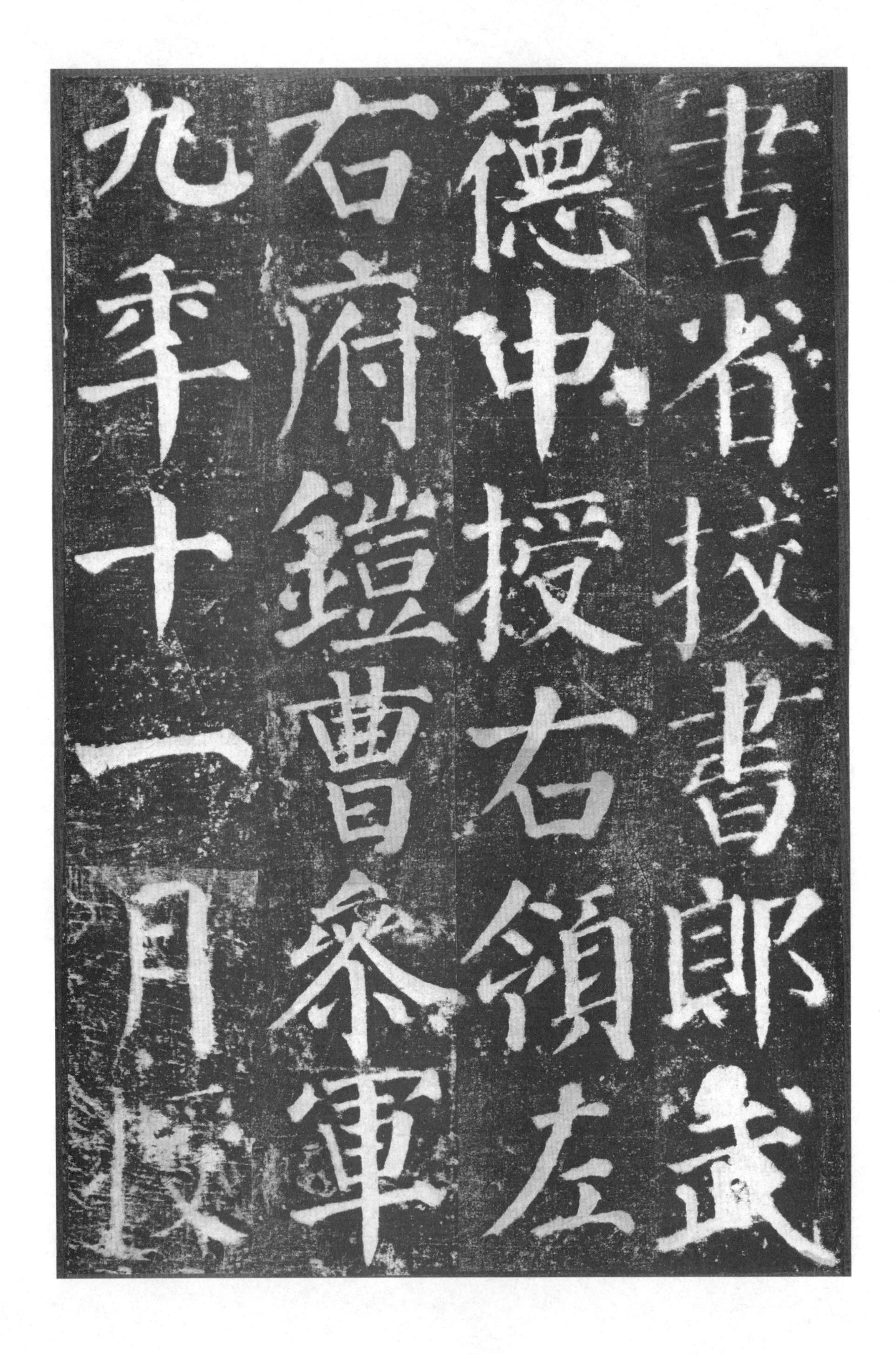
書省拔書郎武
德中授右領左
右府鎧曹參軍
九年十一月授

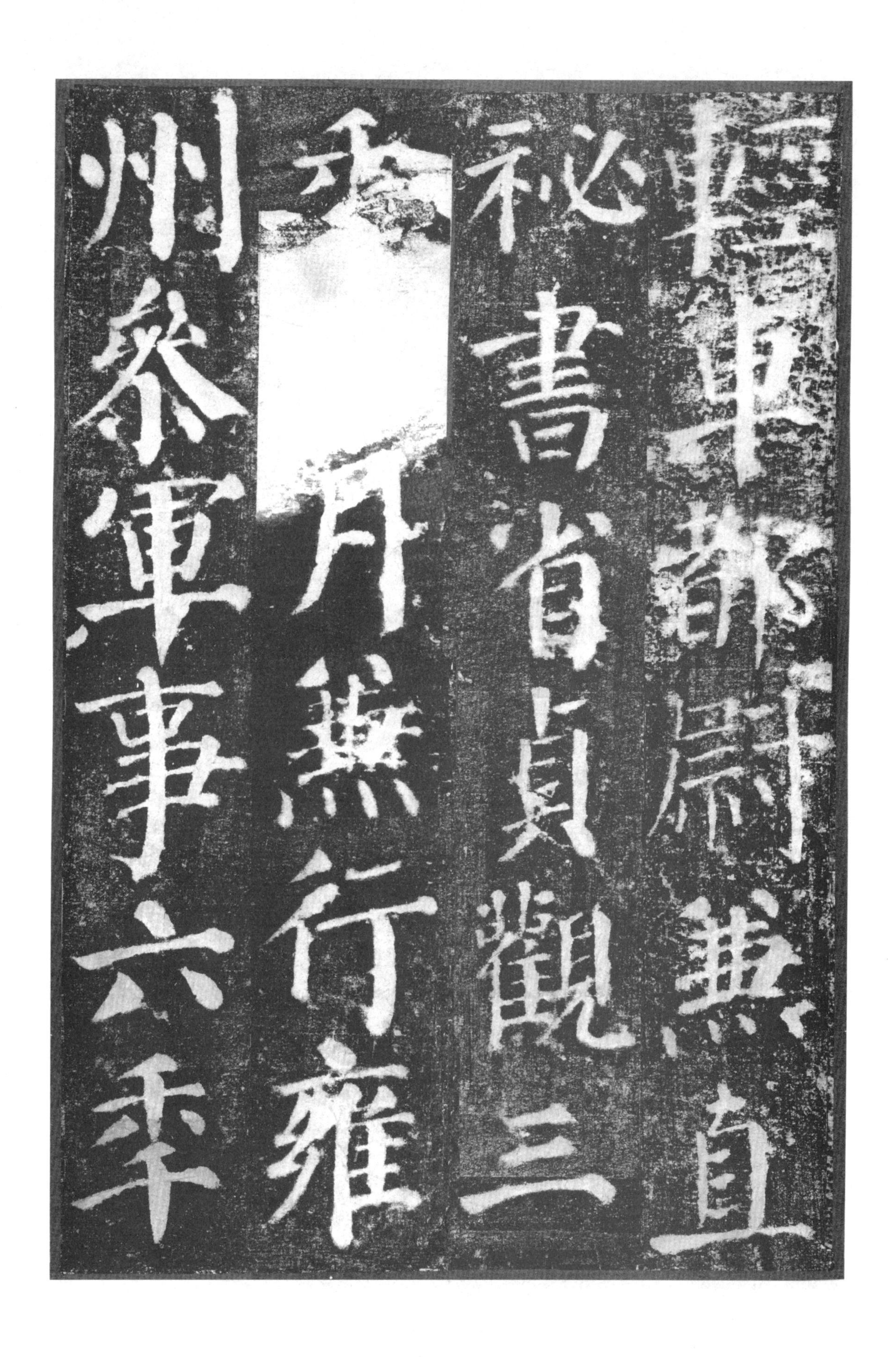
輕車都尉兼直
祕書省貞觀三
月兼行雍
州參軍事六秊

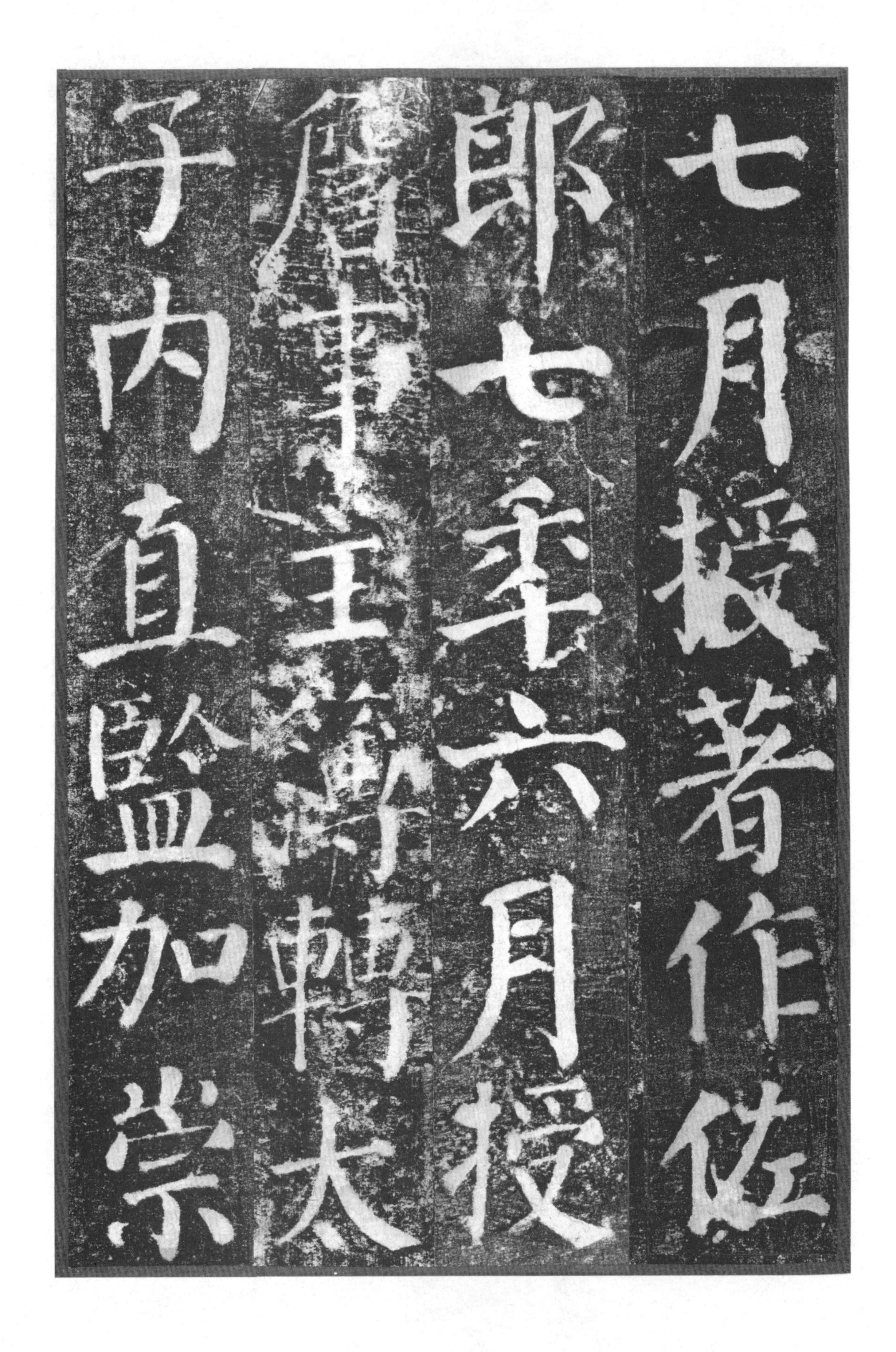
七月授著作佐
郎七年六月授
詹事主簿轉太
子内直監加崇

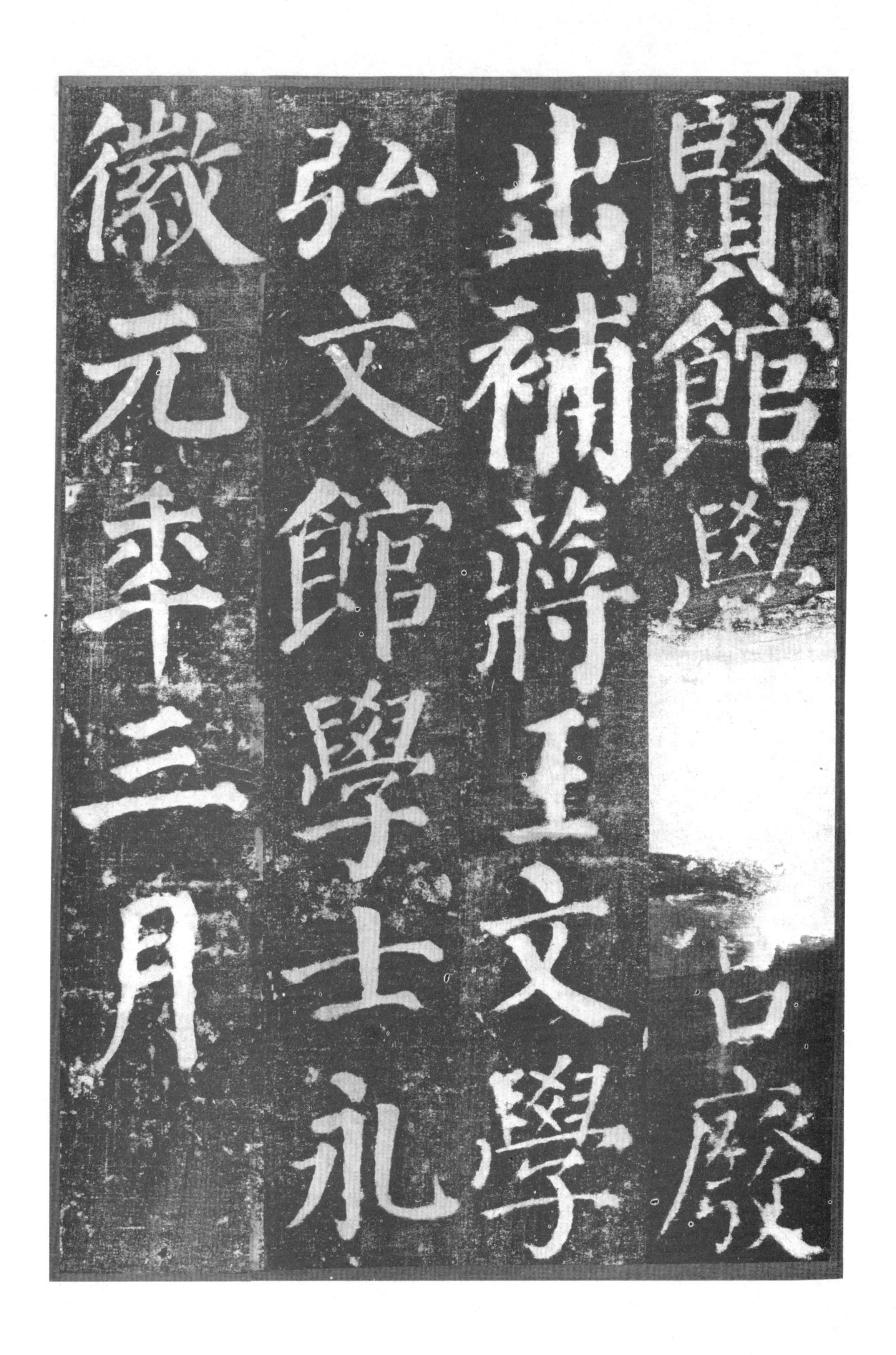
賢館學
出補蔣王文學
弘文館學士孔
徽元年三月

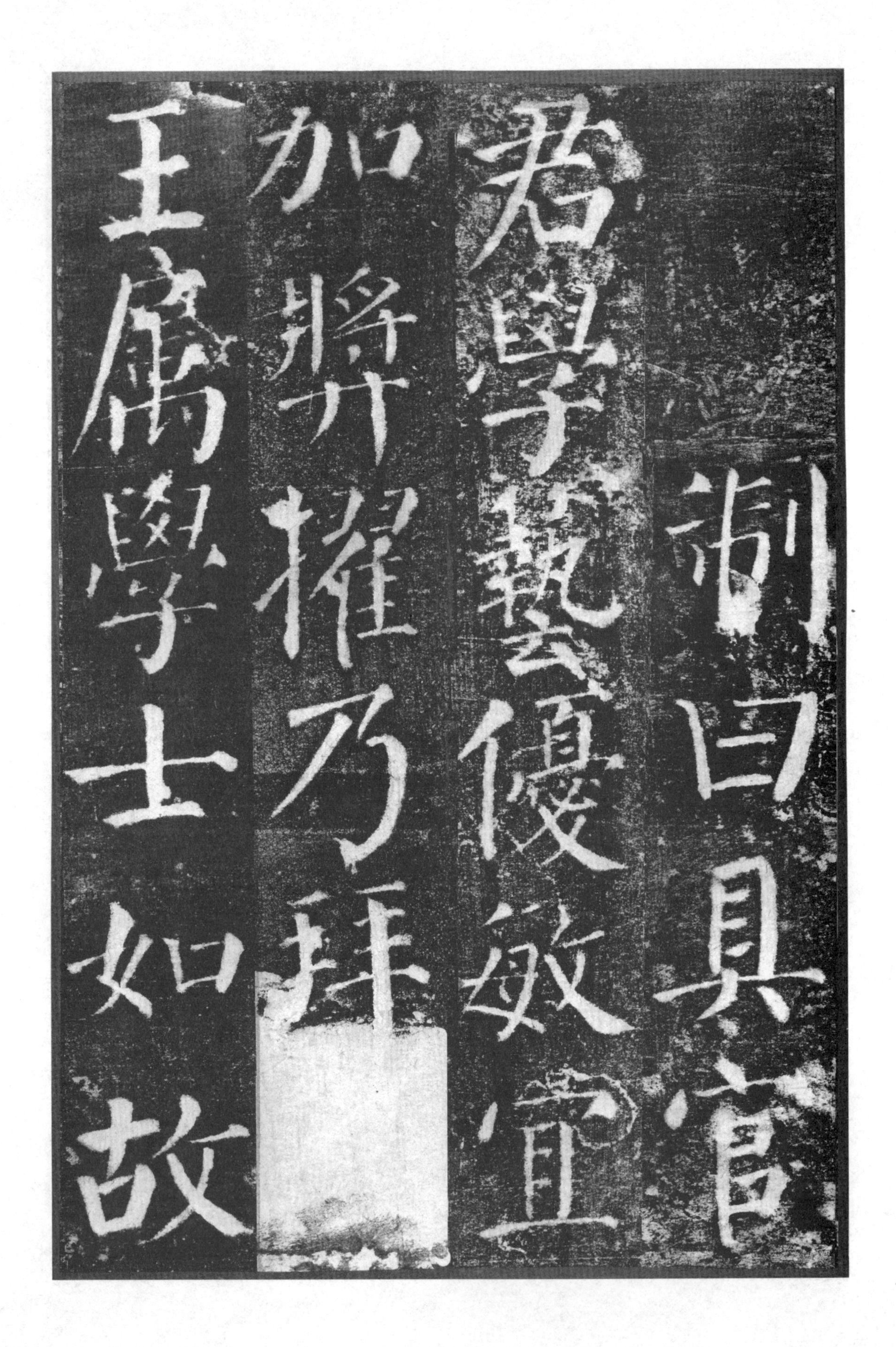
制曰具官
君學藝優敏宜
加獎擢乃拜
王府學士如故

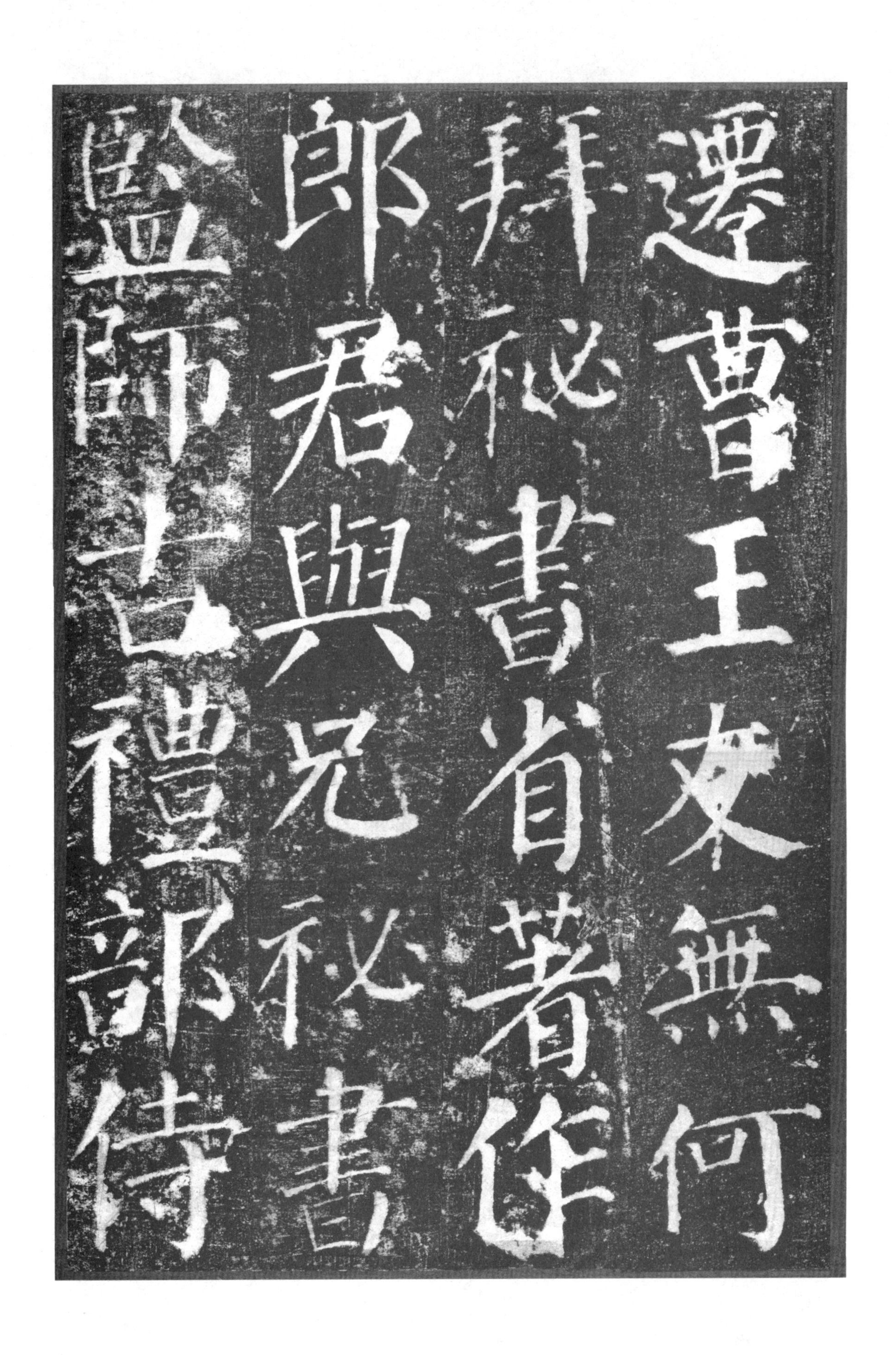
遷曹王文無何
拜秘書省著作
郎君與兄秘書
監師古禮部侍

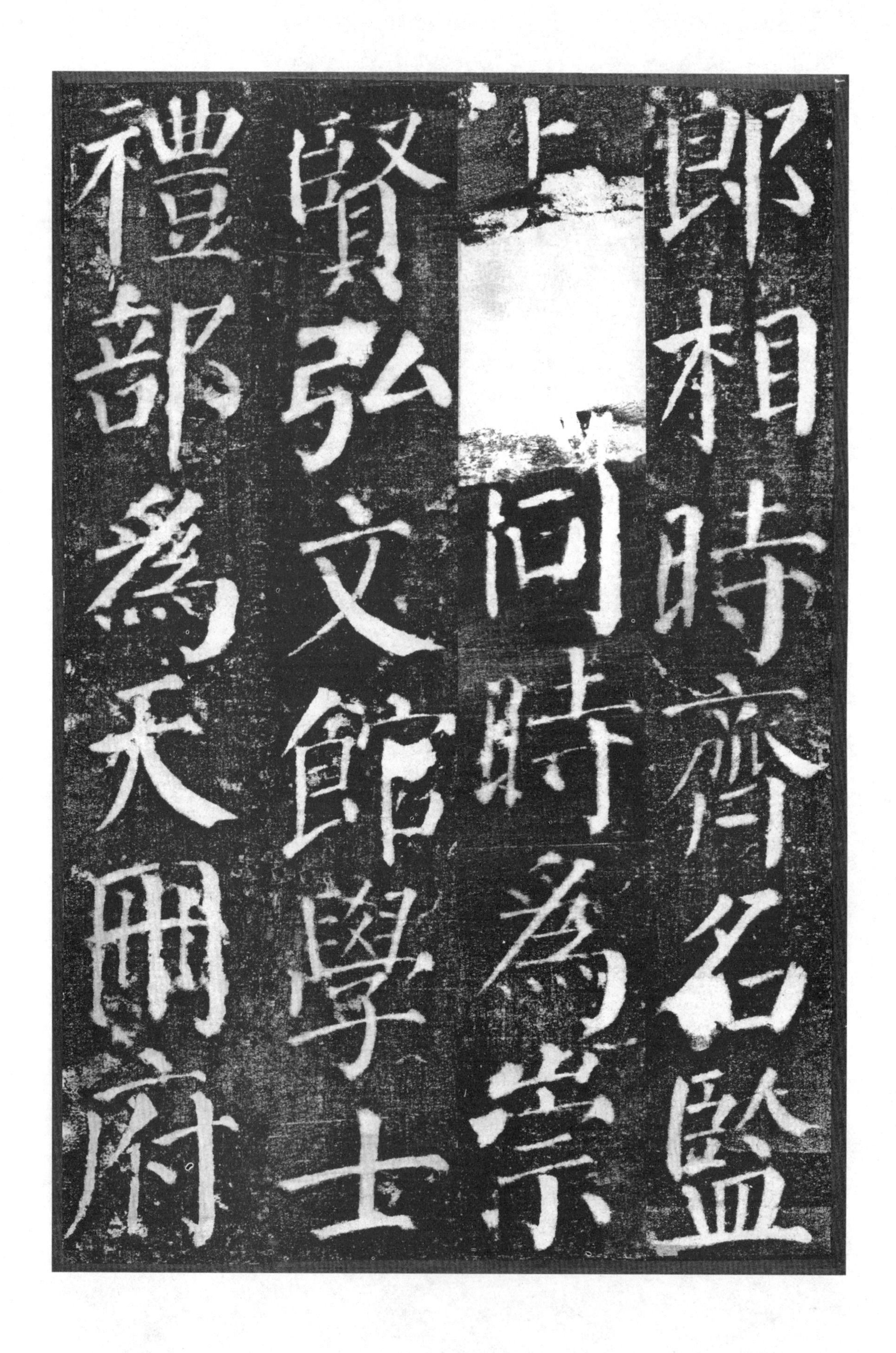
郎相時齊名監
上同時為崇
賢弘文館學士
禮部為天冊府

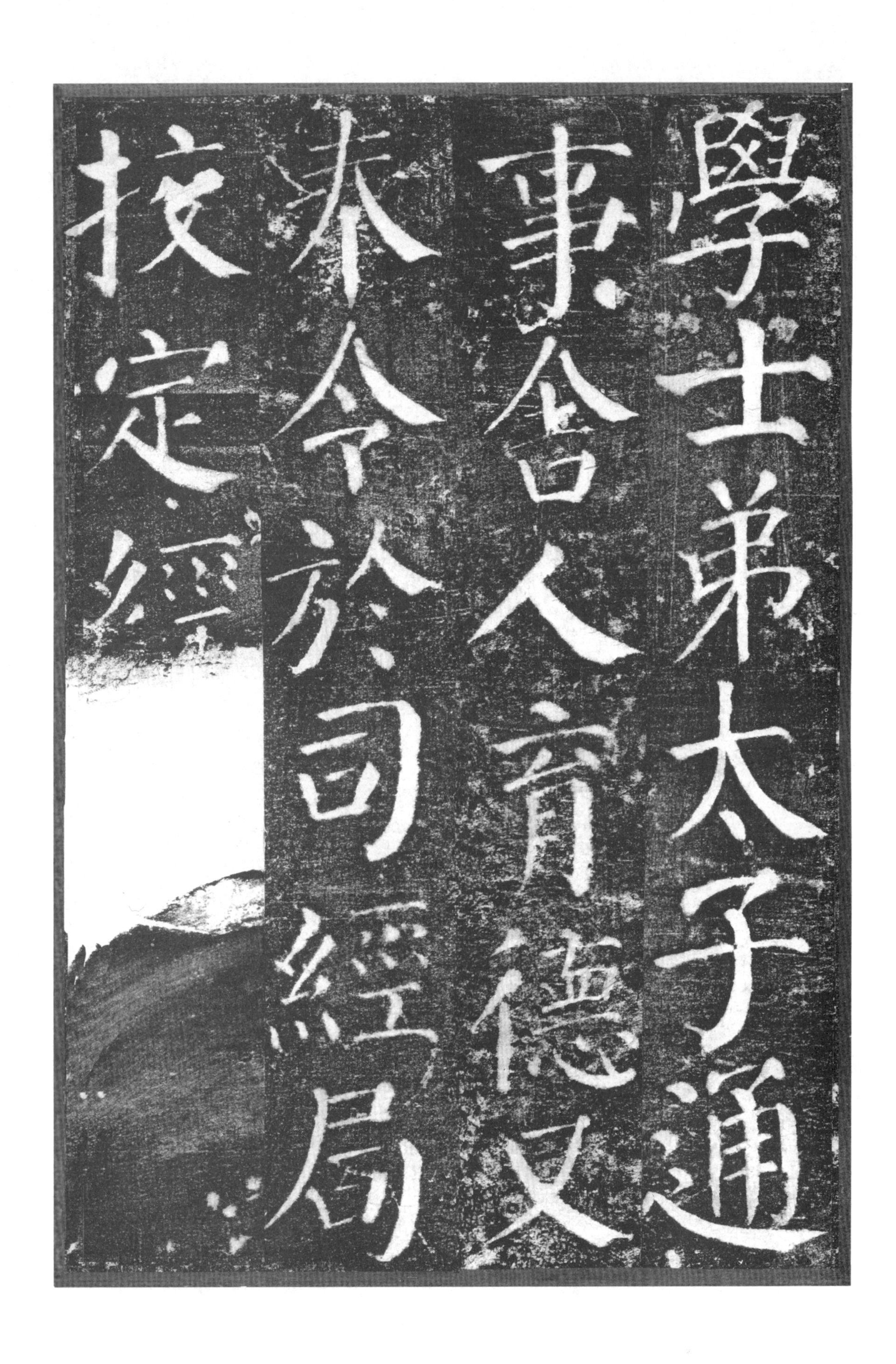
學士弟太子通
事舍人育德又
奏令於司經局
校定經

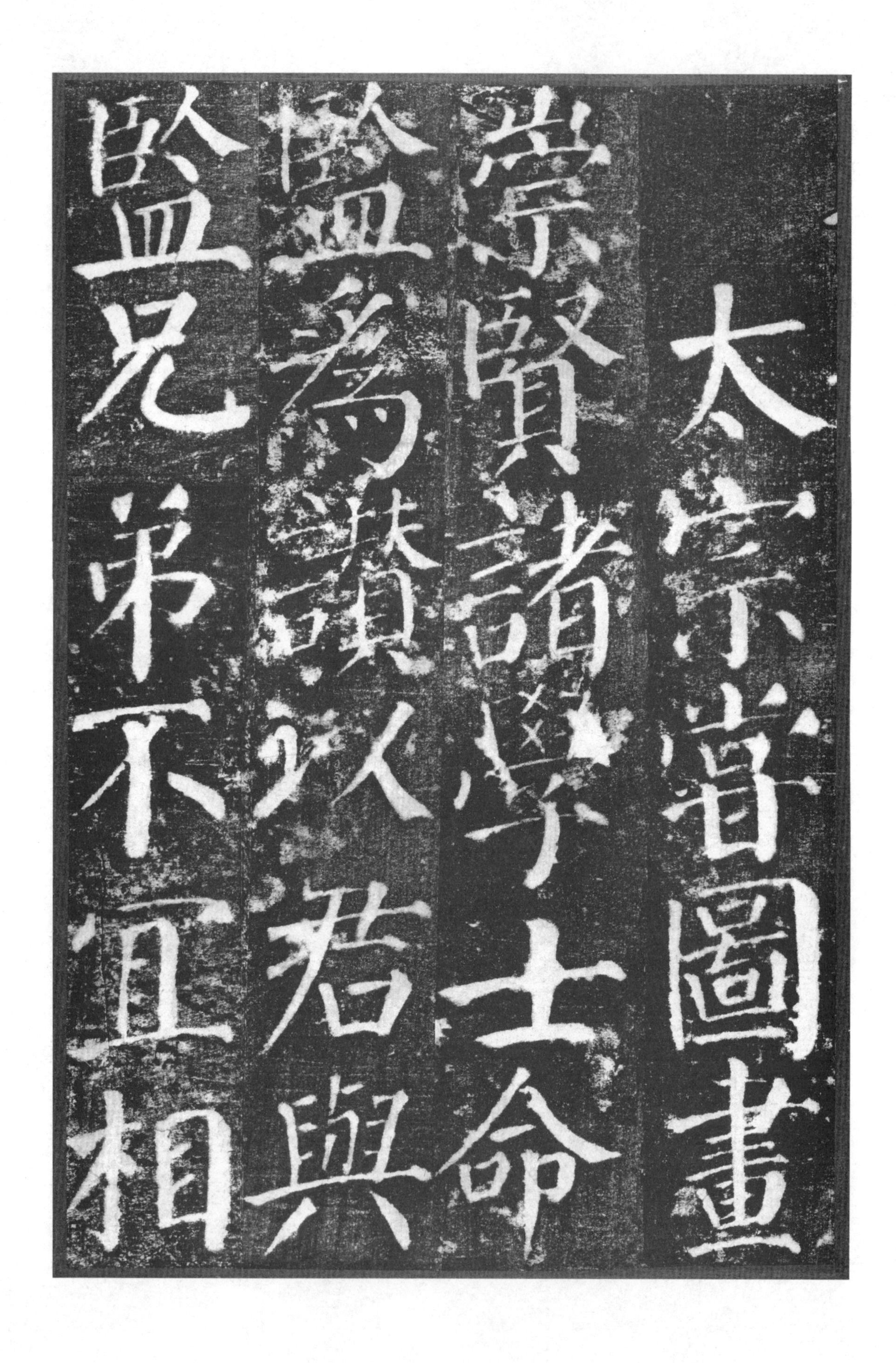
太宗嘗圖畫
崇賢諸學士命
監為讚以君與
監兄弟不宜相

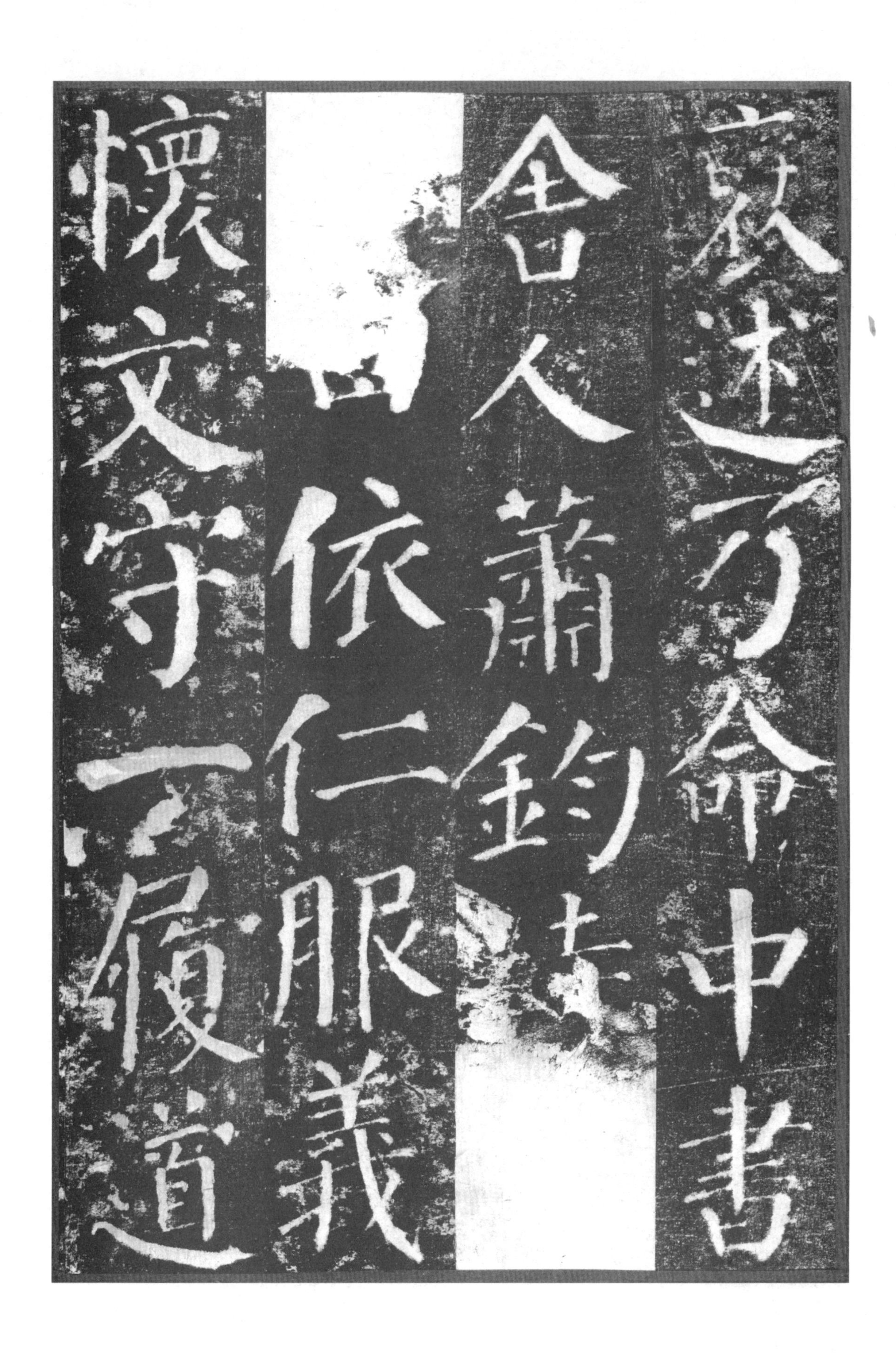
宸衷迺命中書
舍人蕭鈞
依仁服義
懷文守一履道

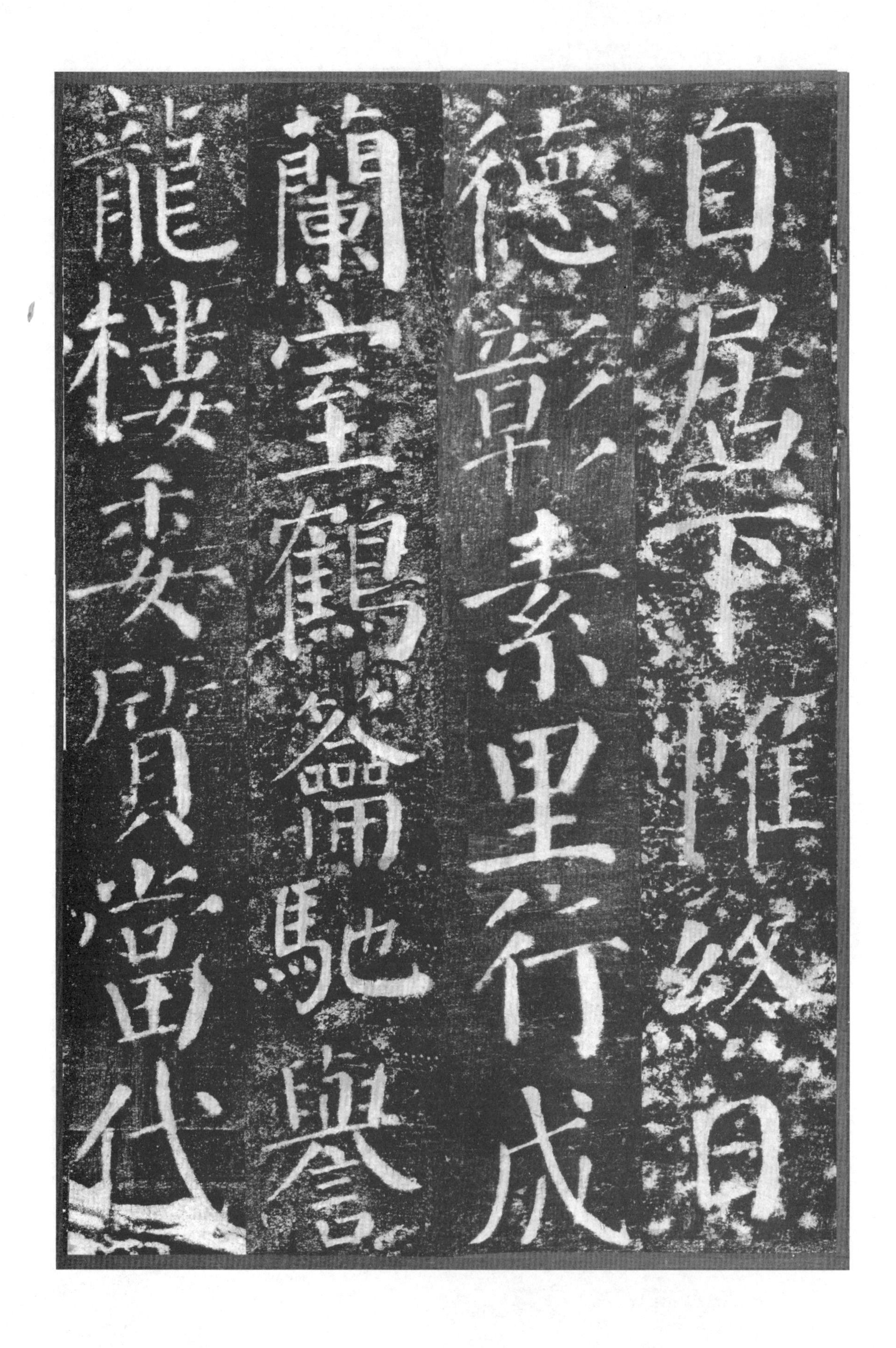
自居平惟終日
德彰素里行成
蘭室鶴籥馳譽
龍樓委質當代

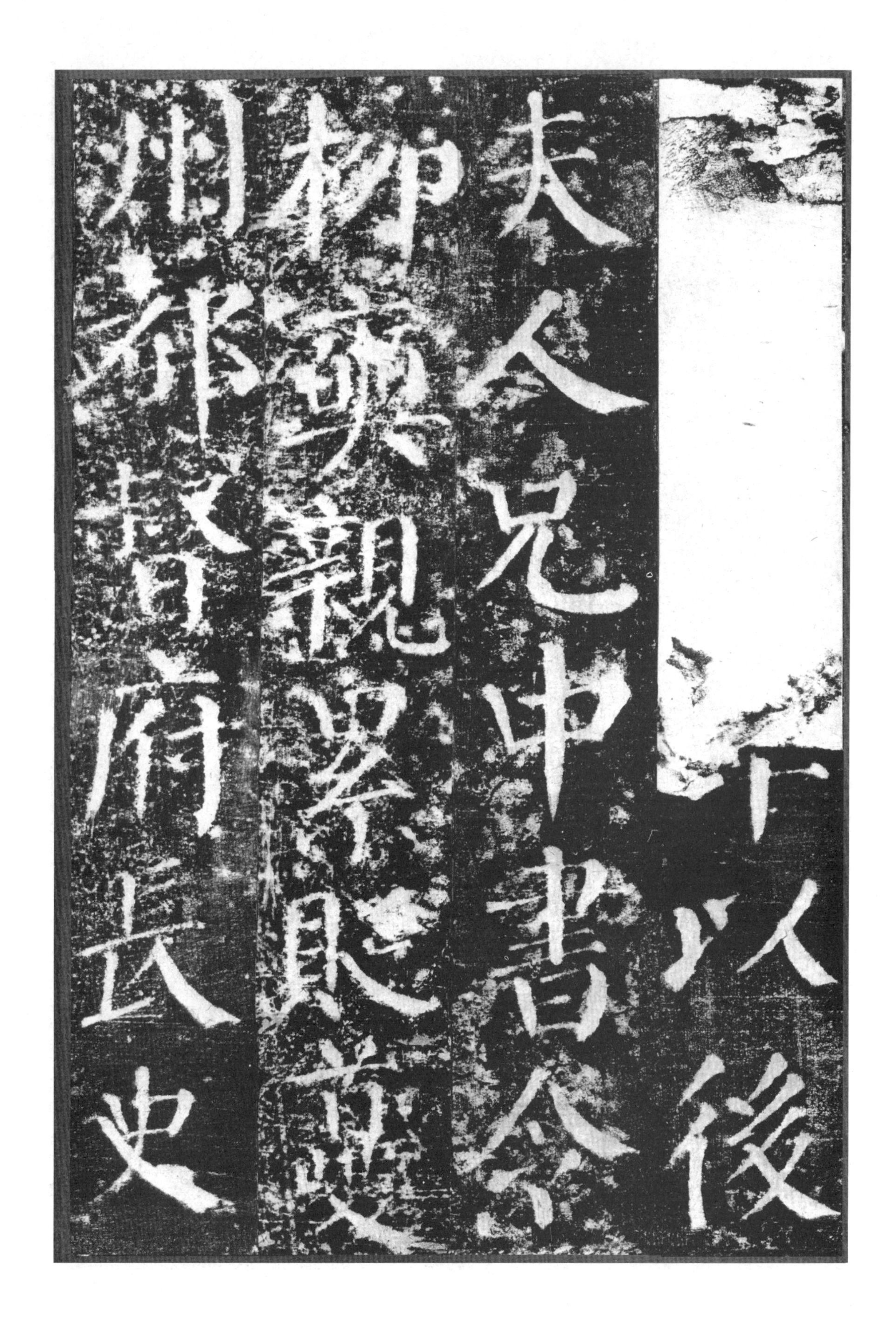

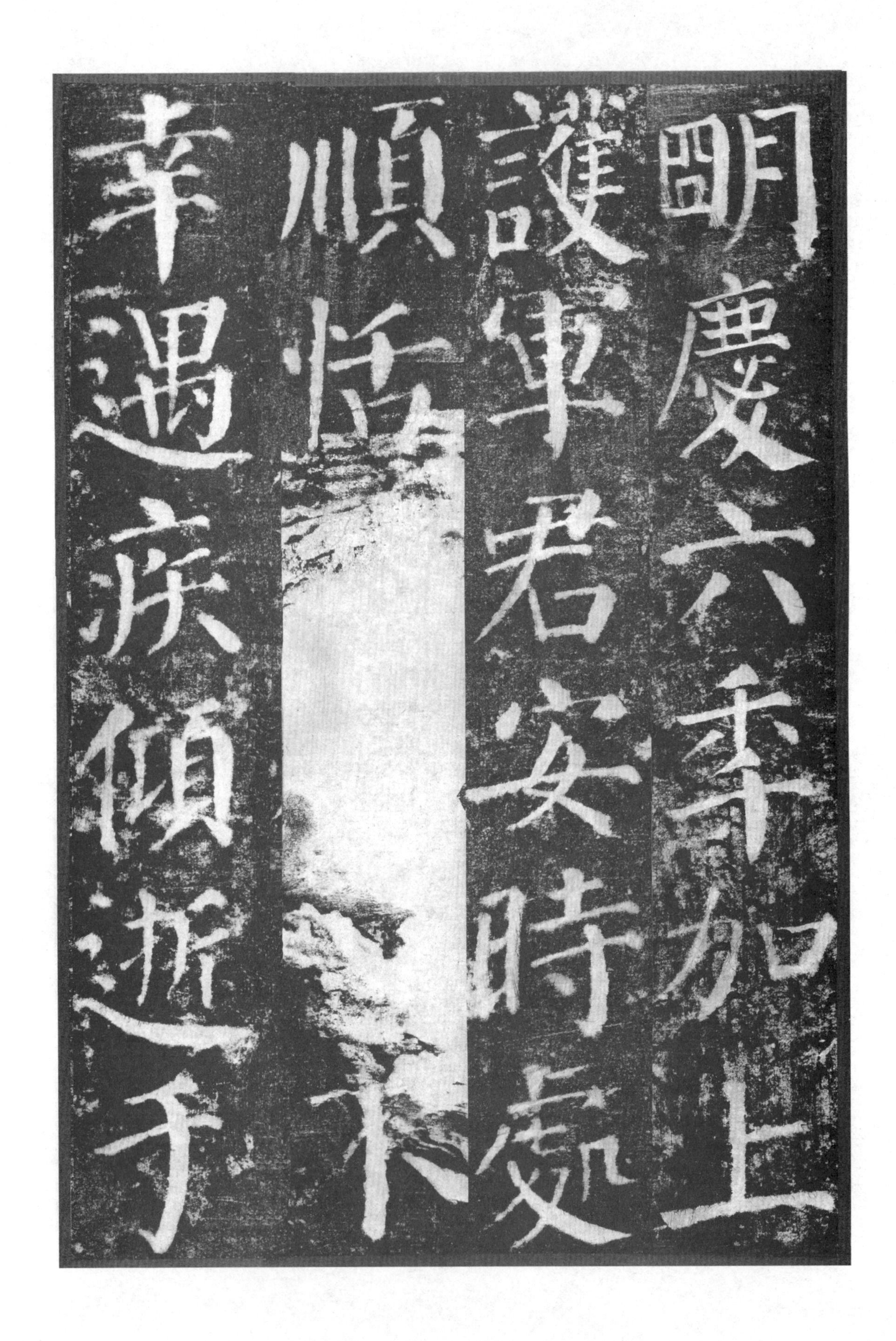

明慶六年加上
護軍君安時處
順恬
不
幸遇疾傾逝于

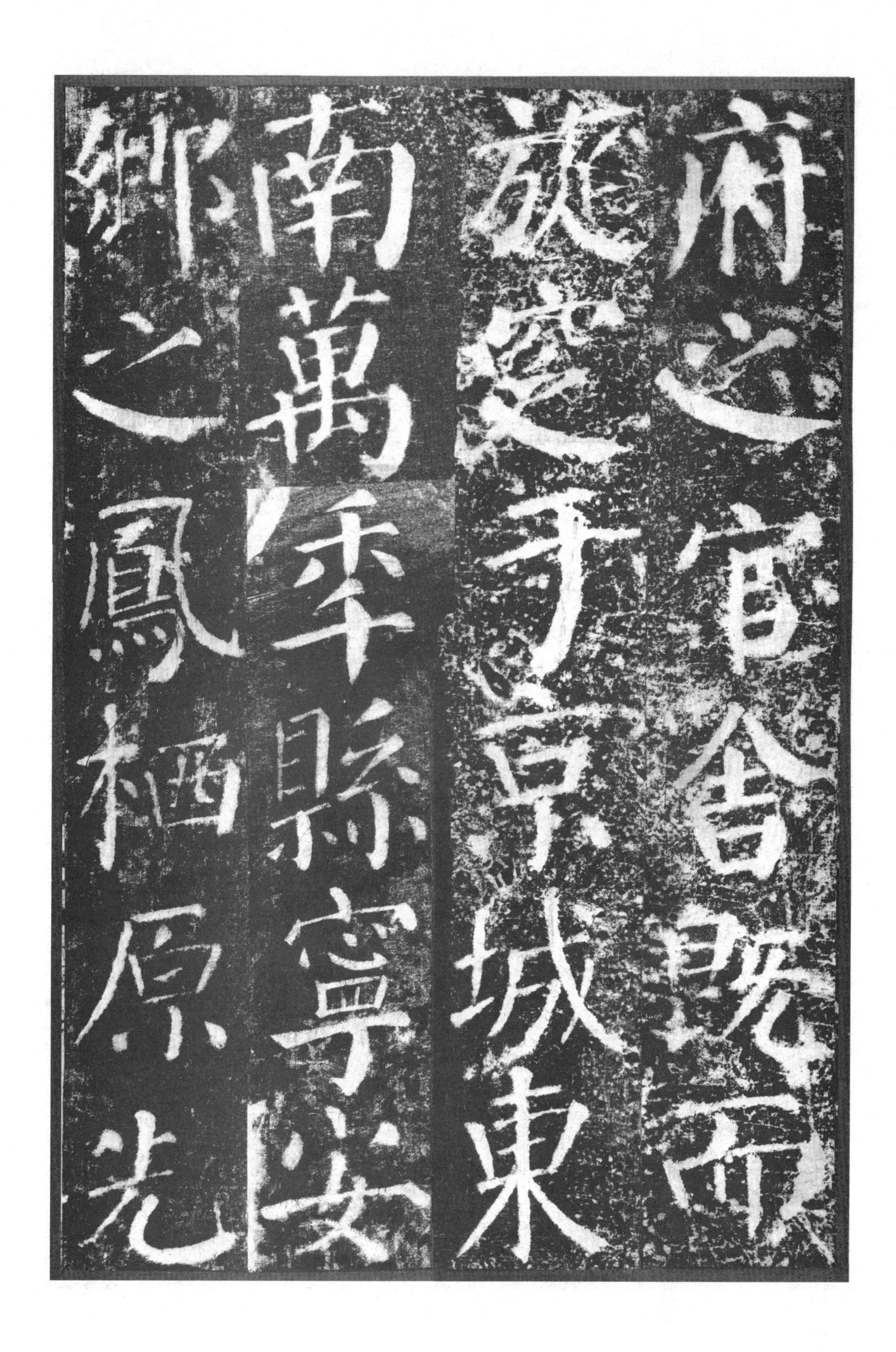
府送官會既而
旋窆于京城東
南萬年縣寧安
鄉之鳳栖原先

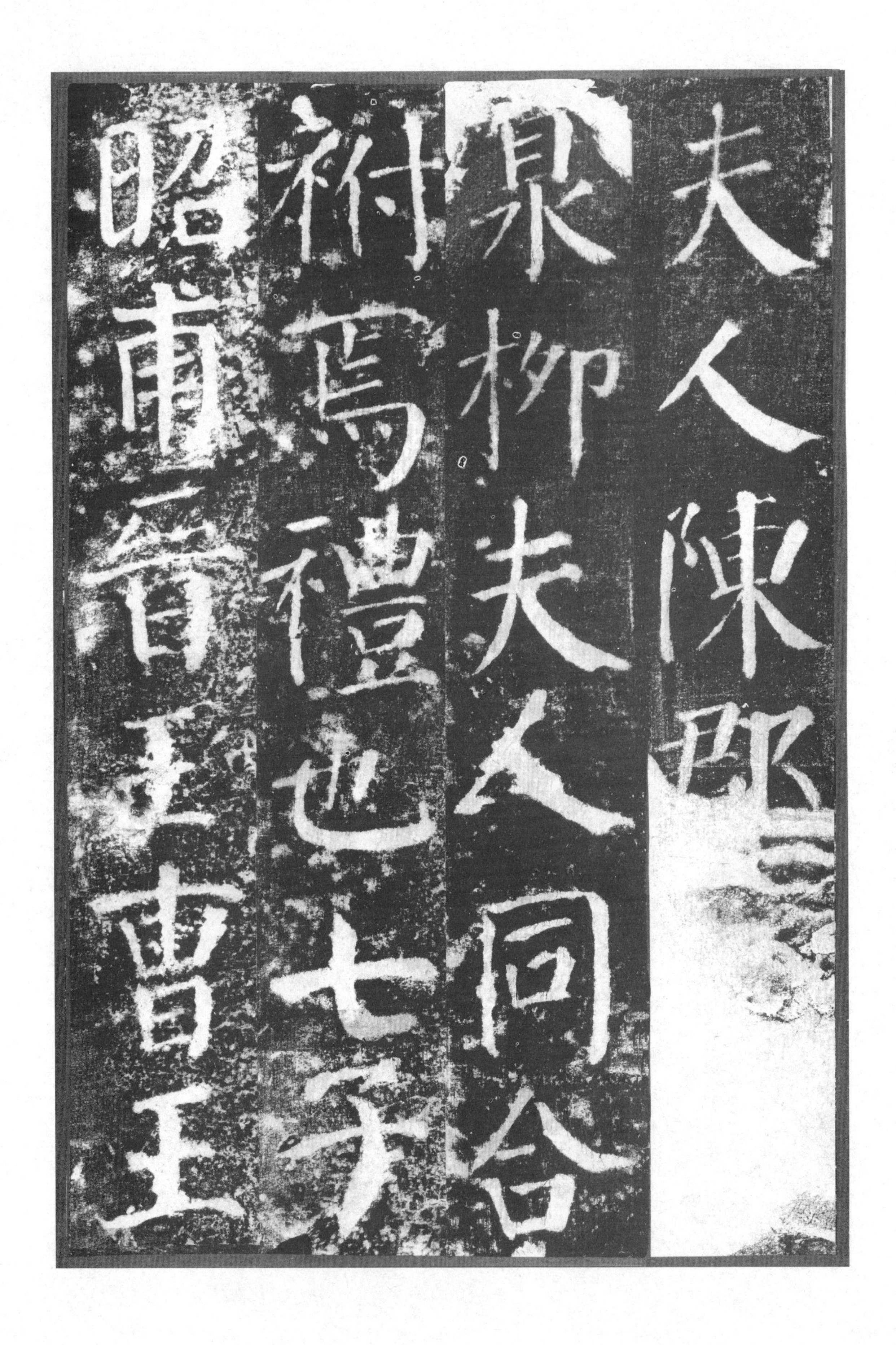
夫人陳郎
泉柳夫人同合
祔焉禮也七
昭

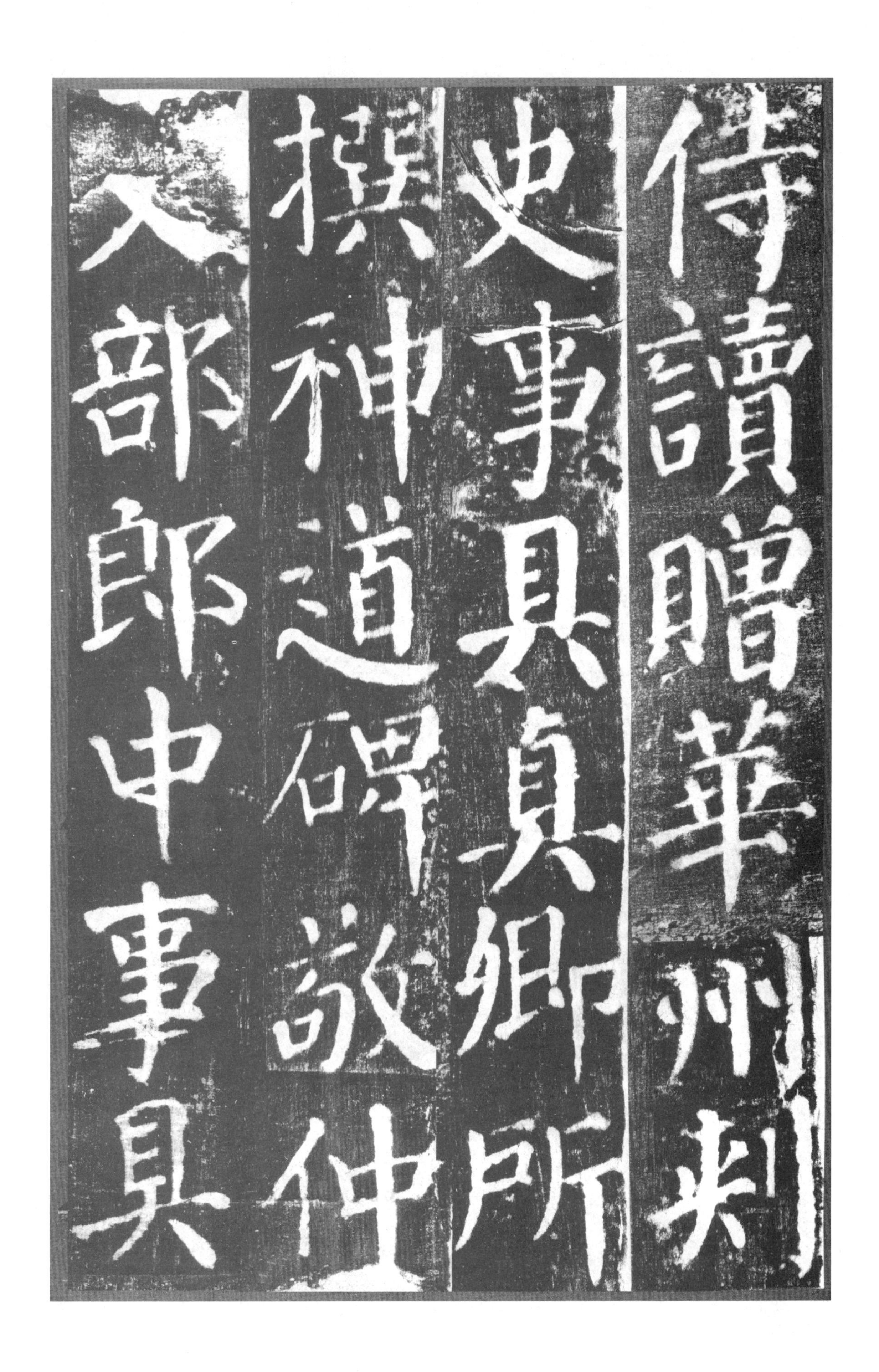
侍讀贈華州判
史事具真卿所
撰神道碑敘仲
文部郎中事具

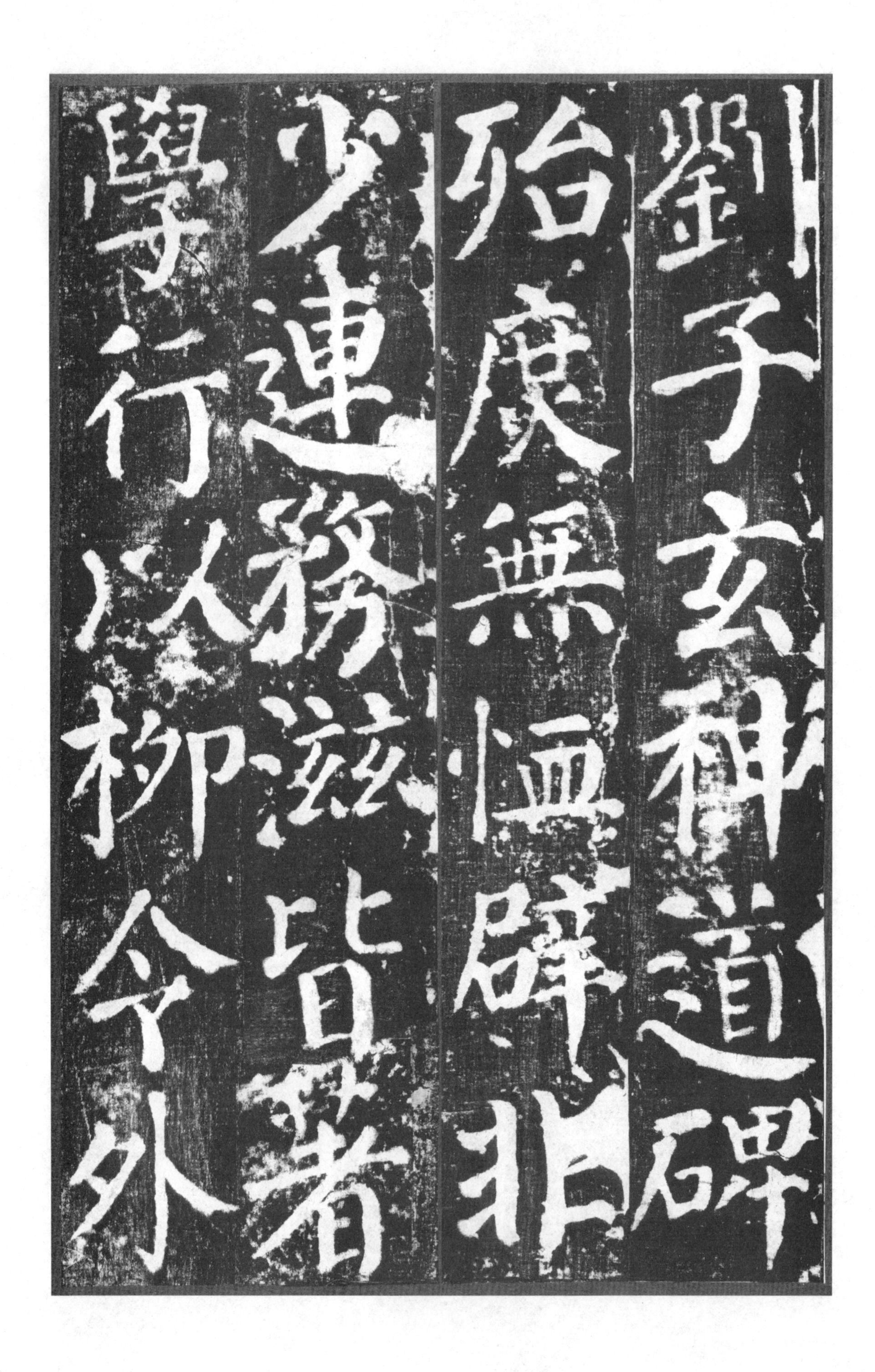
劉子玄稱道碑
殆庶無愧辟非
少連務滋皆著
學行以柳令外

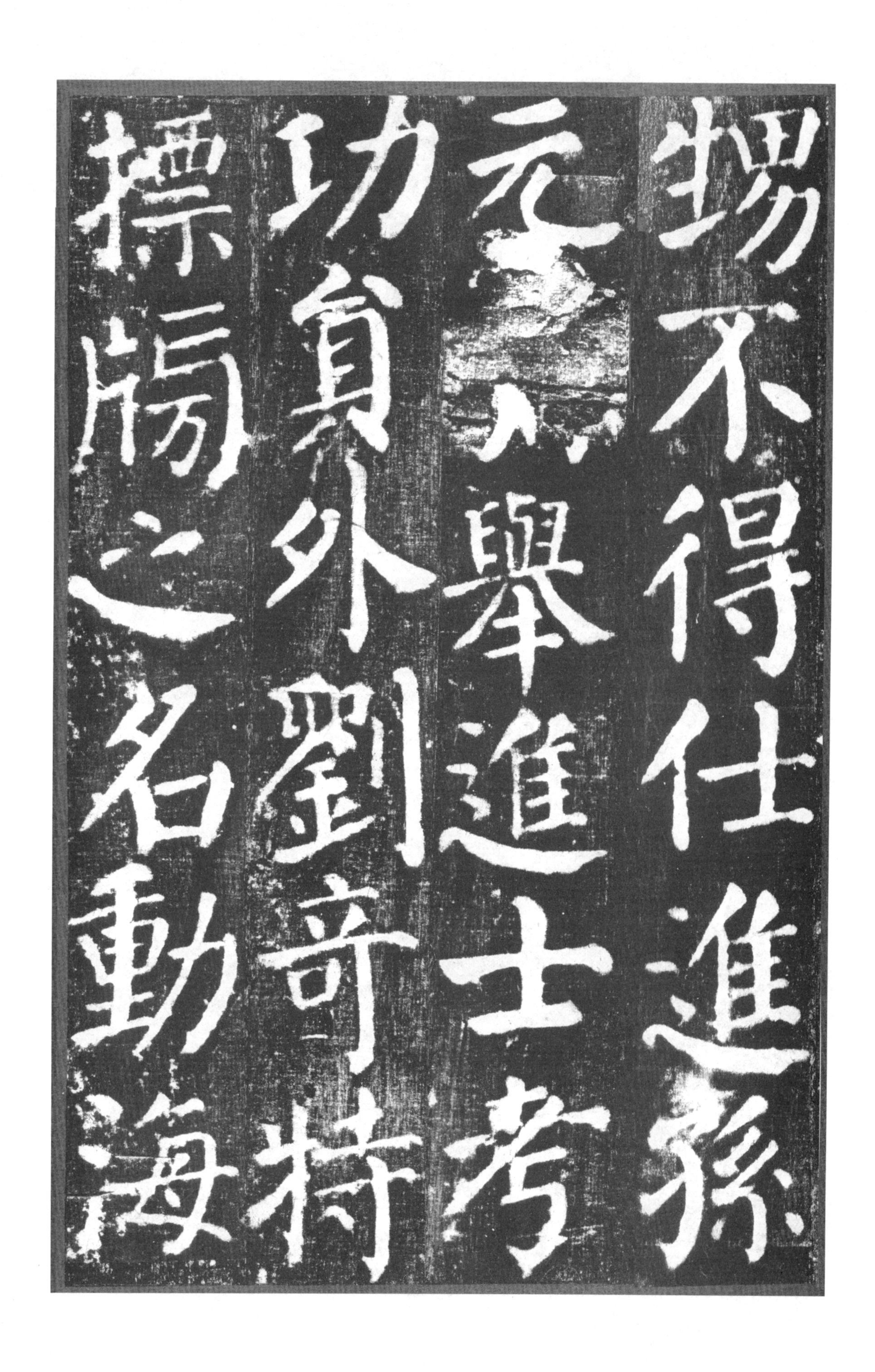

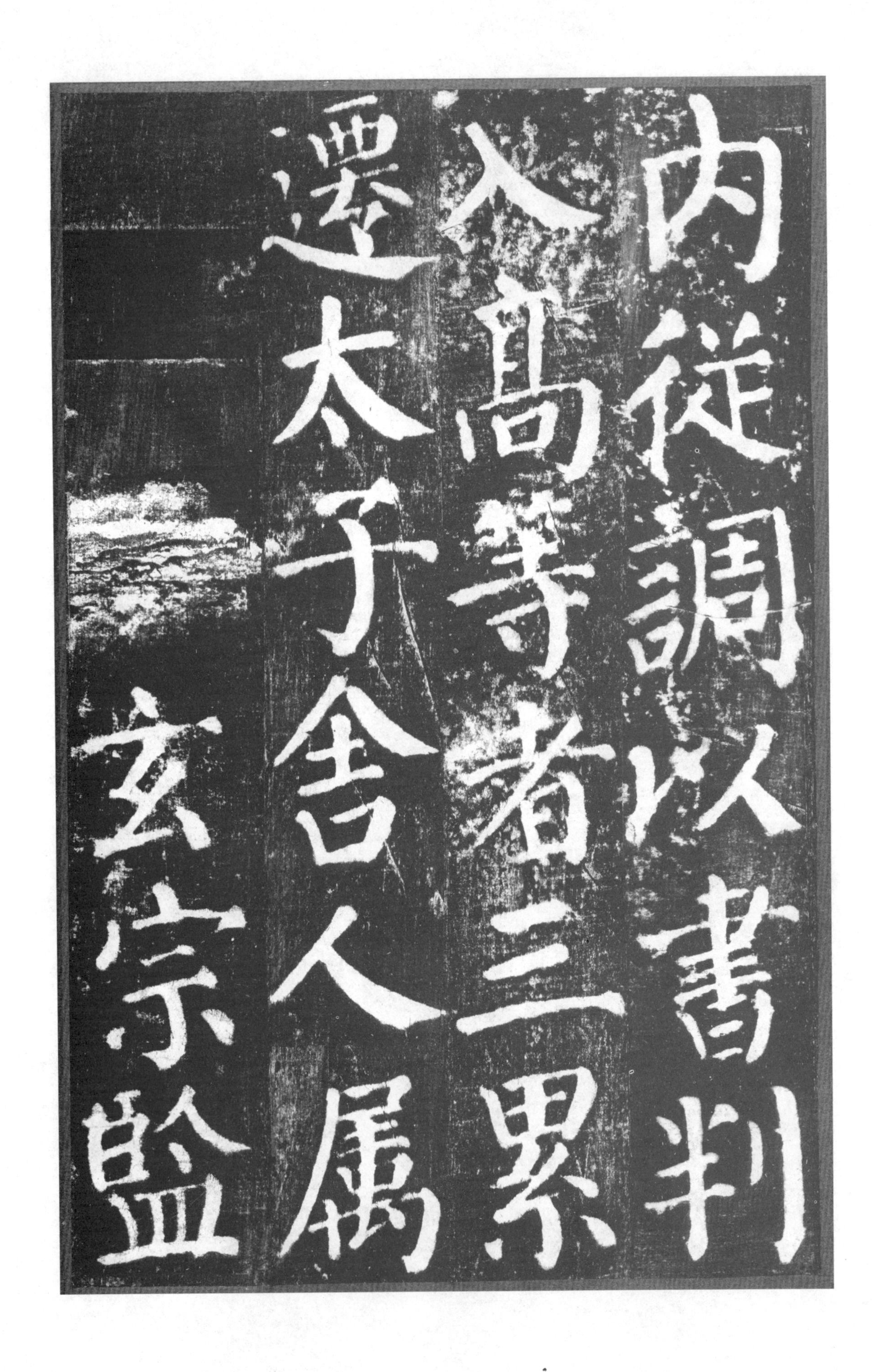
内從調以書判
入高等者三累
遷太子舍人屬
玄宗監

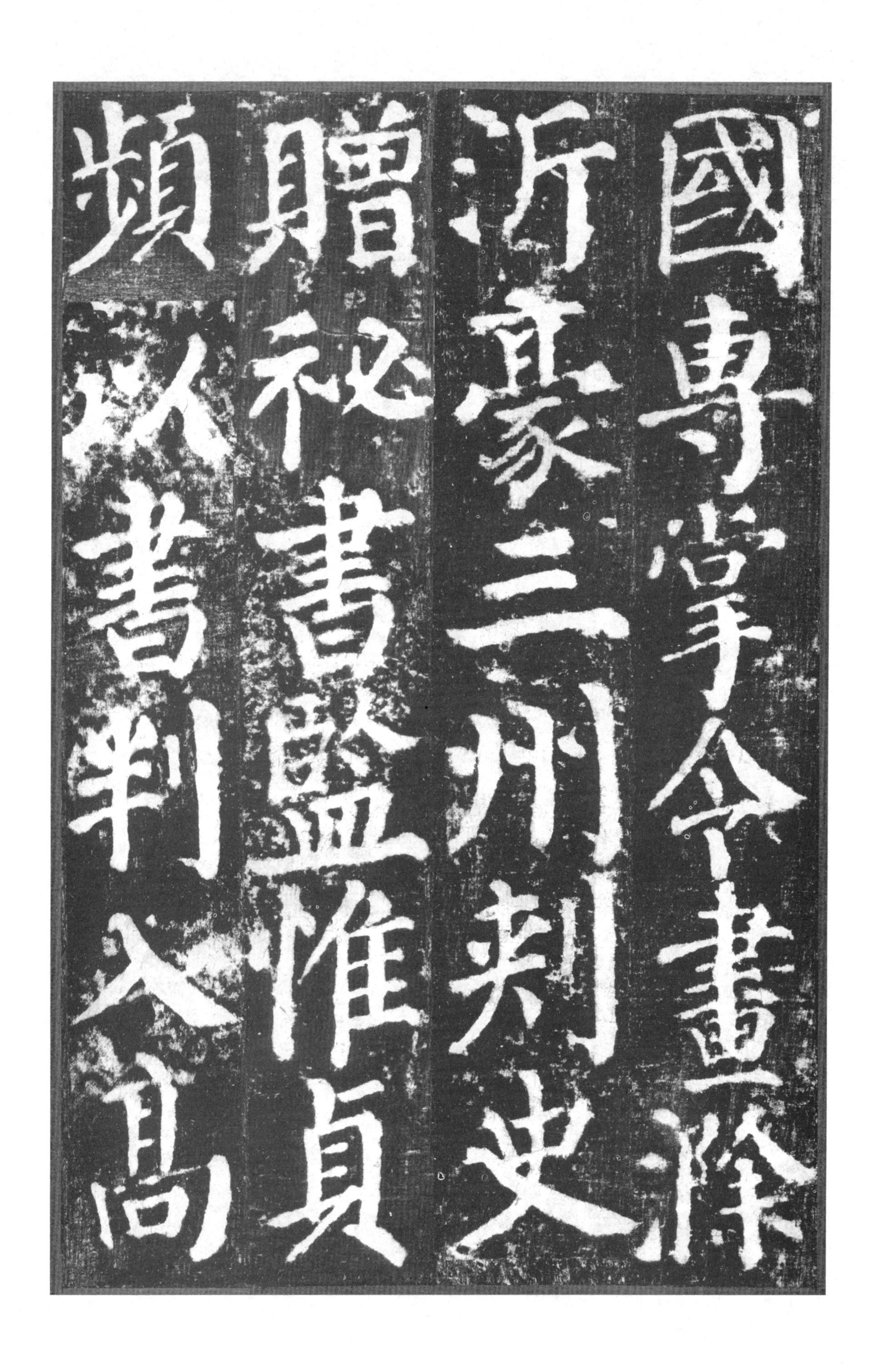
國專掌令書降
沂豪三州刺史
贈秘書監惟貞
頻以書判入高

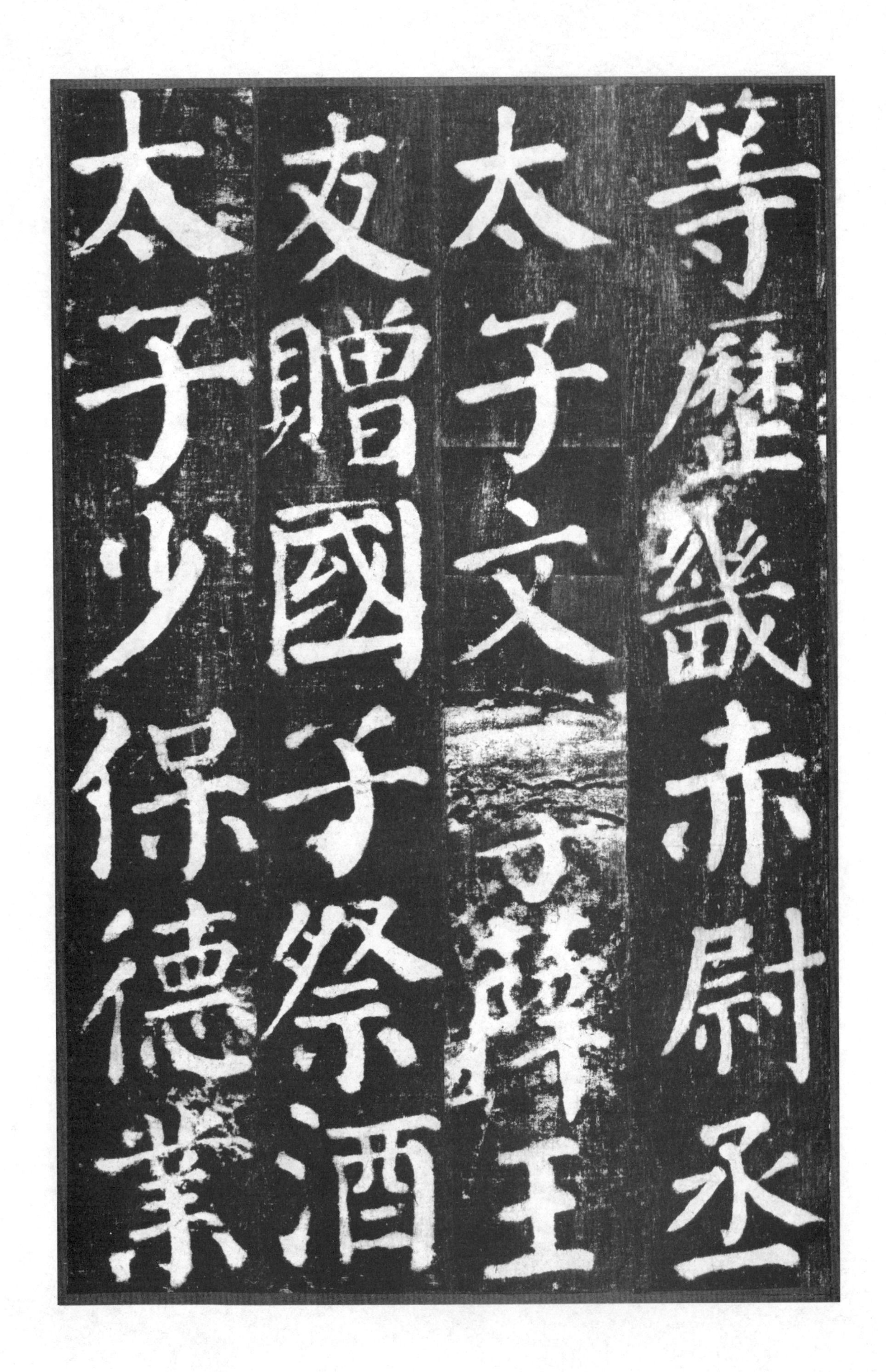
等歷羲赤尉丞
太子文
贈國子祭酒
太子少保德業

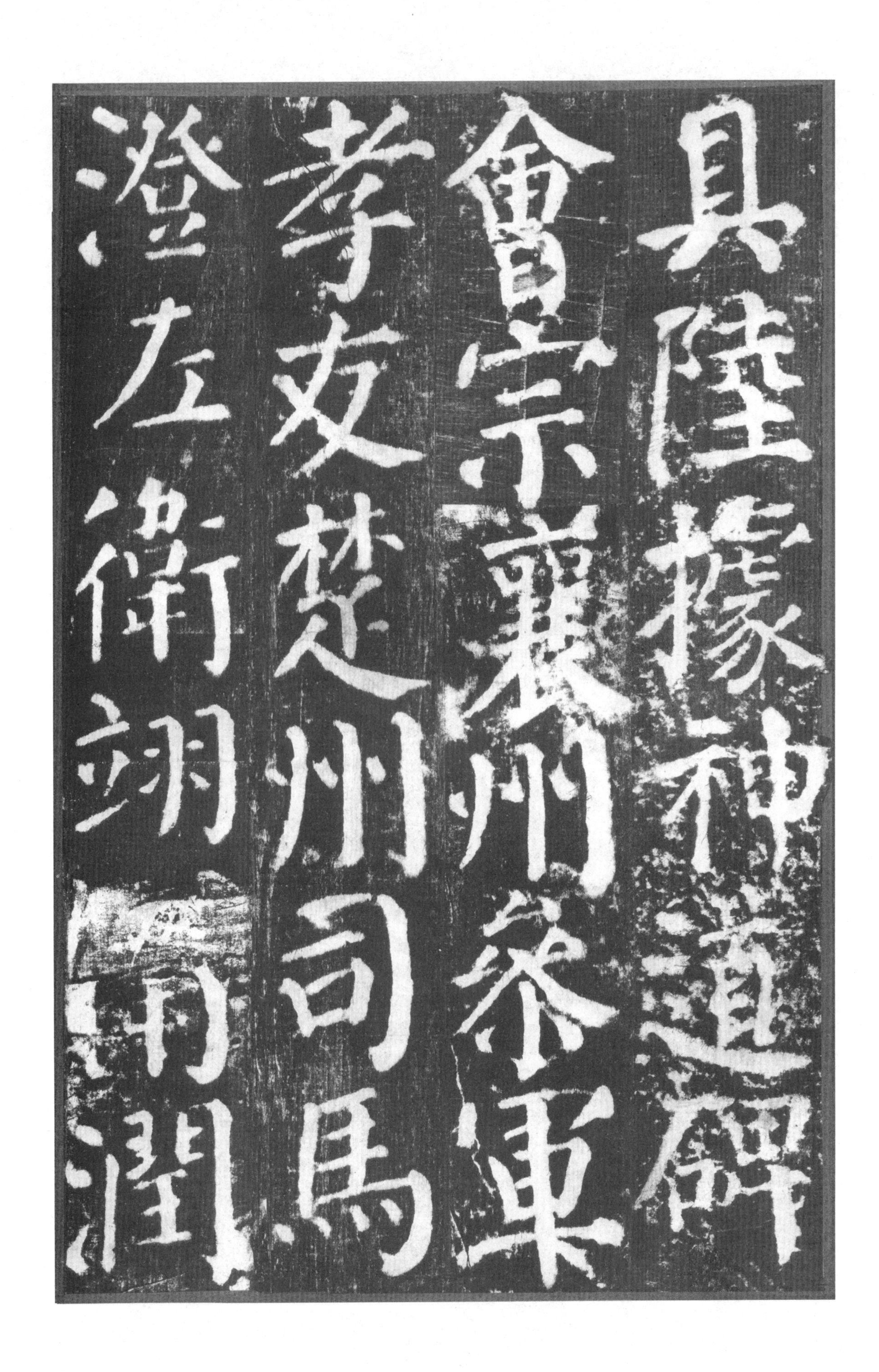
具陸據神道碑
會宗襄州參軍
孝友楚州司馬
澄左衛翊衛潤

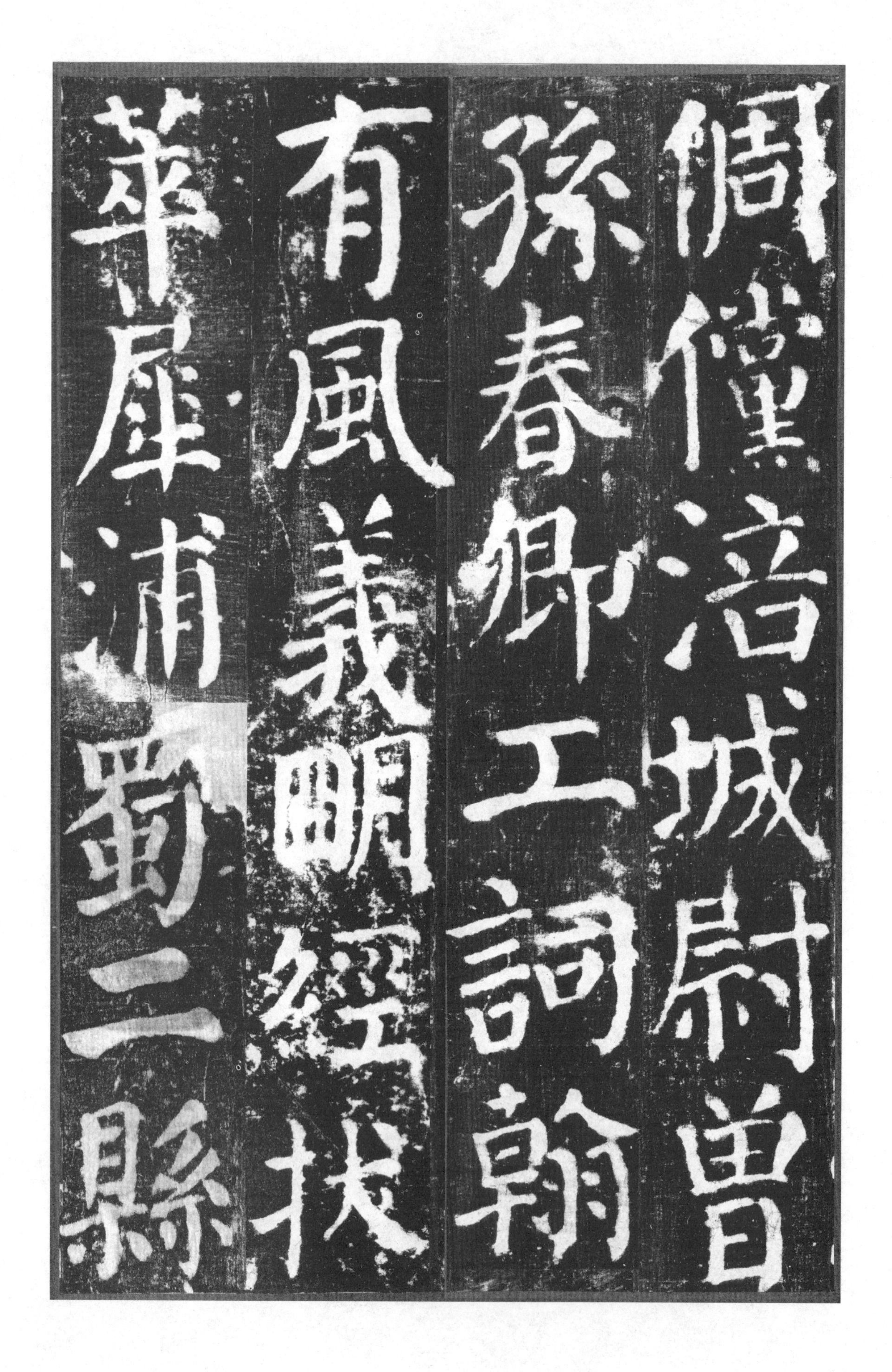
倜儻涪城尉曾
孫春卿工詞翰
有風義明經拔
華原浦劉二縣

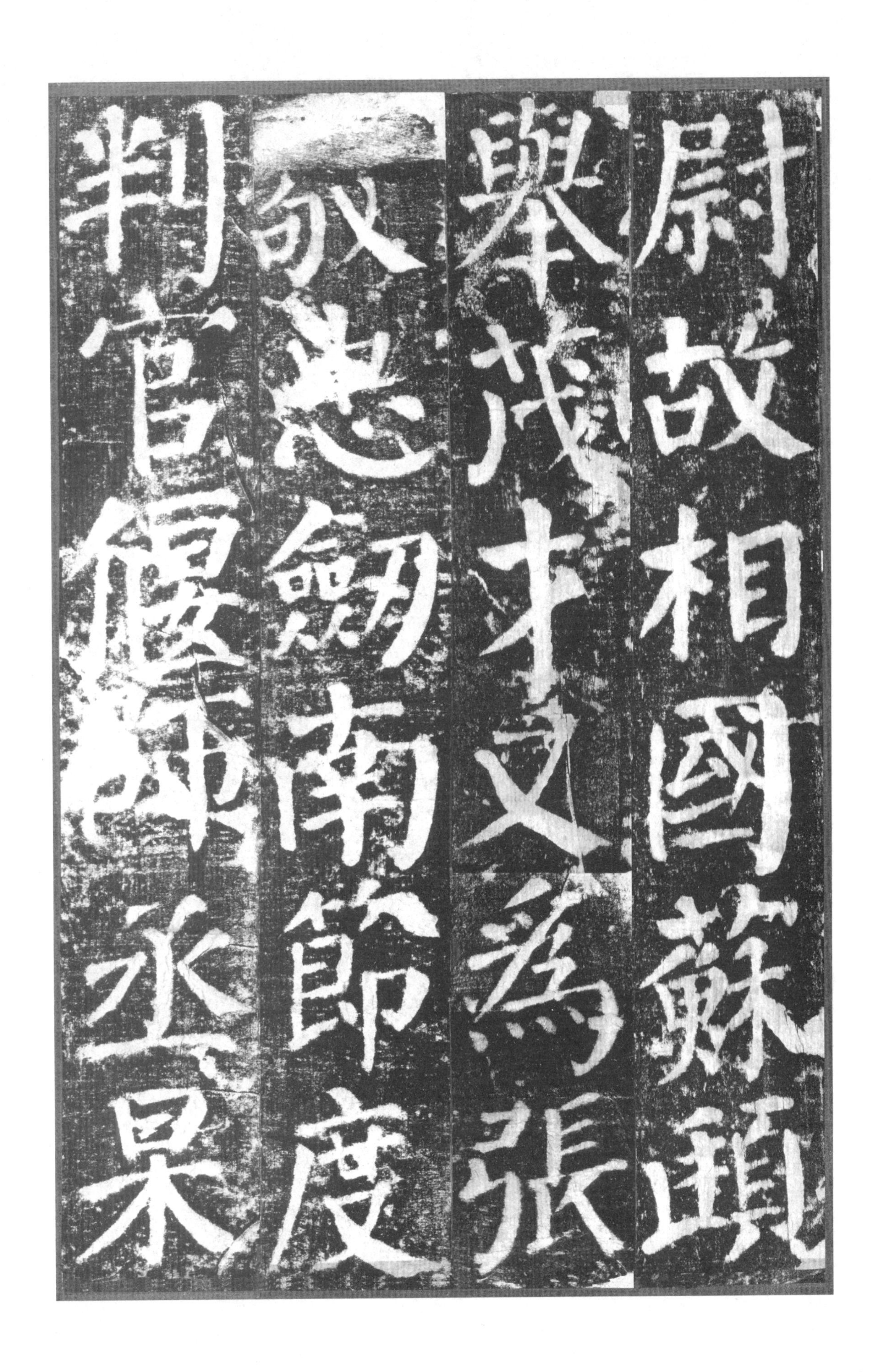
尉故相國蘇頲
舉茂才文爲張
敬忠劍南節度
判官偃師丞杲

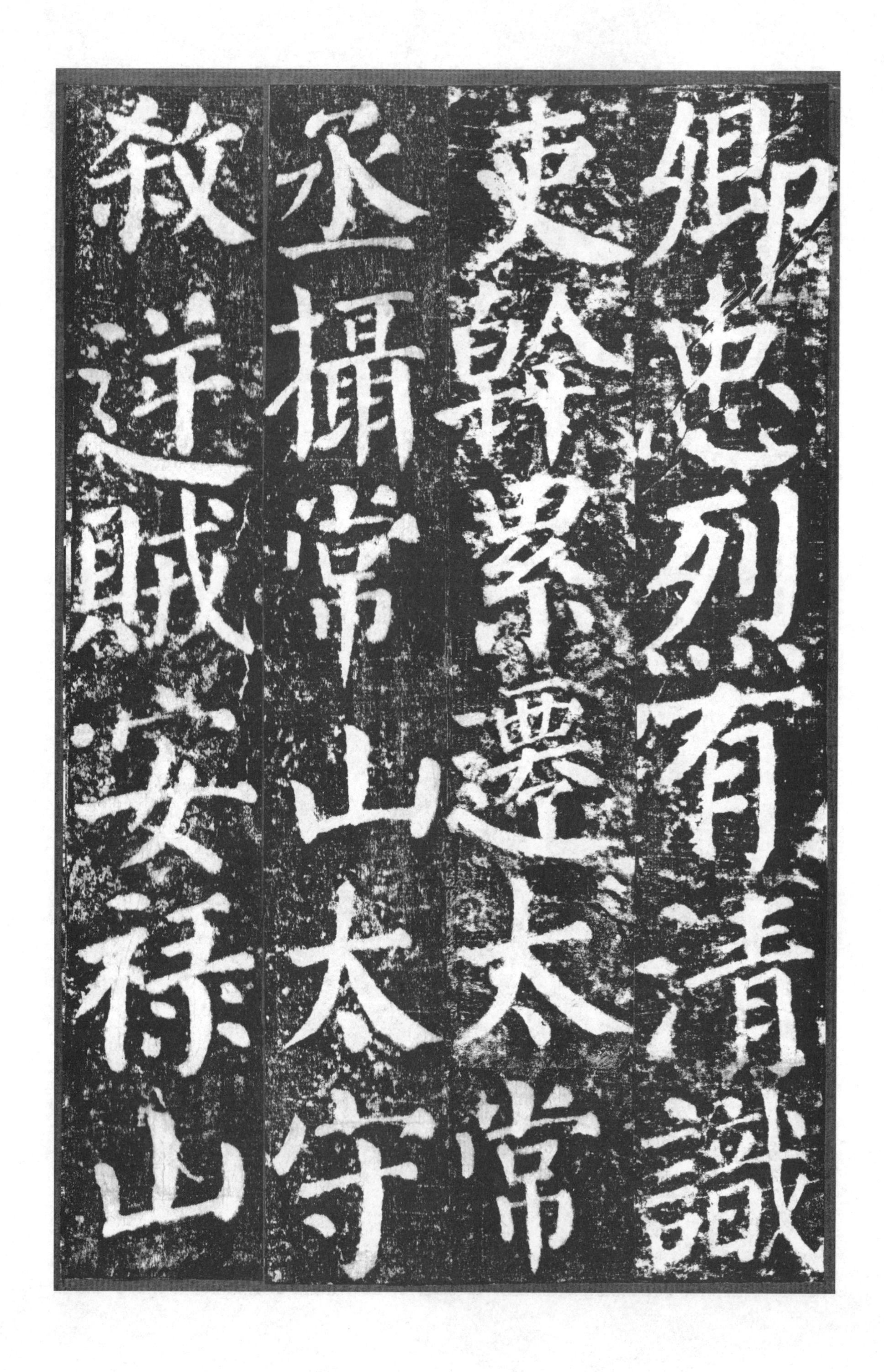
卿忠烈有清識
吏幹累遷太常
丞攝常山太守
殺逆賊安祿山

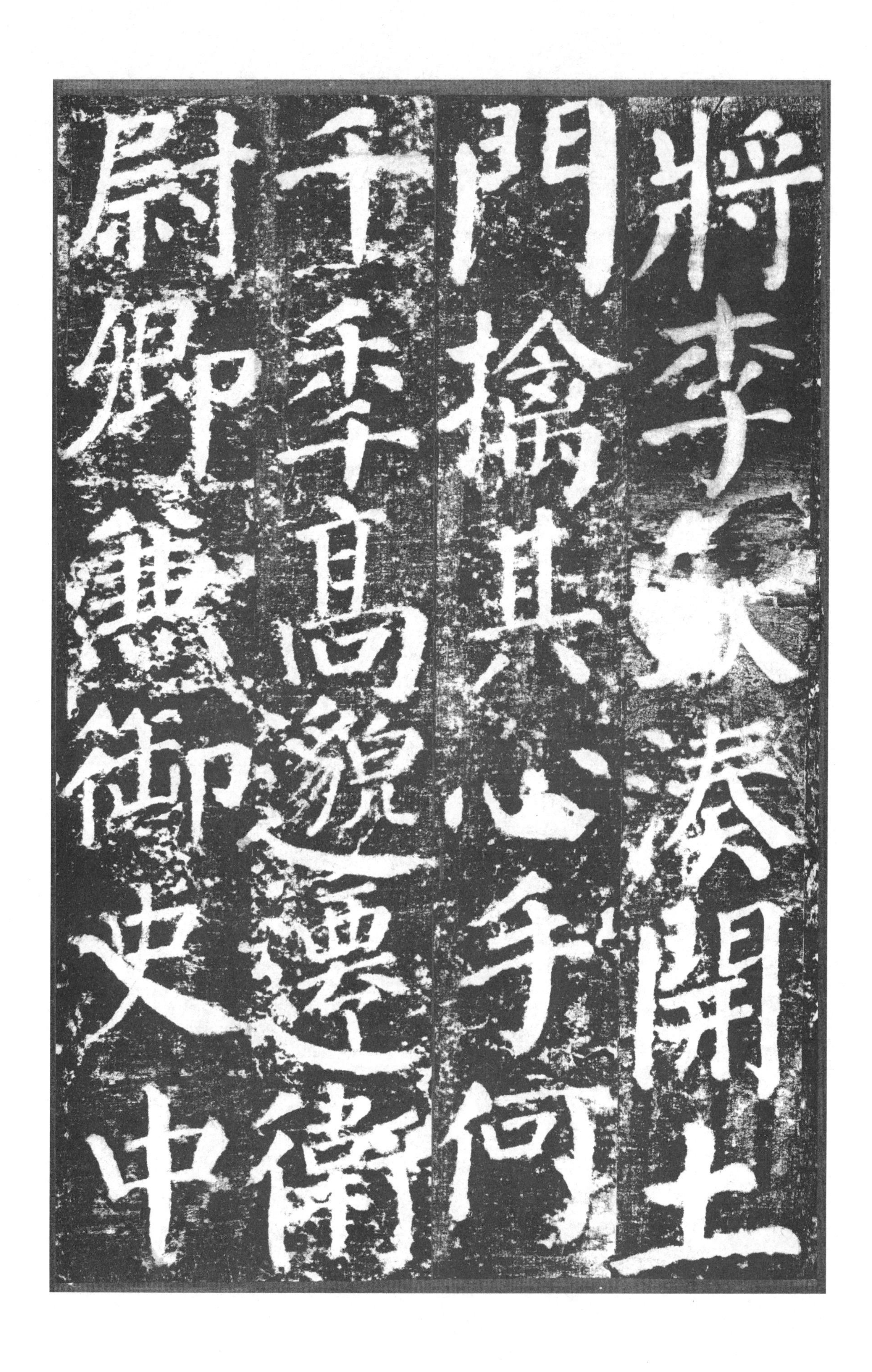
門擒其心手何
尉卿兼御史中

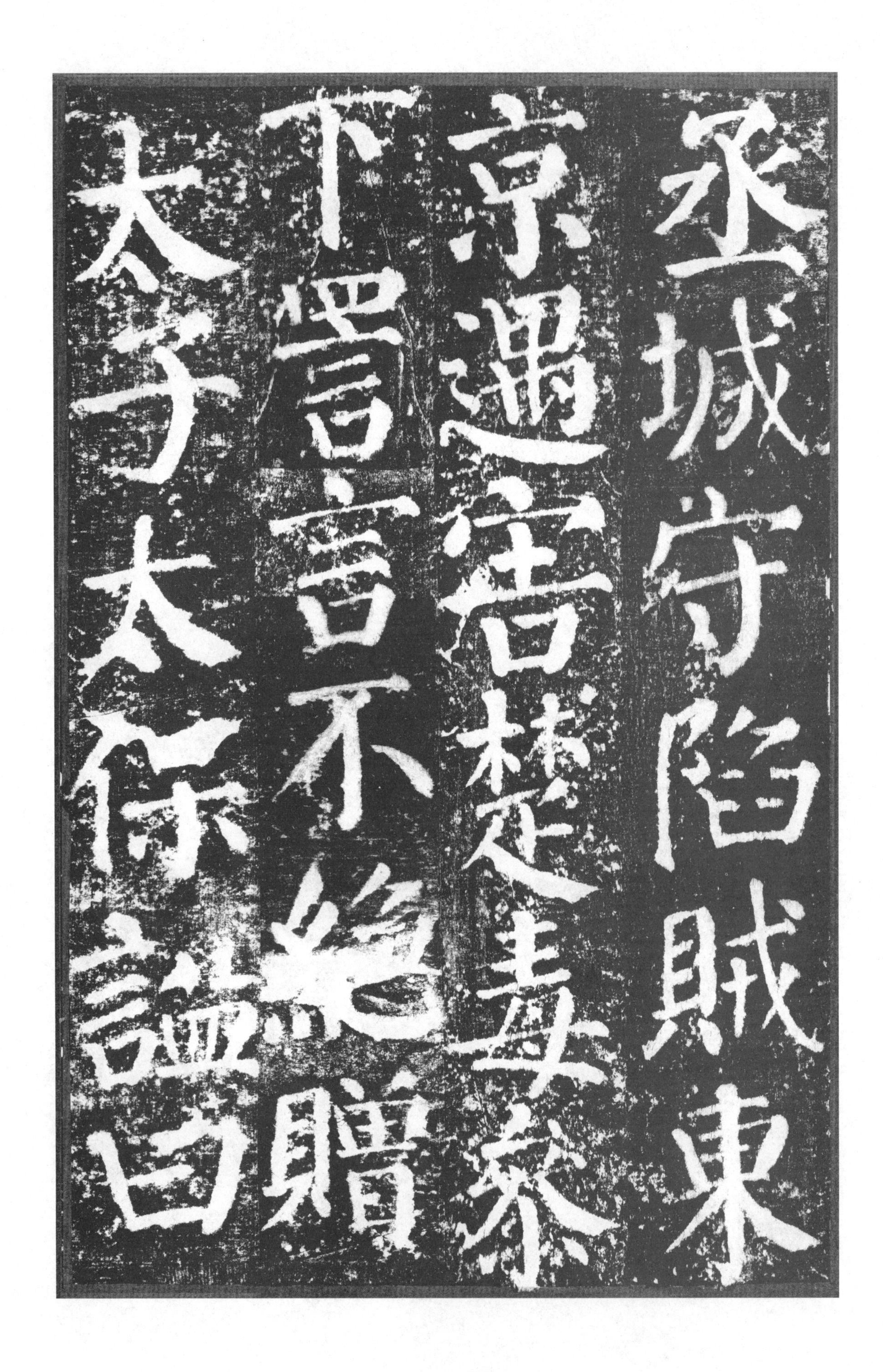
丞城守陷賊東
京遇害楚毒參
下詈言不絕贈
太子太保謚曰

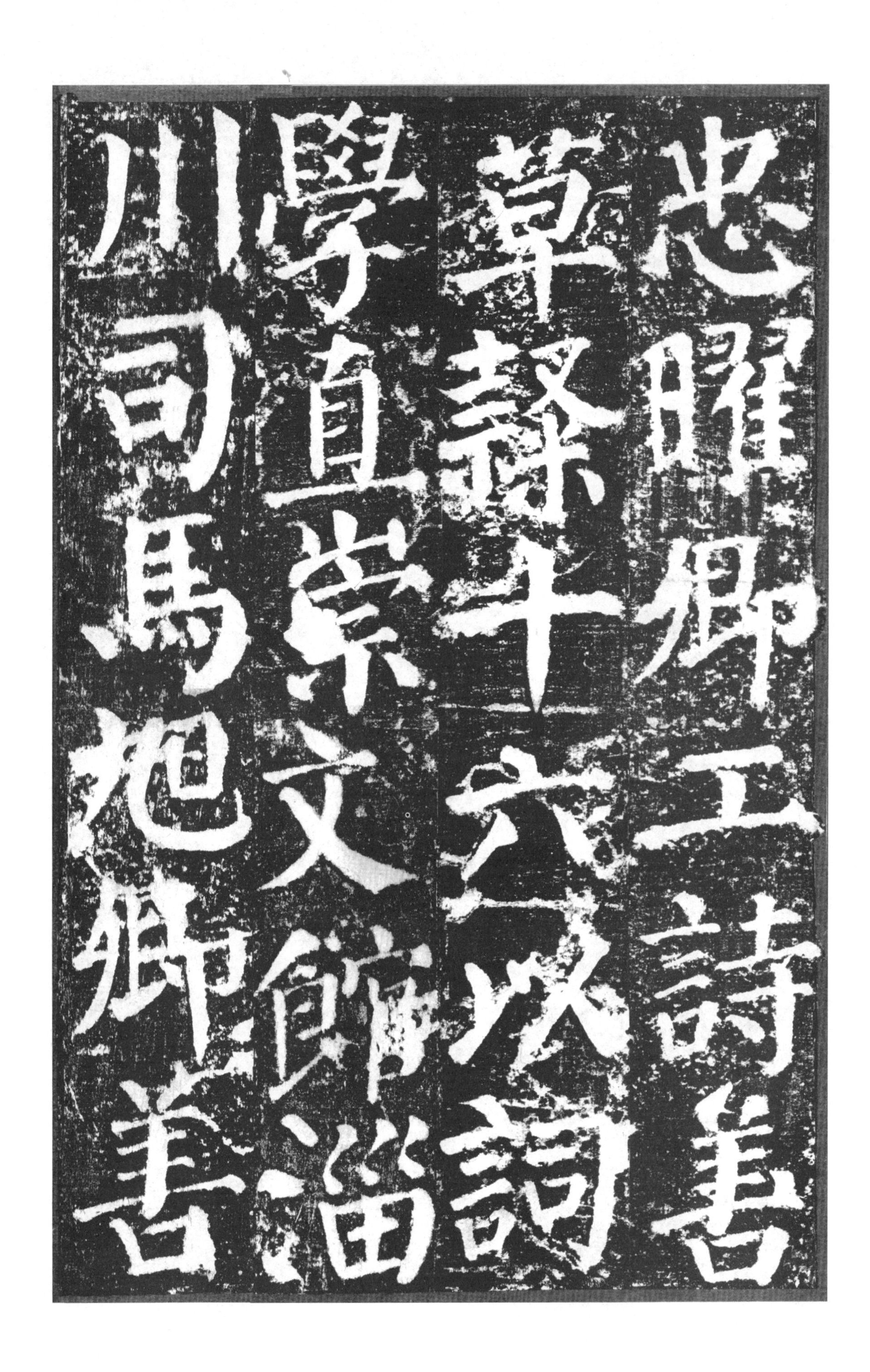
忠曜卿工詩善
草隸十六以詞
學直崇文館淄
川司馬旭卿善

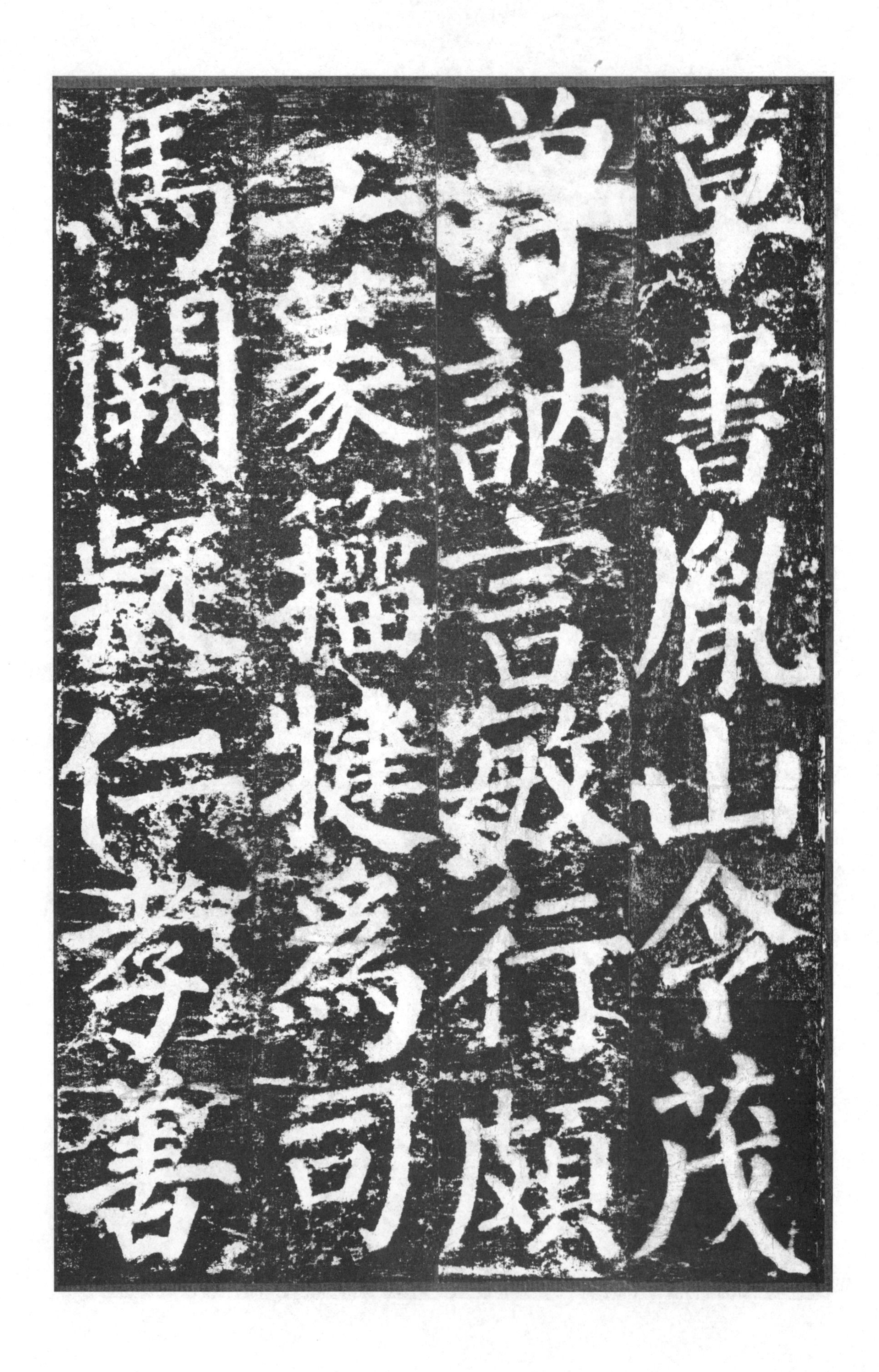
草書亂山令茂
嘗訥言敏行頗
工篆籀楷為司
馬閣疑仁孝著

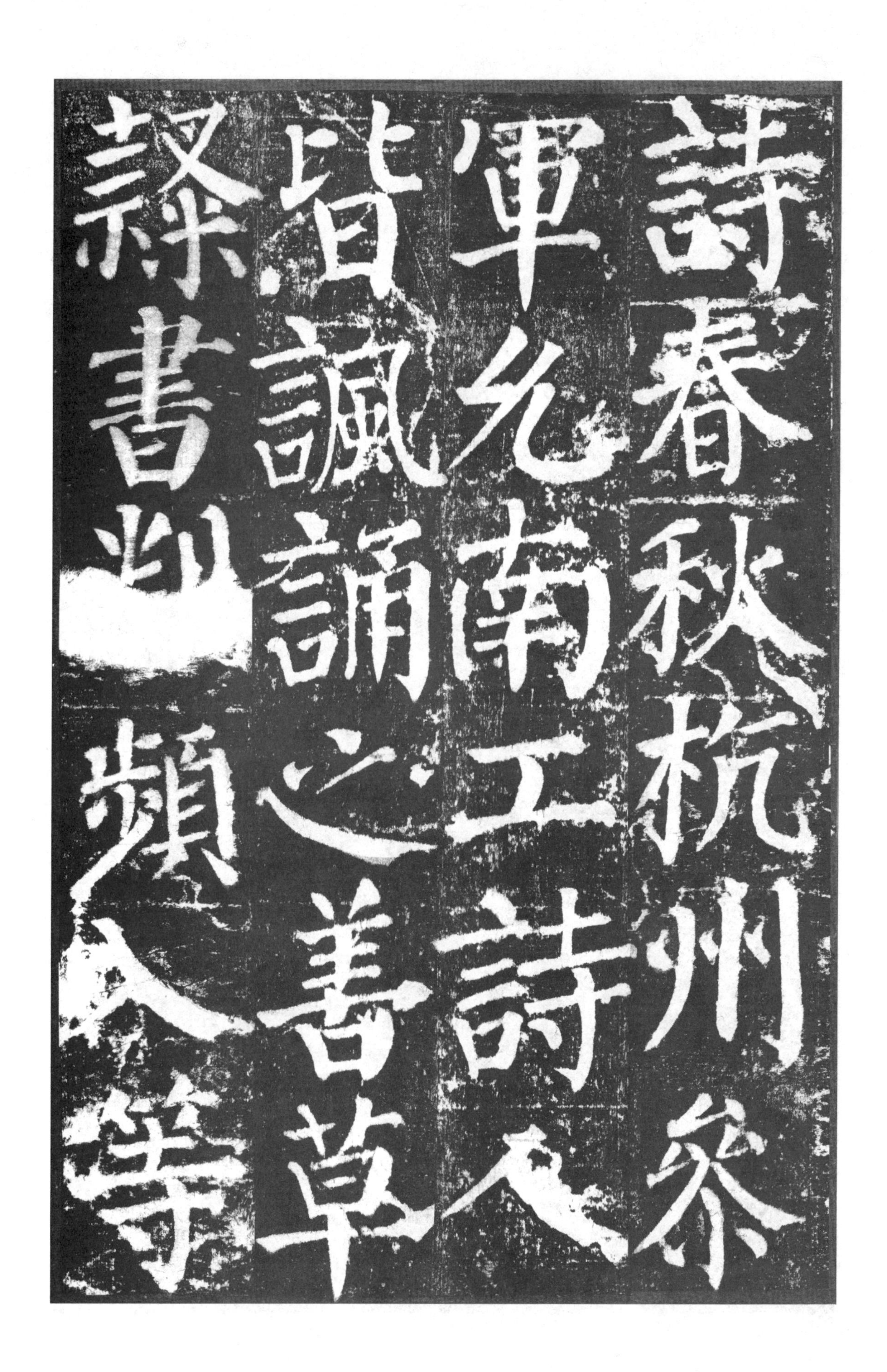
詩春秋杭州尒
軍乡南工詩人
皆諷誦之善草
隸書判頻人等

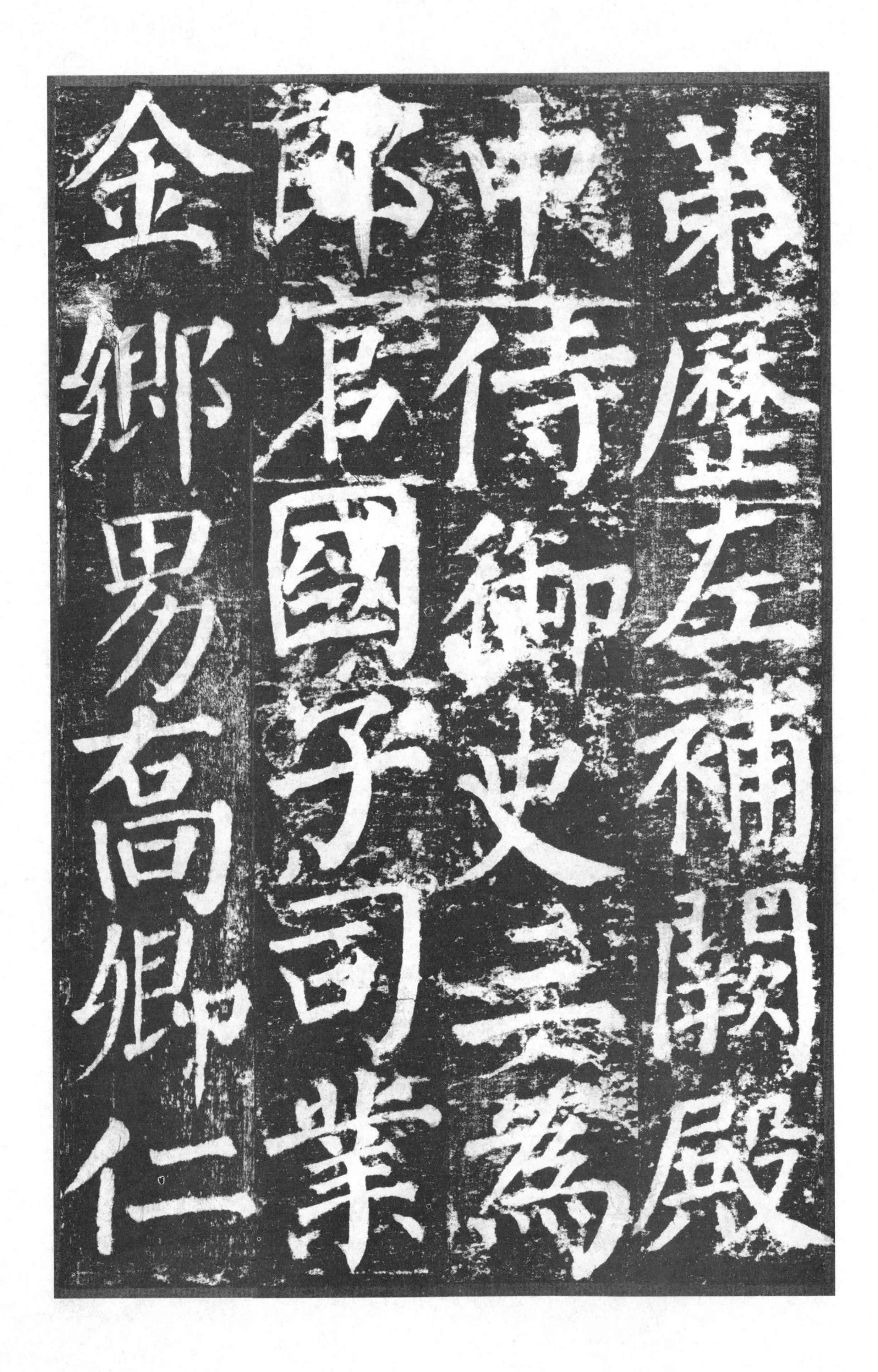
苐歷左補闕殿
中侍御史三為
郎官國子司業
金鄉男右僑卿仁

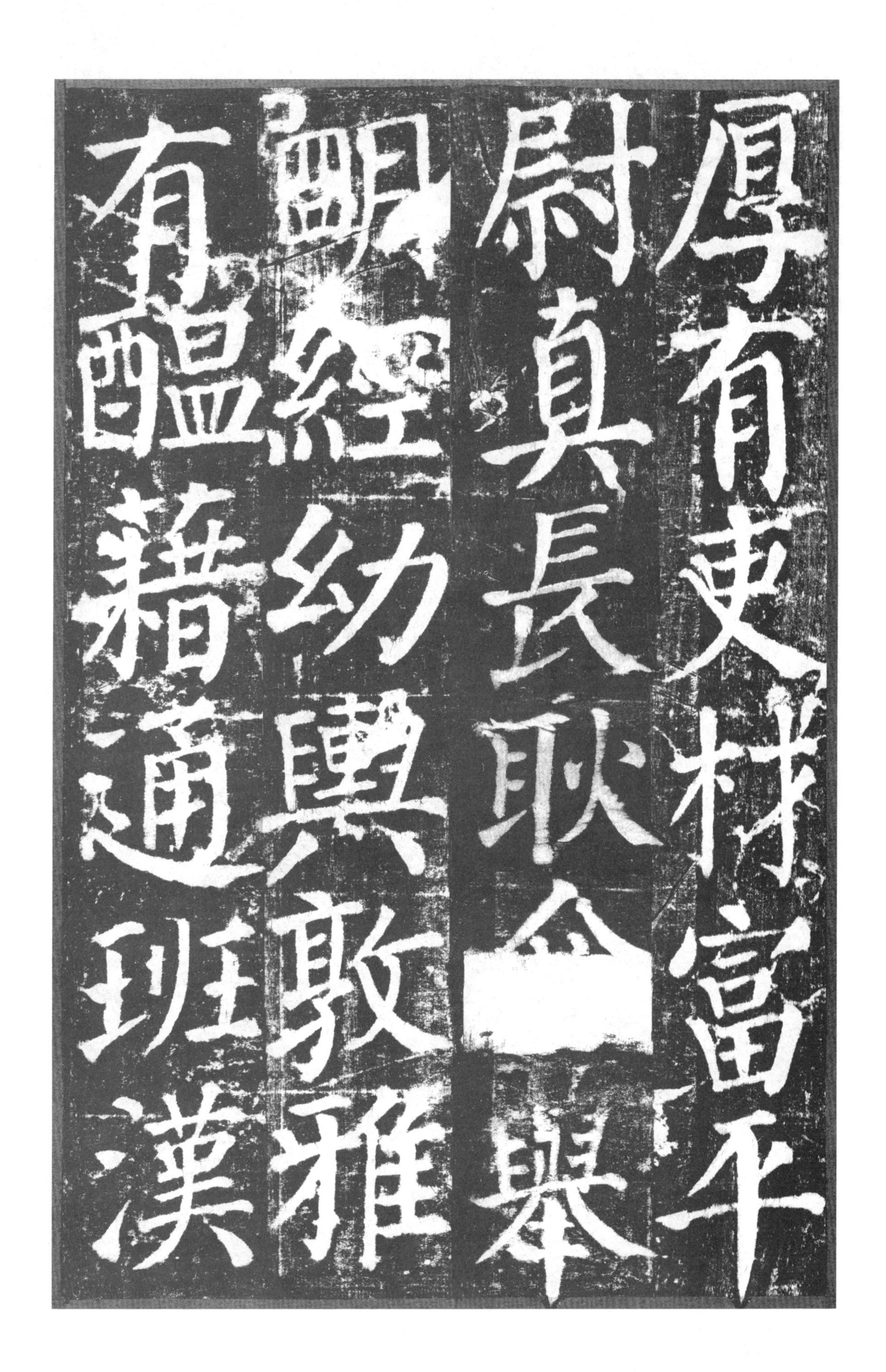
厚有吏材富平
尉貞長耿
舉
明經紛與敦雅
有醖藉通班漢

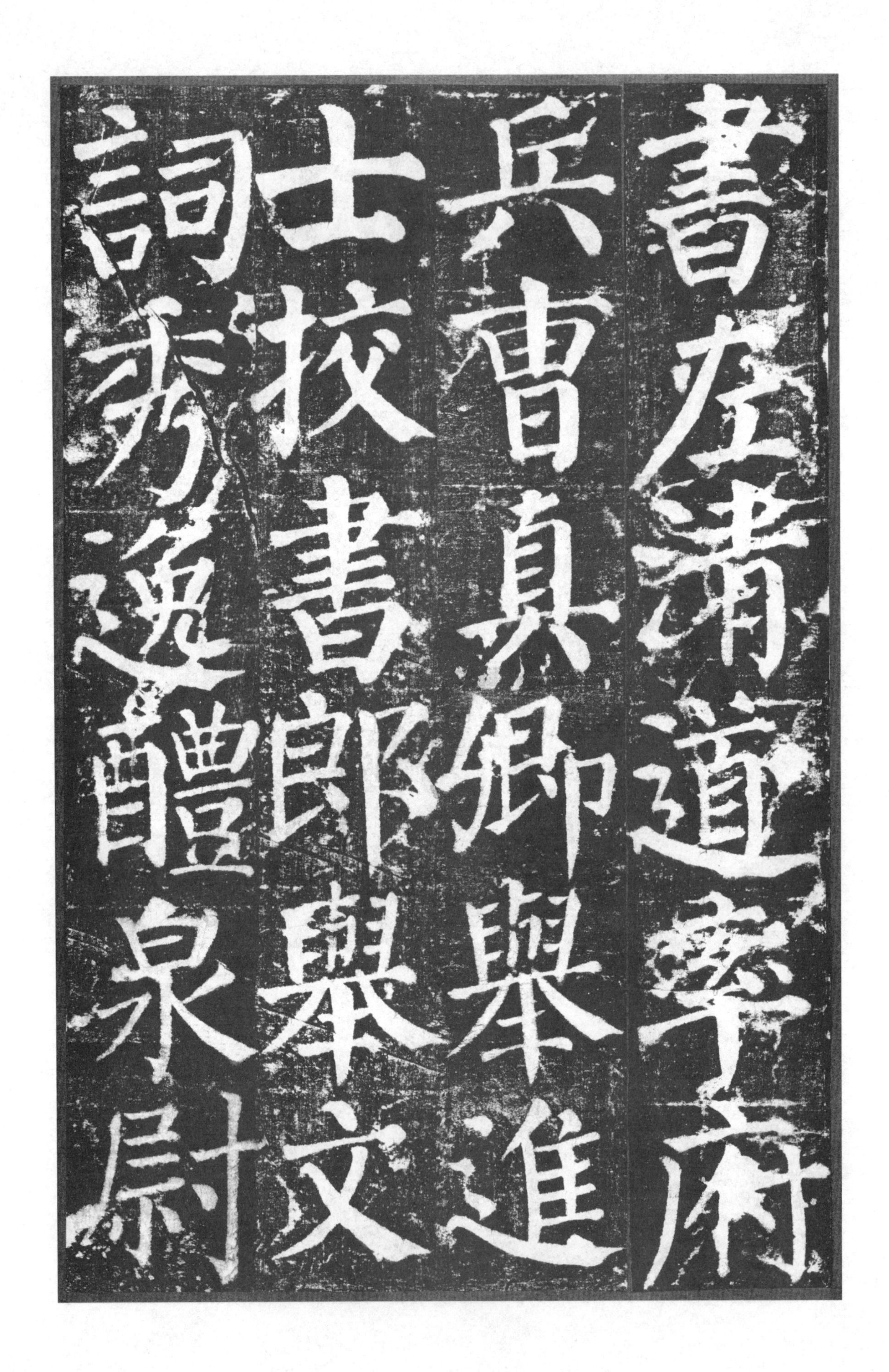
書左清道率府
兵曹真卿舉進
士挍書郎舉文
詞秀逸醴泉尉

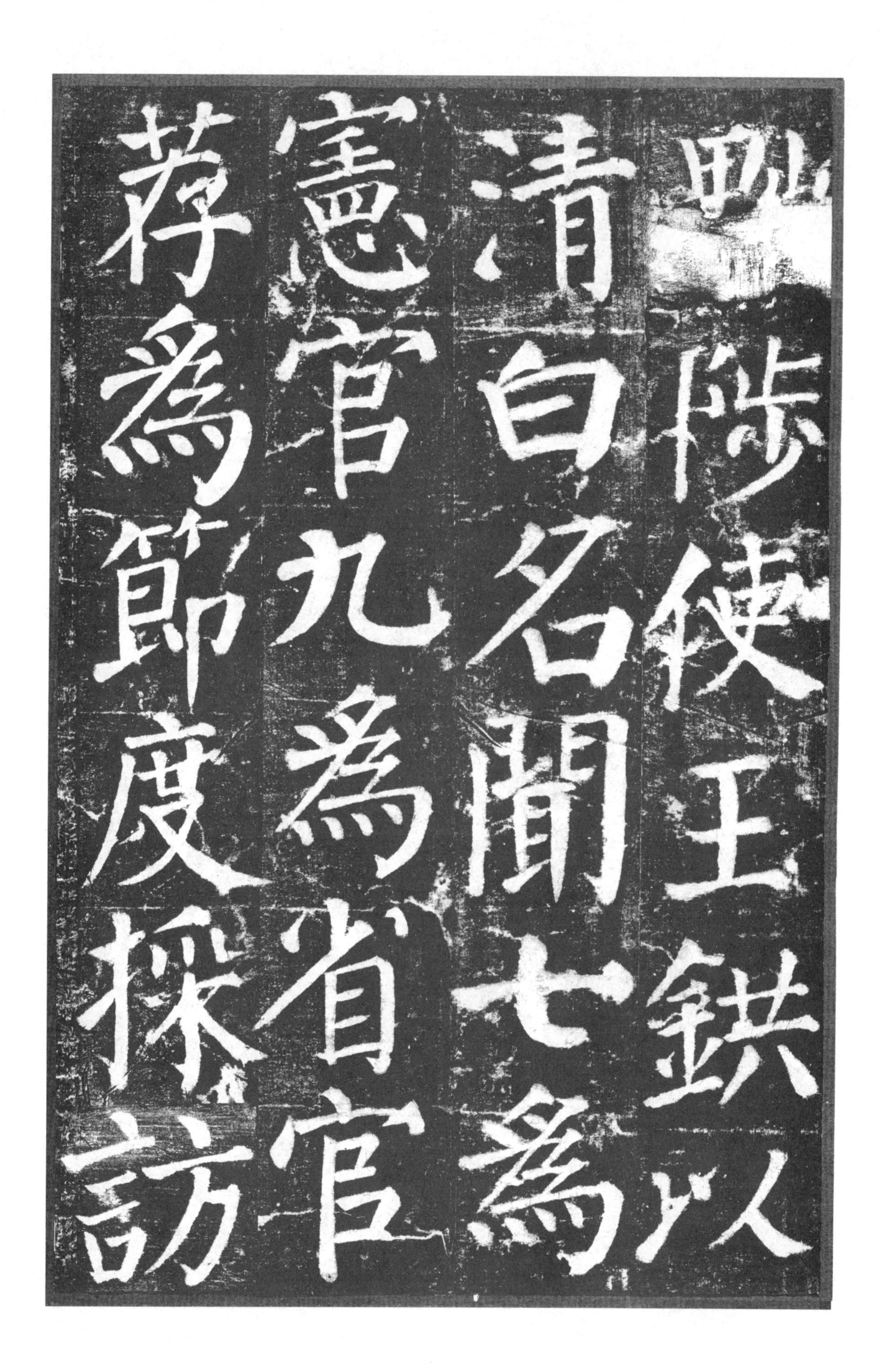
黜陟使王鉷以人
清白名聞七為
憲官九為省官
薦為節度採訪

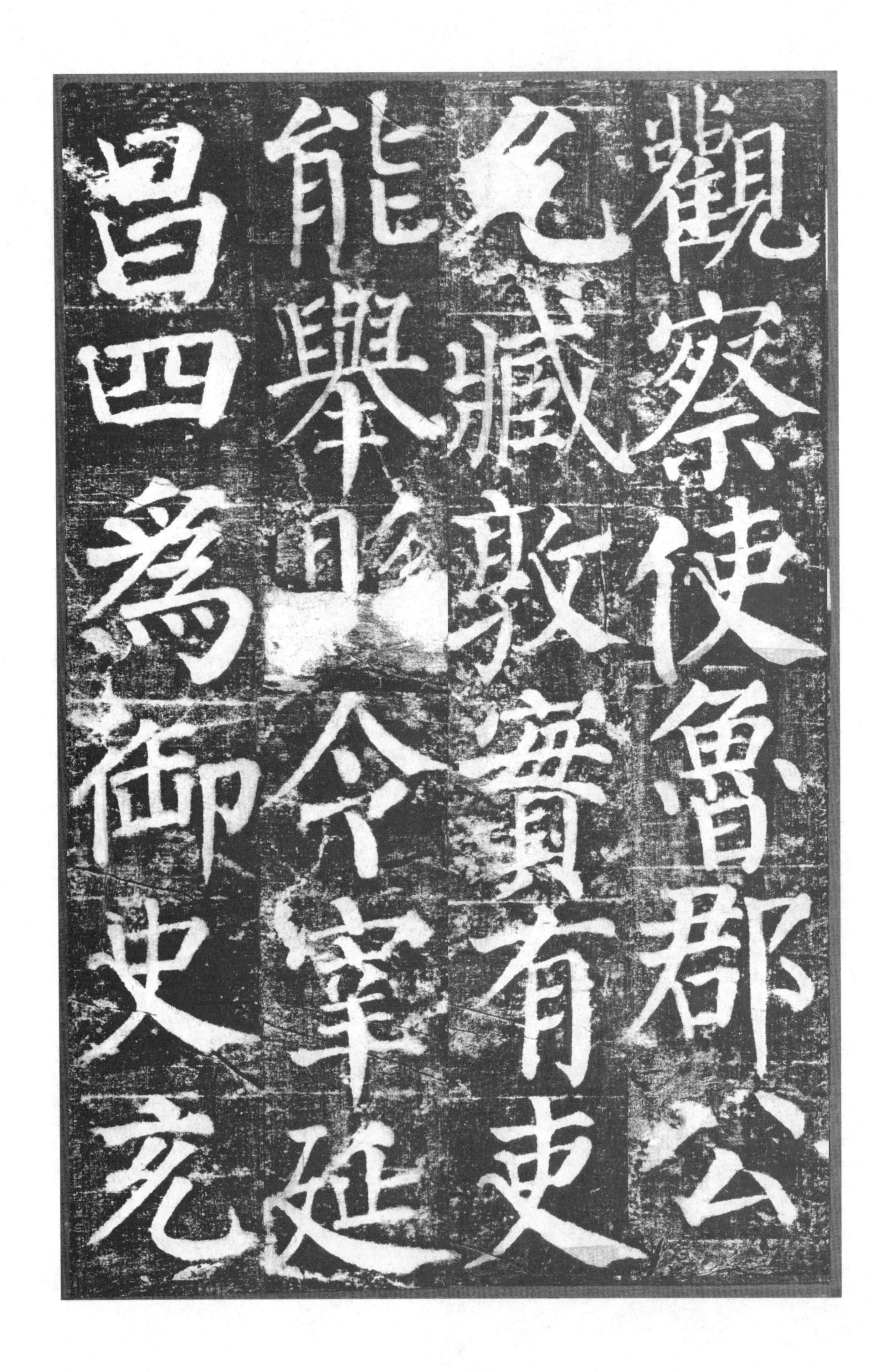
觀察使會郡公
之藏敦實有吏
能舉
令宰延
昌四為御史充

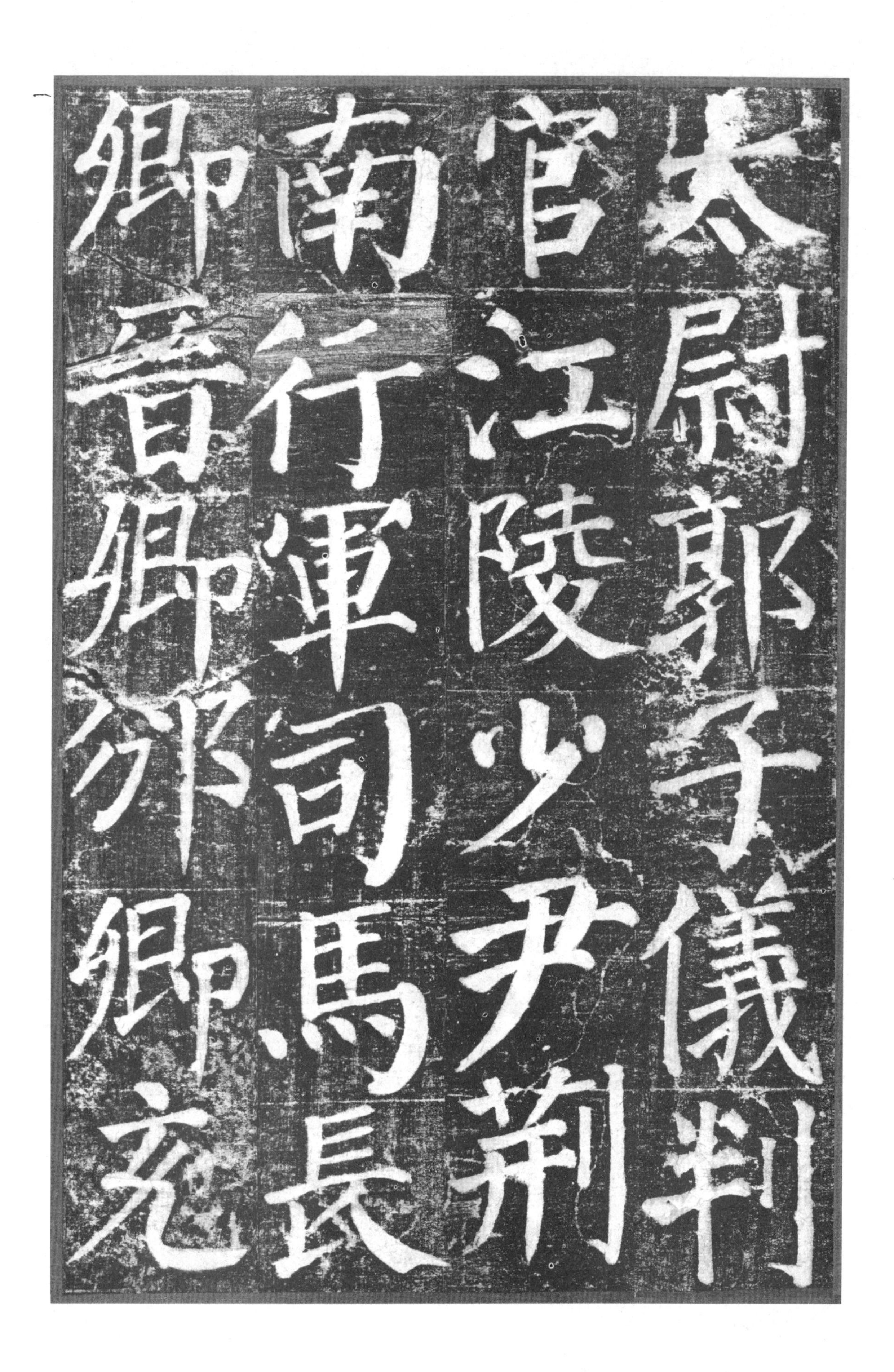
太尉郭子儀判
官江陵少尹荊
南行軍司馬長
卿晉卿邠卿兗

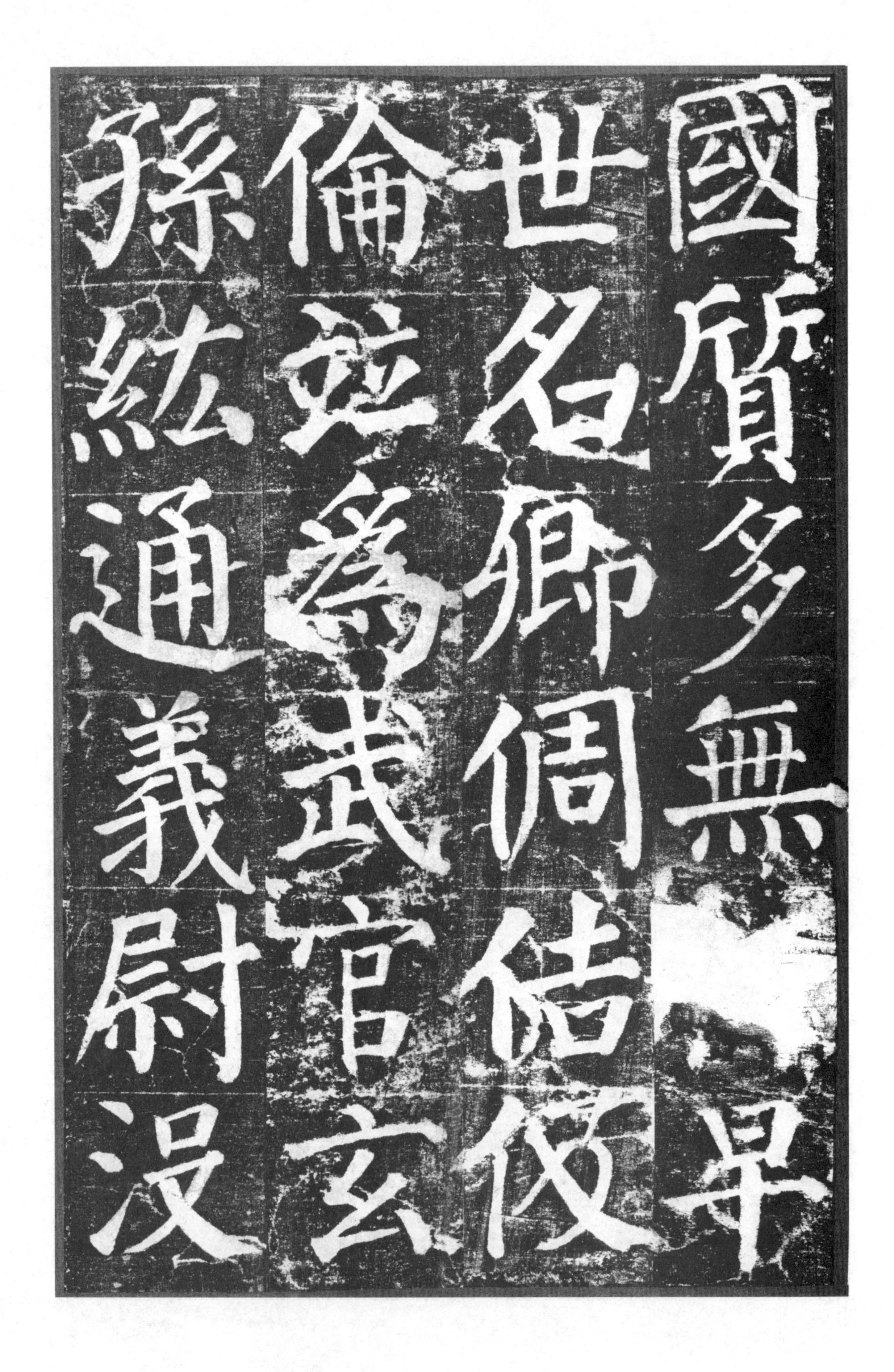
國質多無畢
世名卿倜儻俊
倫亞爲武官玄
孫紘通義尉沒

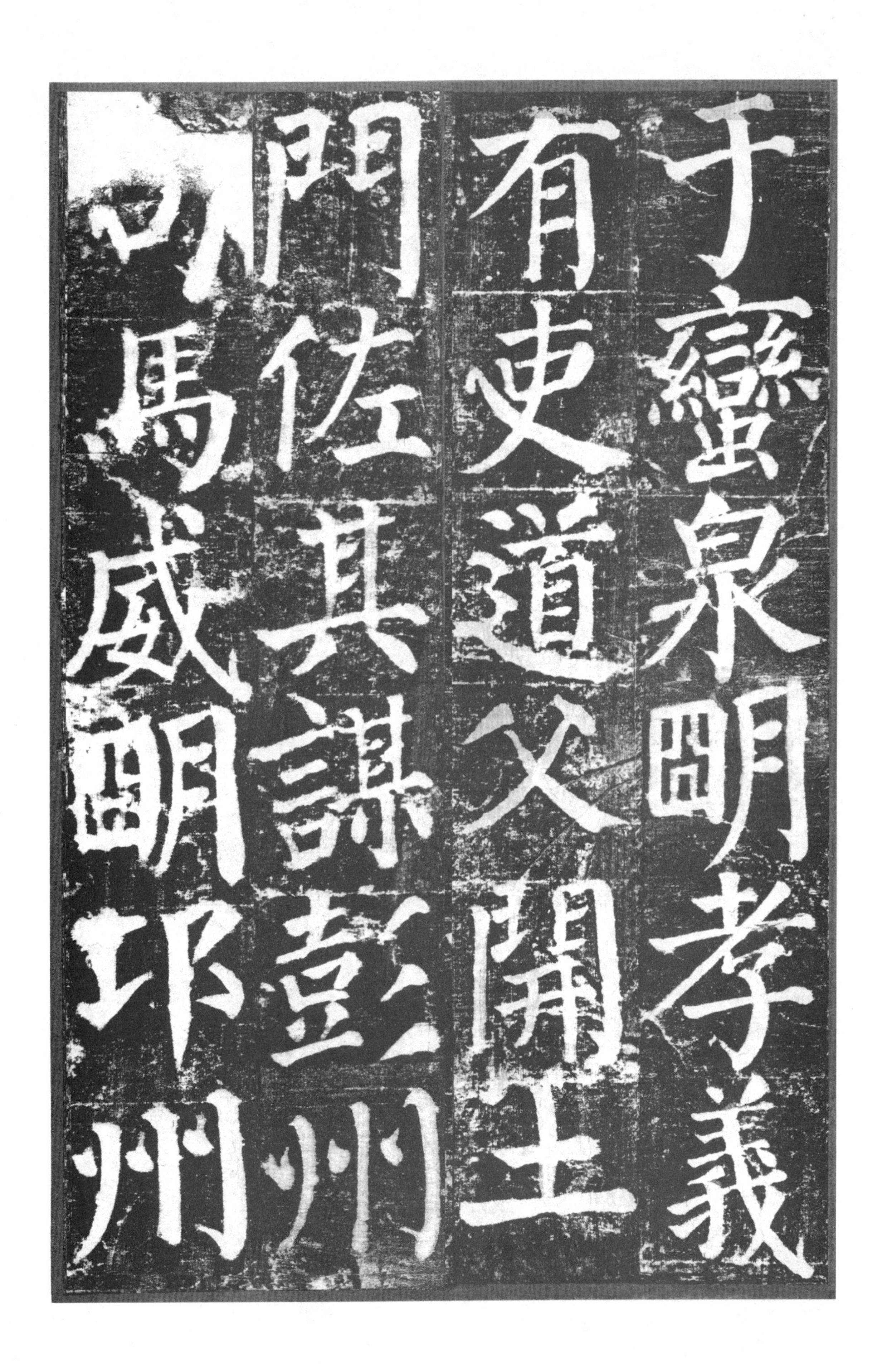
于鑾泉明孝義
有吏道父開土
門佐其謀彭州
馬威明邛州

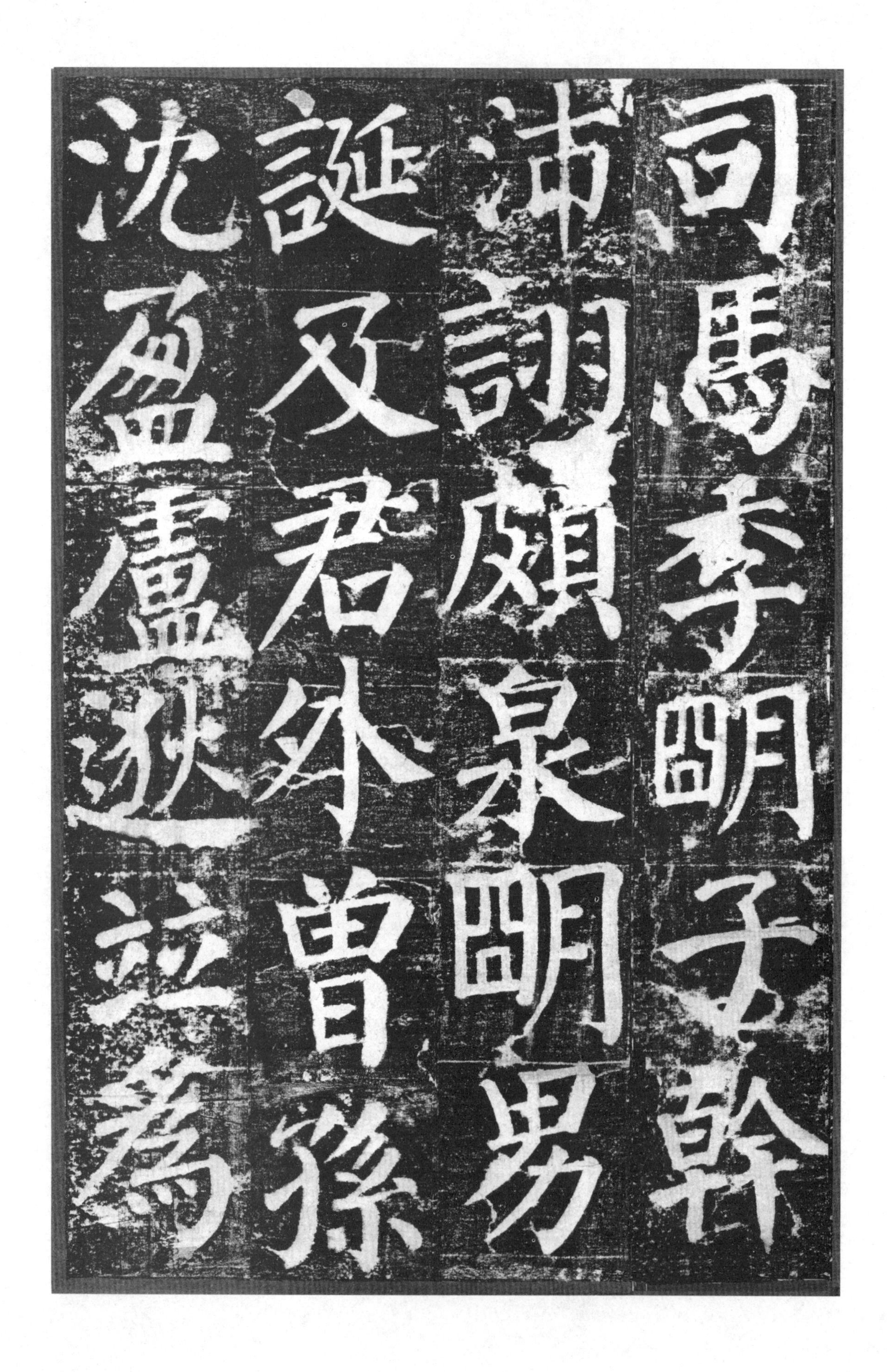

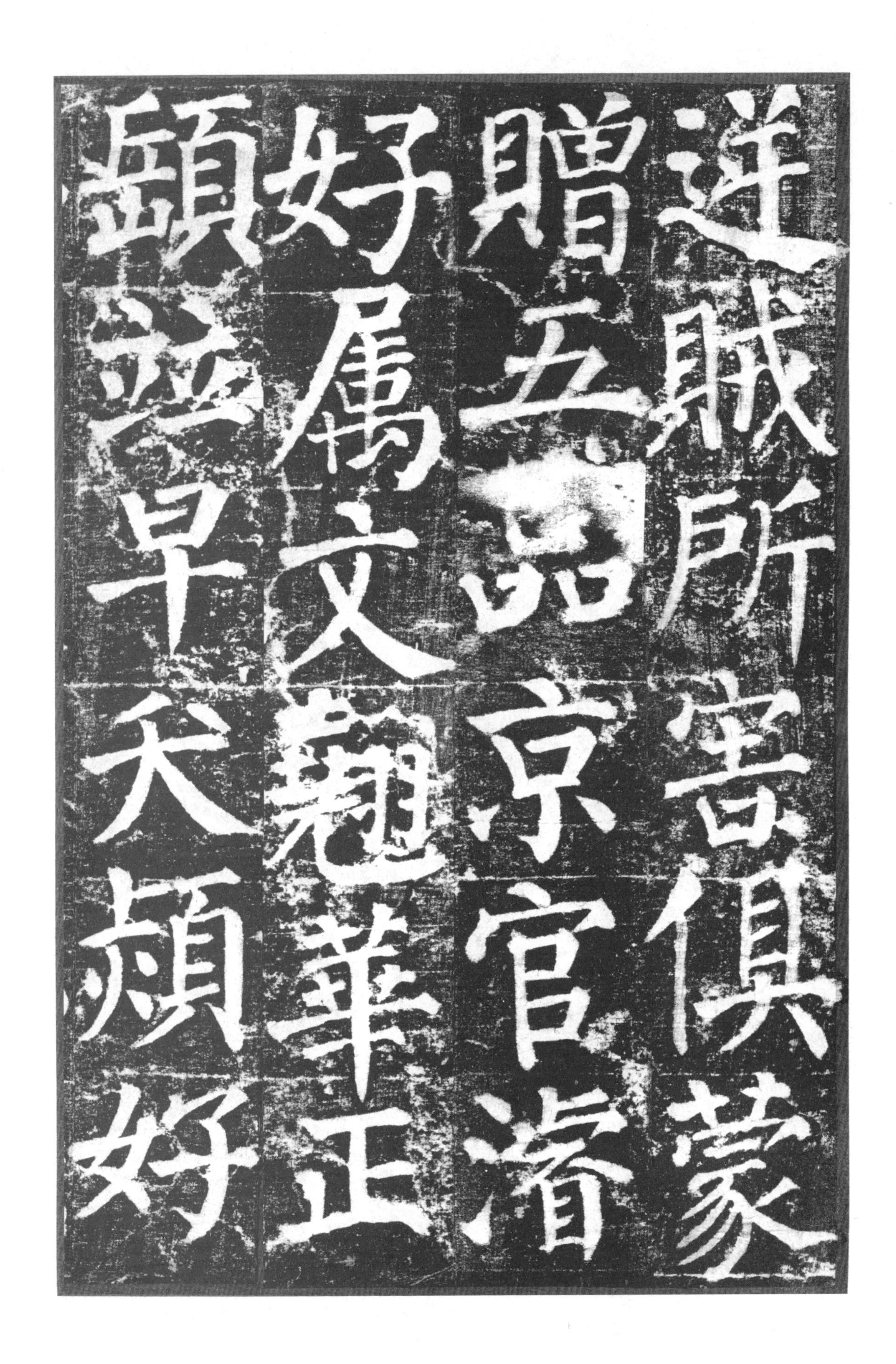
逆賊所害俱蒙
贈五品京官濬
好屬文翹華正
頲並早夭頗好

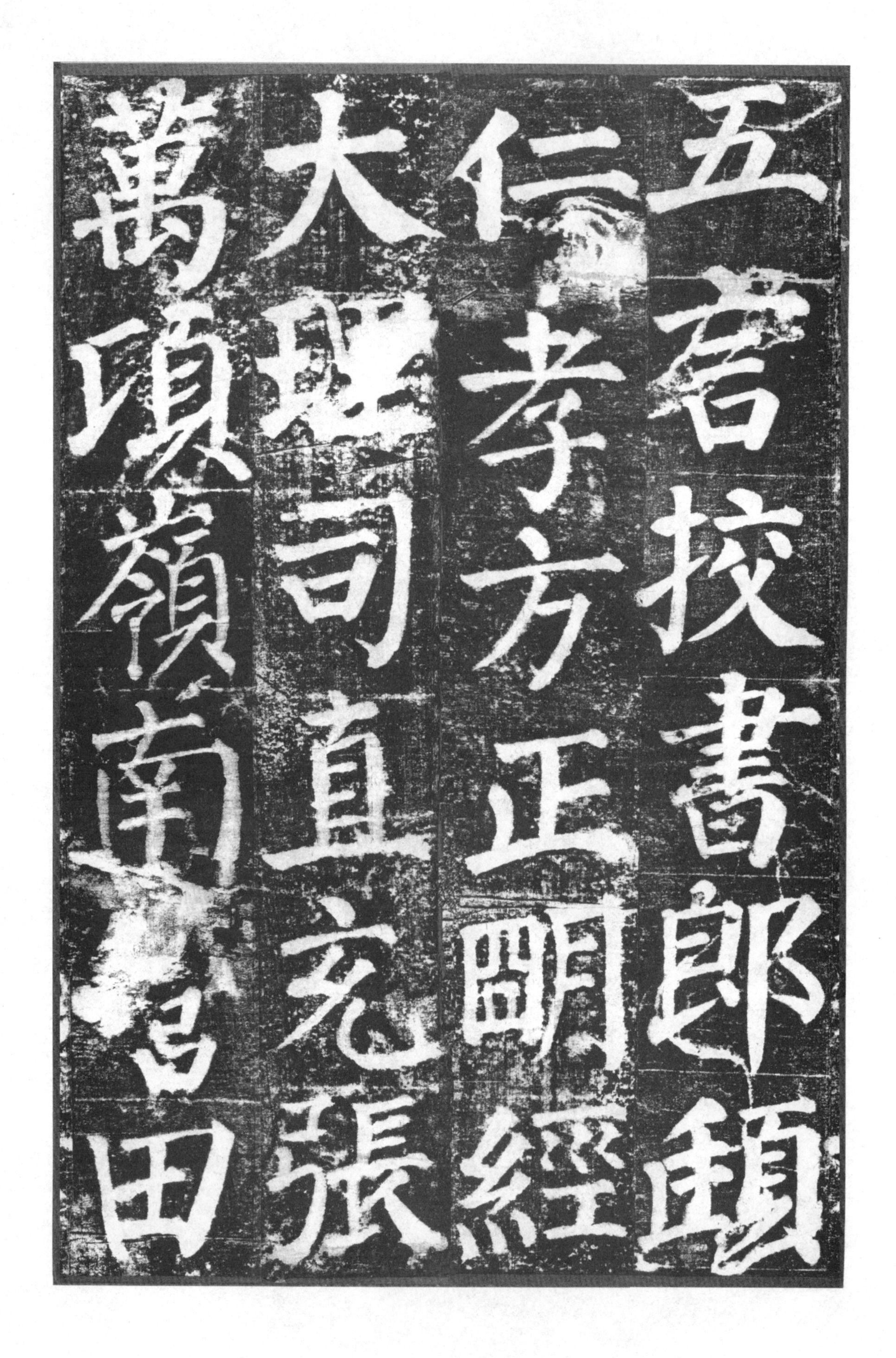

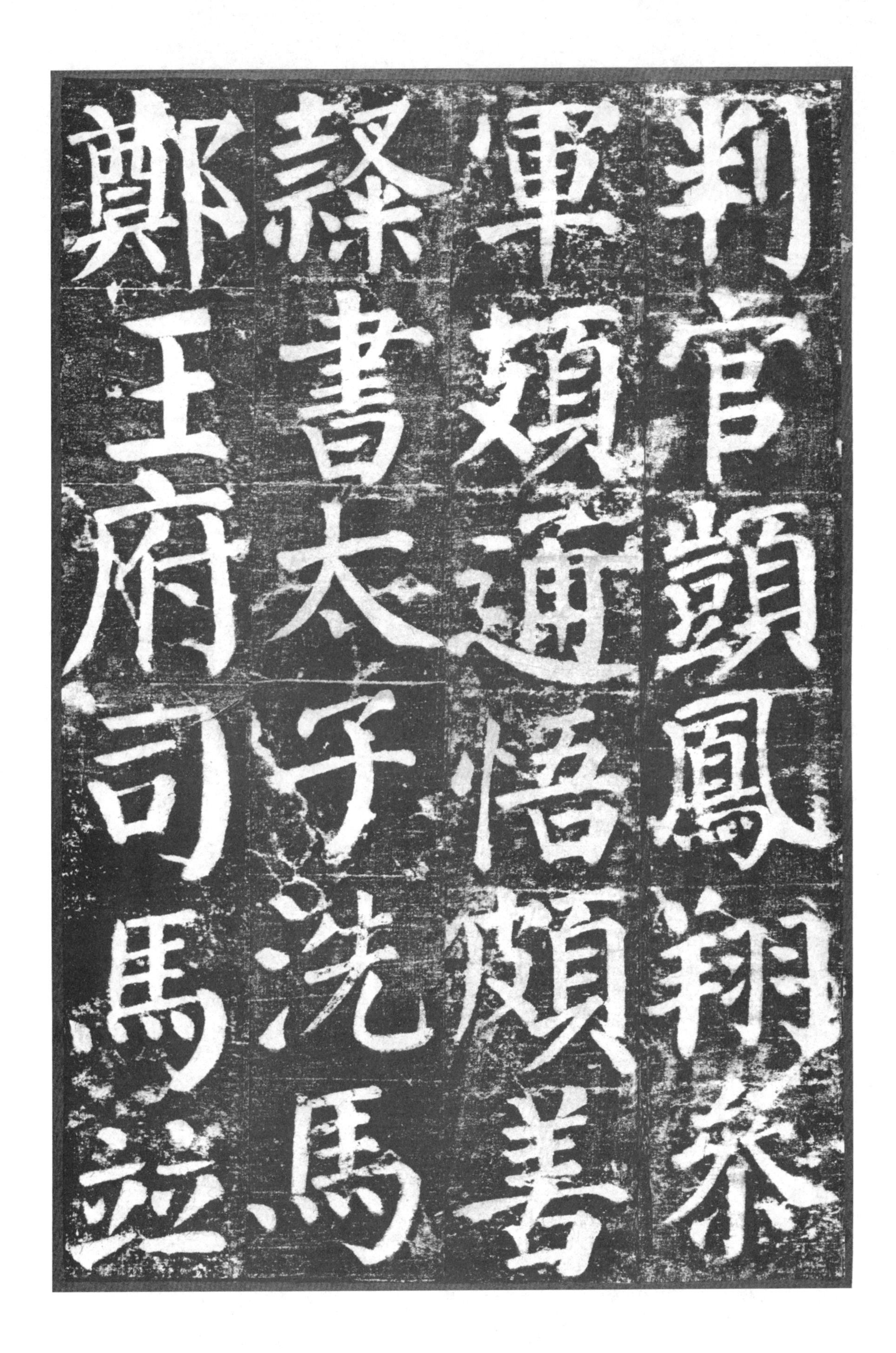
判官顗鳳翔參
軍頲通悟頗善
隸書太子洗馬
鄭王府司馬竝

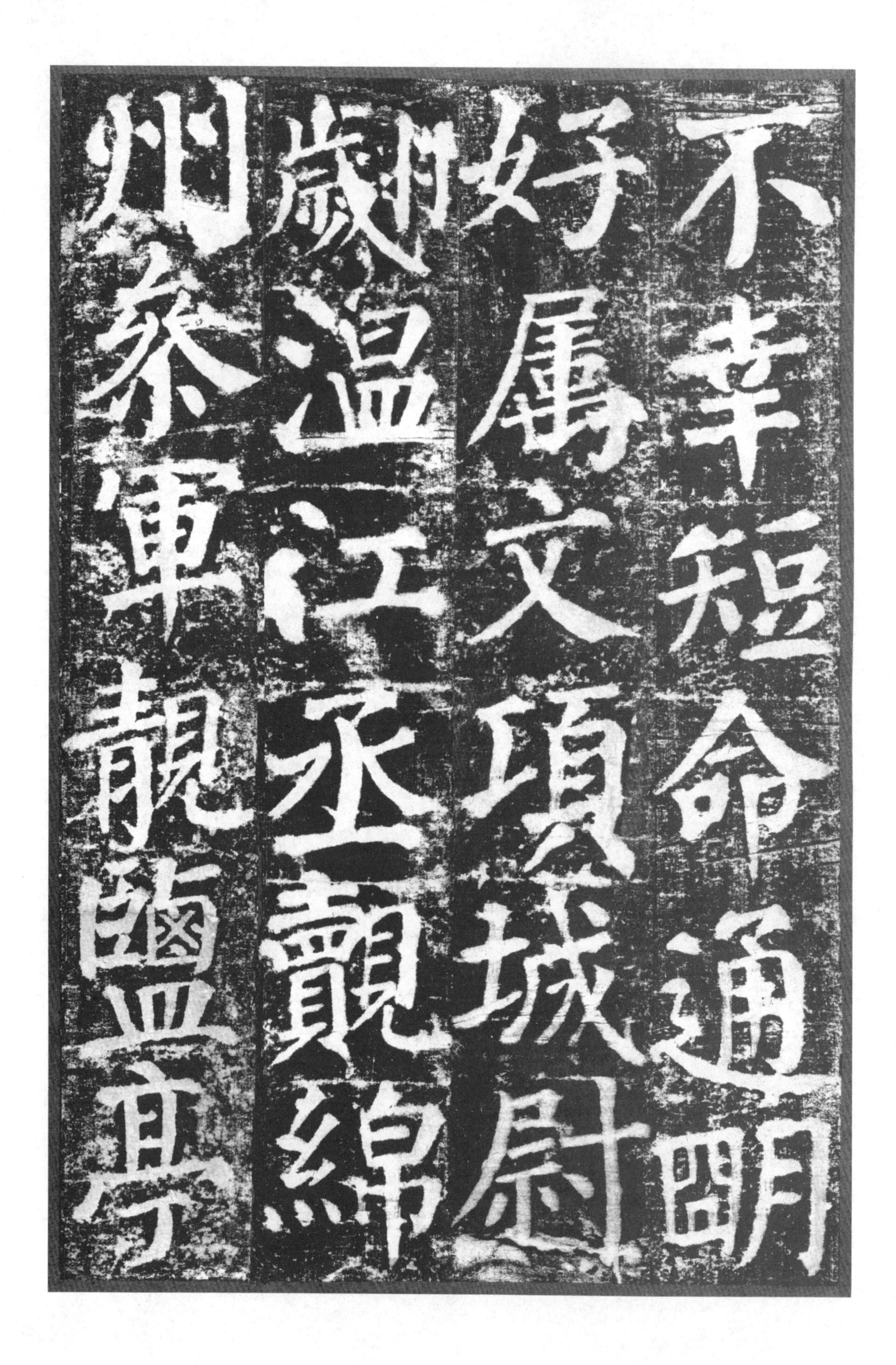
不幸短命通明
好屬文頃城尉
歲溫江丞觀綿
州參軍龍臨亭

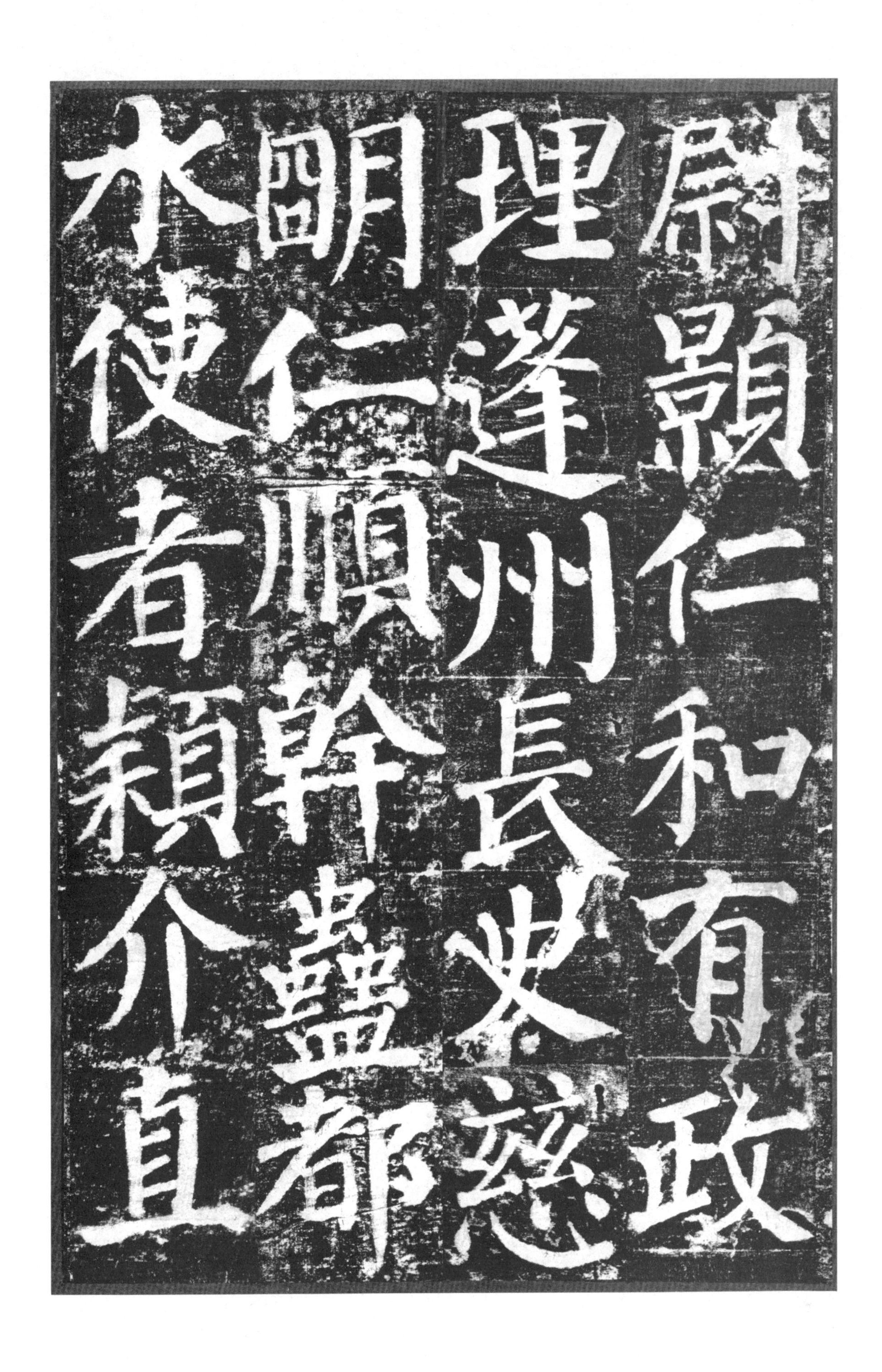
尉顥仁和有政
理蓬州長史慈
明仁順幹蠱都
水使者頼介直

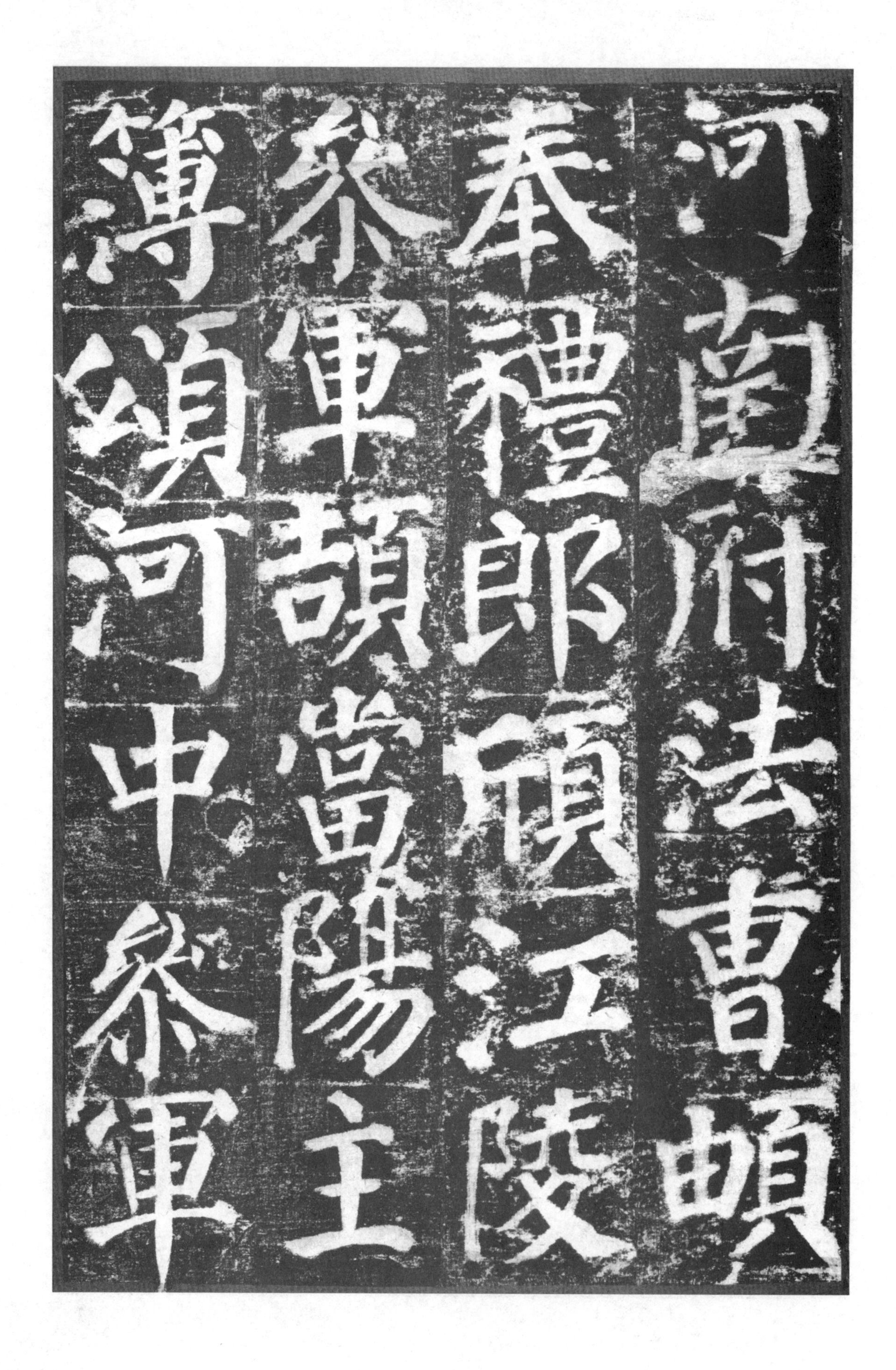
河南府法曹頔
奉禮郎碩江陵
參軍顧當陽主
簿頲河中參軍

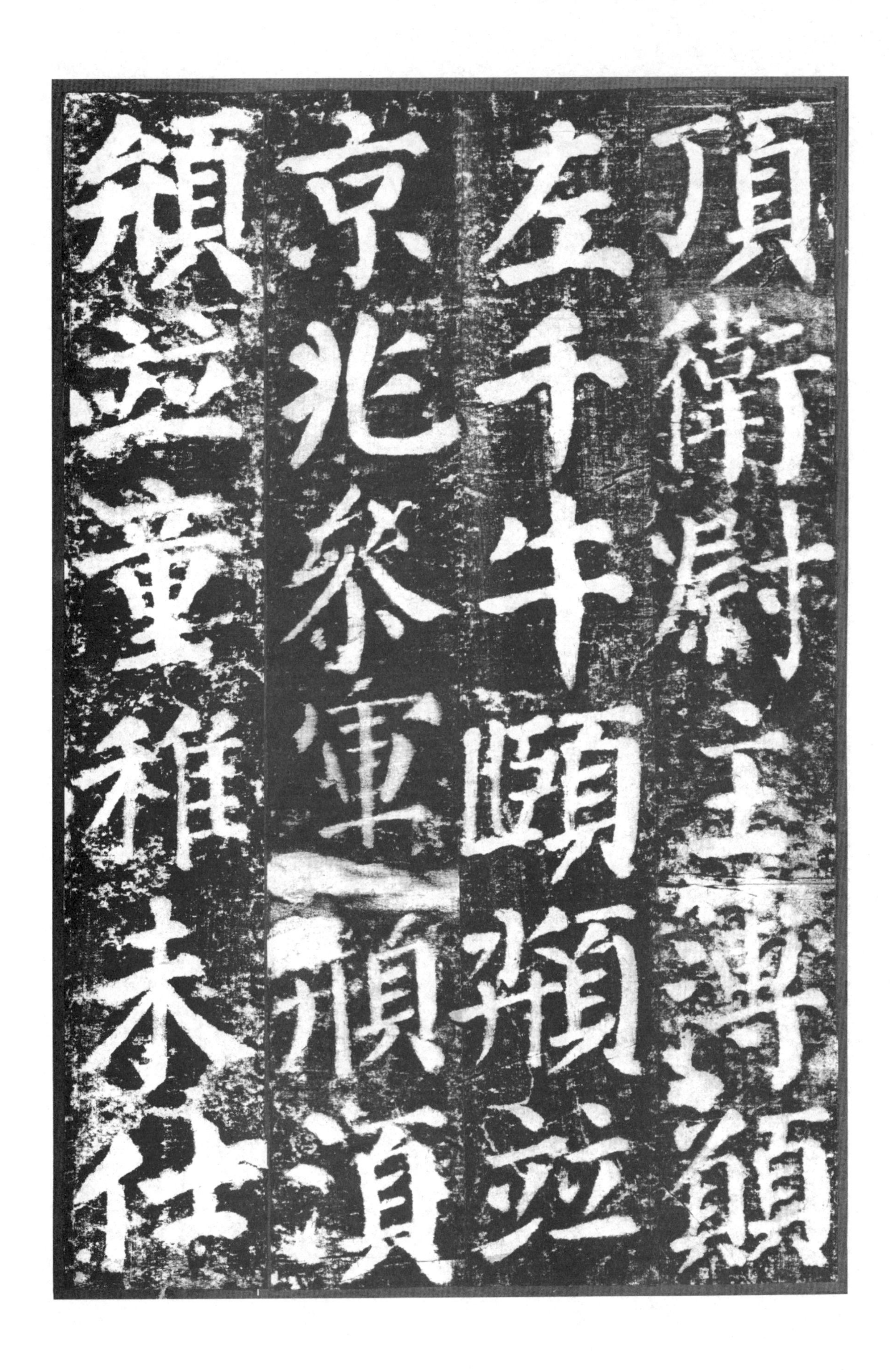

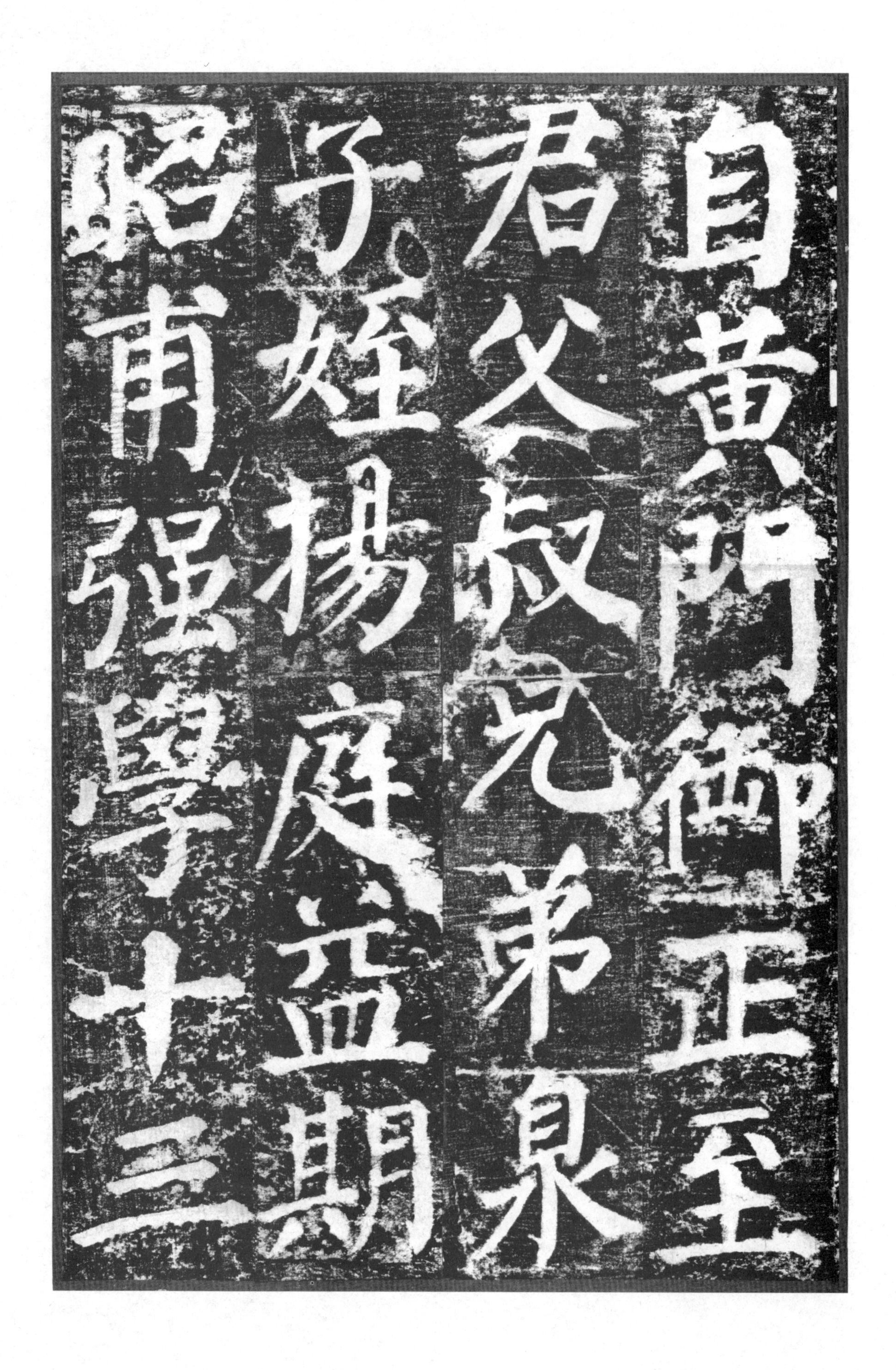
自黄門御正至
君父叔兄弟泉
子姪揚庭益期
昭甫强學十三

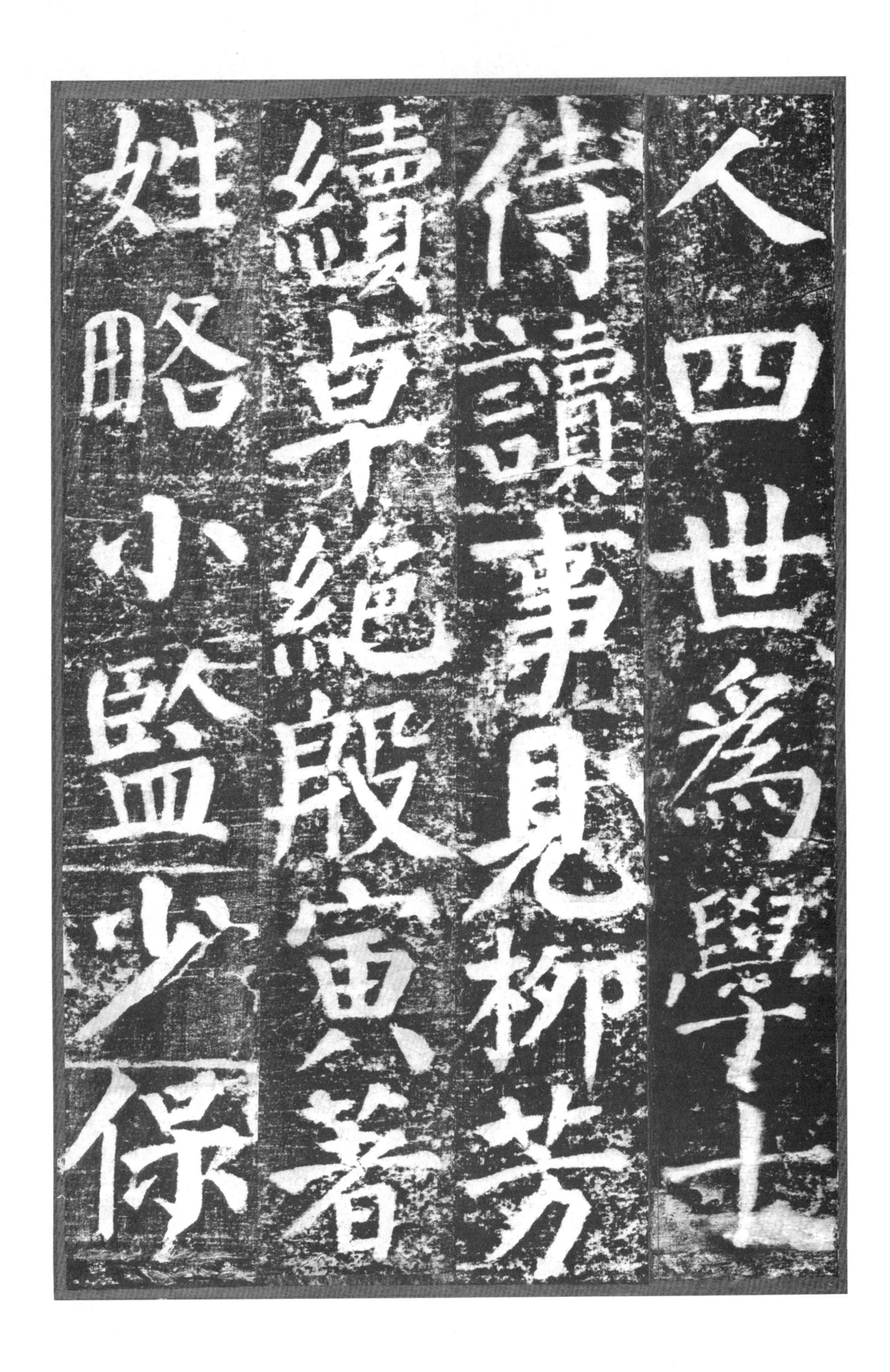
人四世為學士
侍讀事見柳芳
續卓絕殷寅著
姓略小監少保

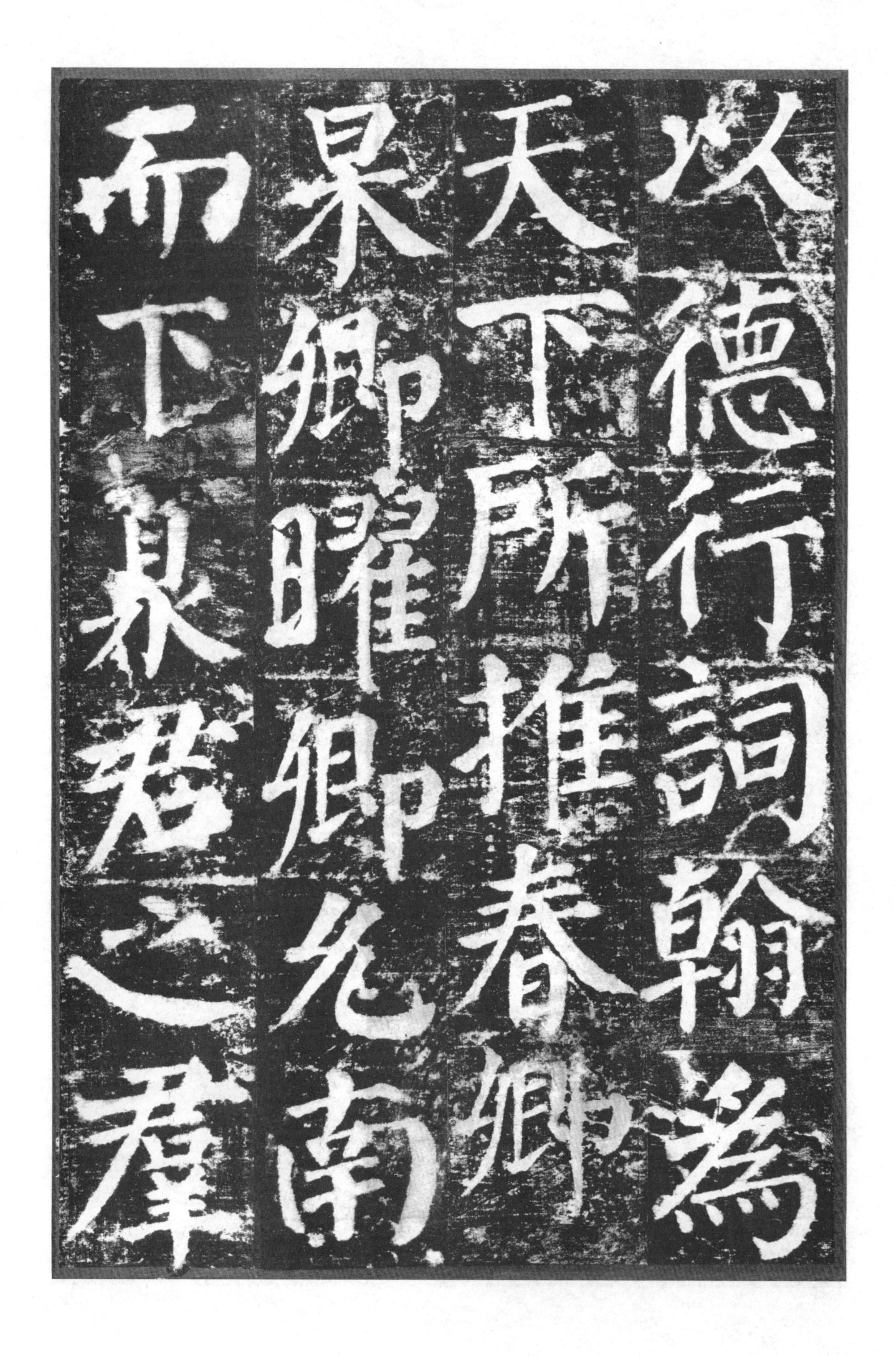
以德行詞翰為
天下所推春卿
杲卿曜卿允南
而下泉君之羣

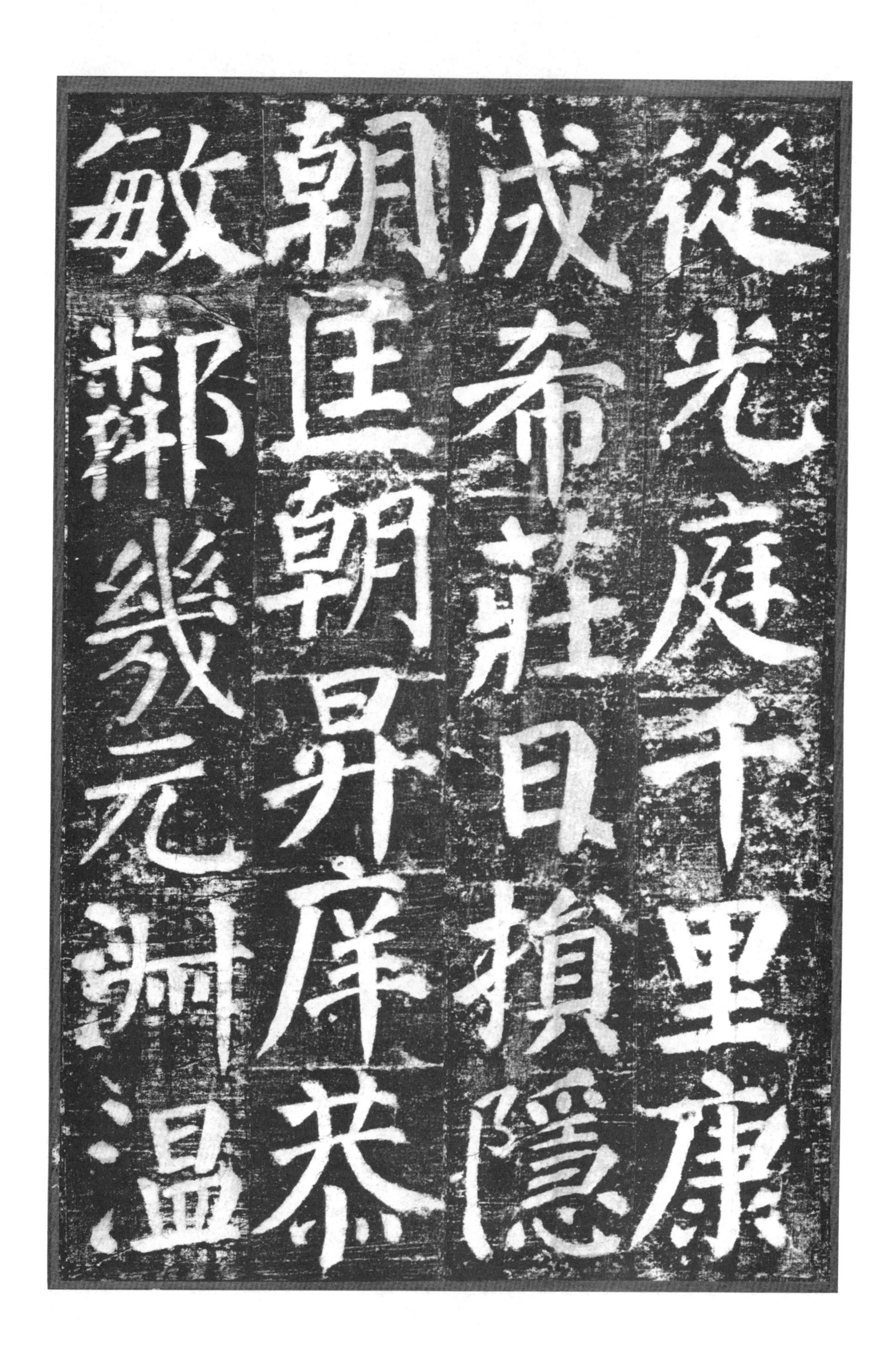
從光庭千里康
成布莊日損隱
朝匡朝昇庠恭
敏鄰幾元淵溫

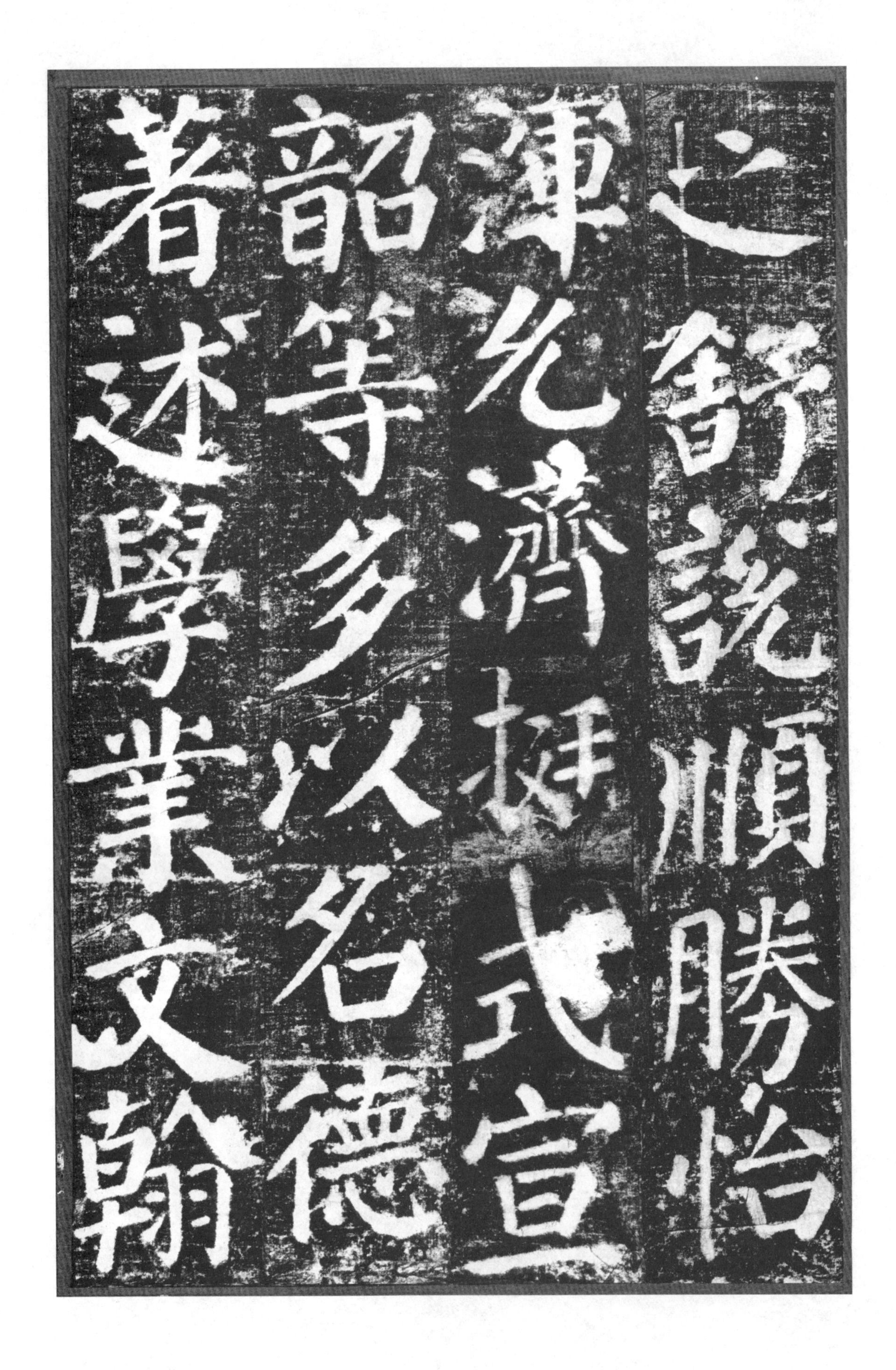
之舒説順勝怡
津名濟拜式宣
韶等多以名德
著述學業文翰

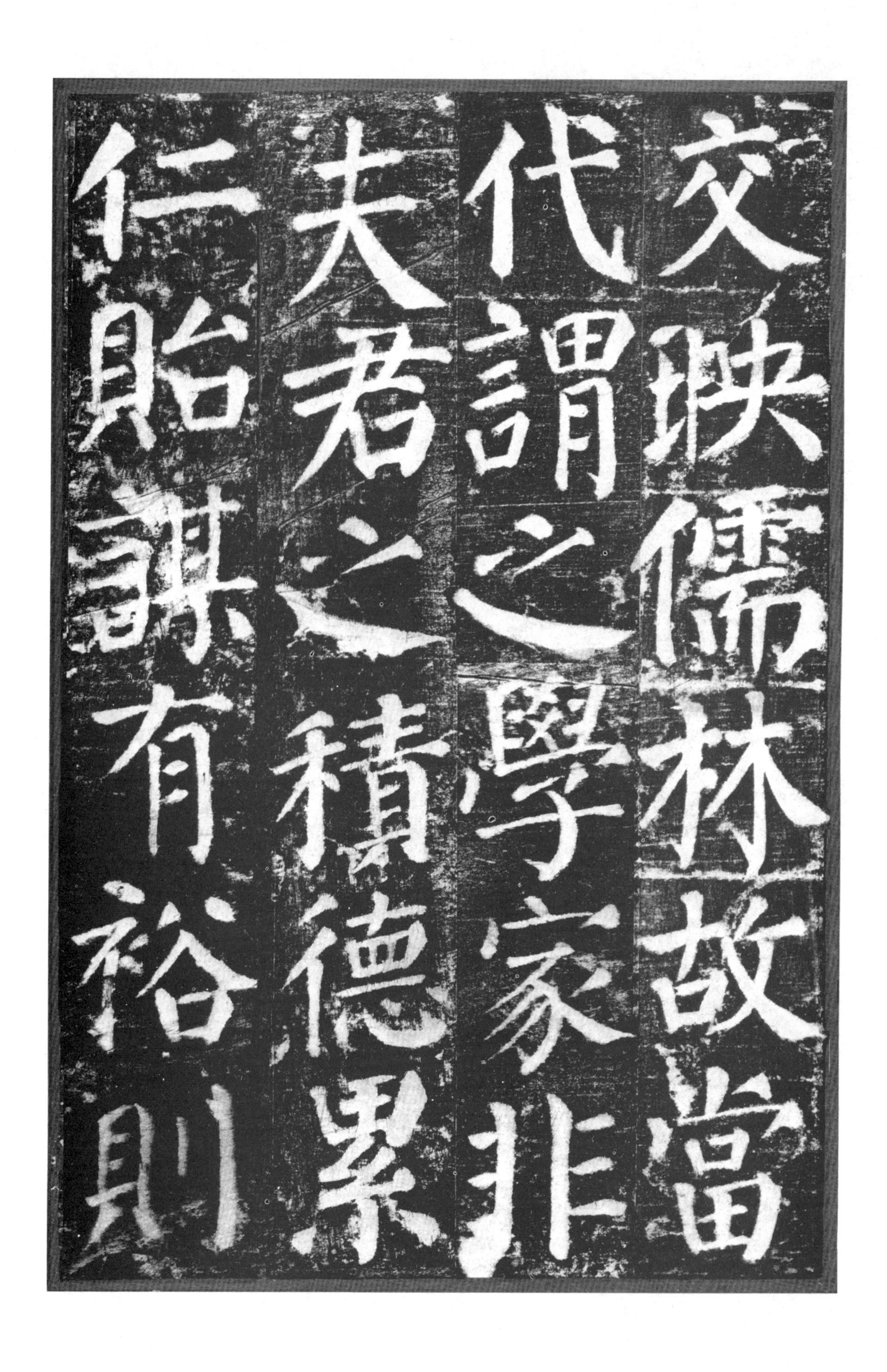
交映儒林故當
代謂之學家非
夫君之積德累
仁貽謀有裕則

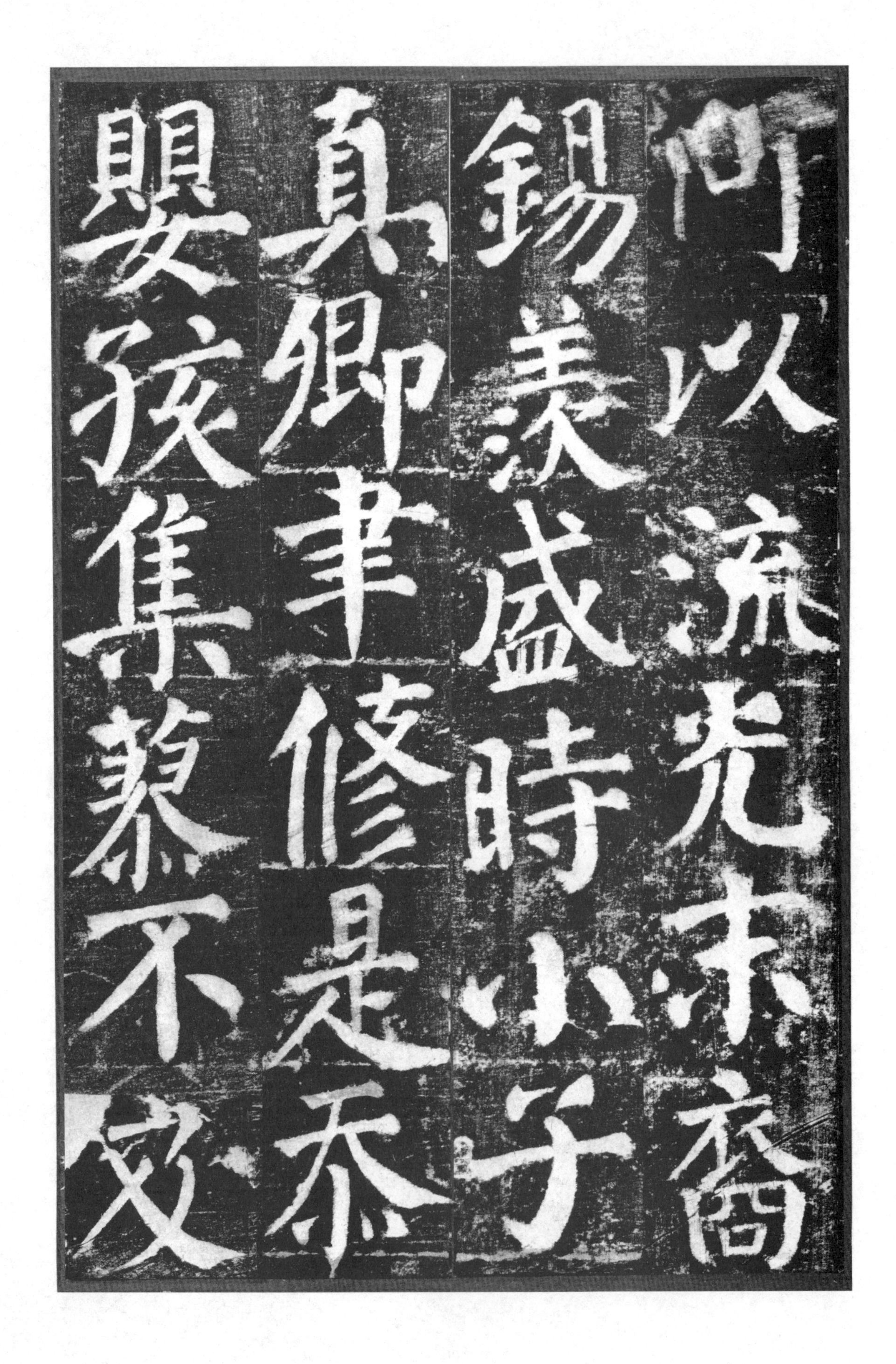
問以流光未裔
錫羨盛時小子
真卿聿修是忝
嬰孩集蓼不

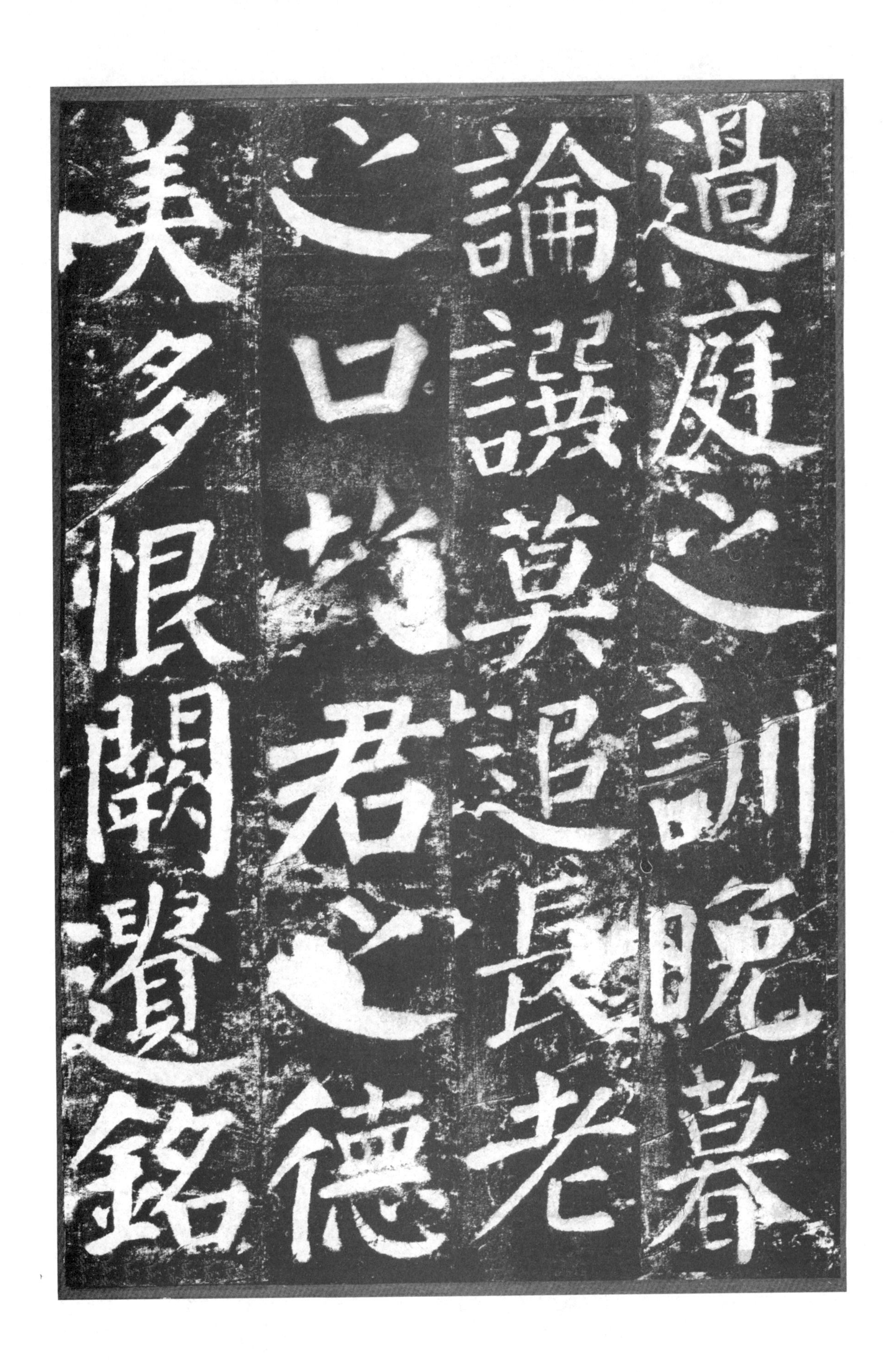
過庭之訓晩暮
論讓莫遐長老
之曰於君之德
美多恨闕遺銘

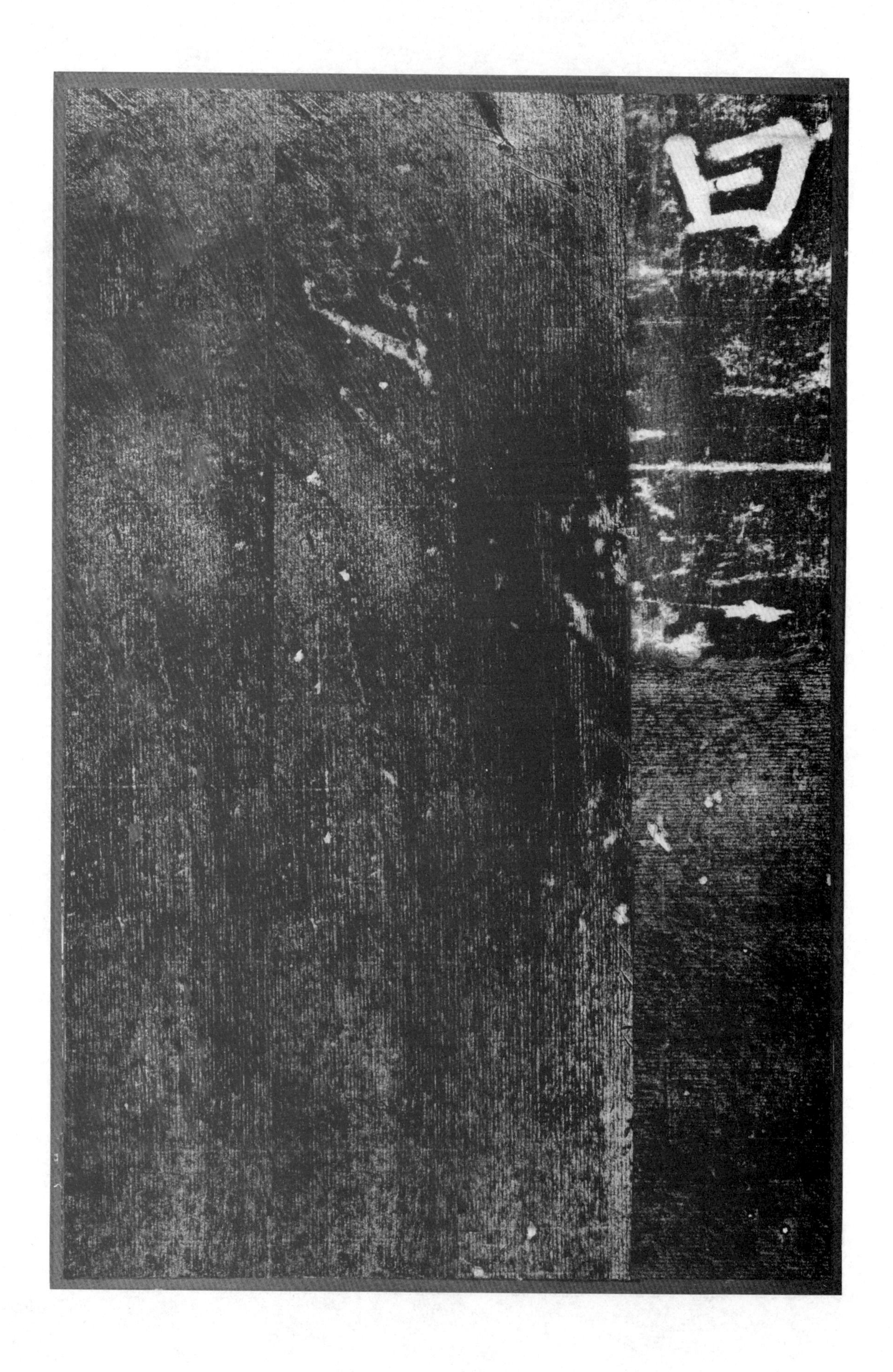

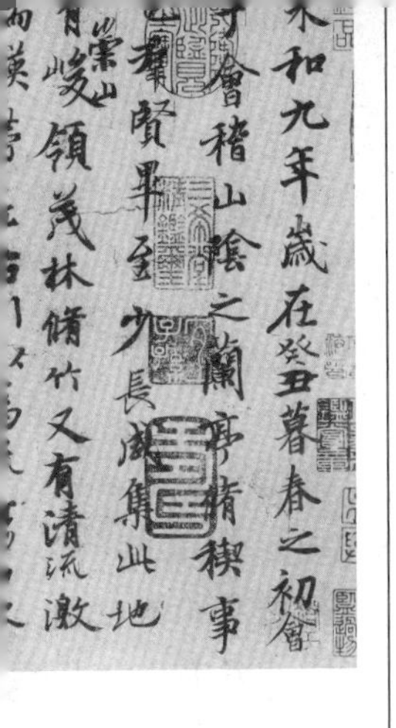

第二章

毛笔行书（王羲之《兰亭序》）

第一节 | 概述

行书自诞生至今，一直是各种书体中最受书家和世人喜爱的书种，这皆由行书自身的一些特质而决定，如比楷书流便，比草书易读，上手也不难，具有很强的亲和力，所以一直生生不息。时至今日，行书在书法创作中依然是数量比例最大的书体。

行书自东汉中后期，在日常隶书俗写体的简化、草写（“草隶”）过程中，逐渐演变成一种独立的书体。到了东晋最终成熟，形制已基本定型。王羲之一变汉魏质朴书风，融古纳今，创妍美流便新书体，开创了后人津津乐道、“神韵萧散”的晋人书风。其子献之，继承父亲书艺，敢于创新，另辟蹊径，与其父将行书推向崭新的高度。后人称之为“二王”。“二王”在行书发展史，甚至中国书法发展史上皆具有无可比拟的地位。在行书的笔法、结构、章法构成、行气节奏等书写元素的探索上，“二王”作出了历史性的贡献，从此之后，行书大大发展，但多从“二王”中来，直至清代“碑学”兴起，这就是后世所谓的帖学派系，王羲之可谓帖学派系之祖也。帖派大家中智永、虞世南、陆柬之、蔡襄、赵孟頫等继承其平正一路；王献之、李邕、米芾、王铎等继承其欹侧一路。千百年来帖学书法一直散发着迷人的魅力，虽然客观上受到“碑学”的冲击，但在审美、取法多元的当代，随着书法教育、研究的深入开展，其可持续发展之趋势越来越清晰，历史总会适时适地地矫正事物发展的方向。

王羲之在书法上所作的贡献除了理学上的意义外，其大量的行书作品（几乎皆为摹本）也给后世取法带来便利，其中《兰亭序》（世称“天下第一行书”）代表了行书技法的最高范本。

《兰亭序》是永和九年（353）三月初三王羲之为兰亭雅集所撰写的一篇序文。是日也，王羲之与谢安、孙绰等41位文人雅士到山阴兰亭（今浙江绍兴）行“修禊”之礼，以除晦气。大家在“崇山峻岭、茂林修竹”“清流激湍”“天朗气清、惠风和畅”的优雅环境中畅叙幽情，饮酒作诗26首，众人公推王羲之为此次雅集作序。书圣乘着酒兴，用鼠须笔在蚕茧纸上一挥而就，一件千古杰作就在不经意之间诞生了。《兰亭序》不光是书法史上的杰作，也是文学史上的一篇美文，作品的艺术格调和文学意境相得益彰，历代书家莫不顶礼膜拜。

王羲之的书法成就在帝王那里得到了极大的肯定，如南朝梁武帝萧衍认为王羲之书法“字势雄逸，如龙跳天门，虎卧凤阙，故历代宝之，永以为训”（《古今书人优劣评》）。再一个就是唐太宗李世民，他在为《晋书·王羲之传》写的一篇赞辞中，历数各家书法之短，唯独盛赞王羲之，谓：“详察古今，研精篆、素，尽善尽美，其惟王逸少乎！观其点曳之工，裁成之妙，烟霏露结，状若断而还连；凤翥龙蟠，势如斜而反直。玩之不觉得为倦，览之莫识其端。心摹手追，此人而已；其余区区之类，何足论哉！”（《王羲之传论》）在中国古代，一位君王亲自为书家作传论甚为罕见，而经过李世民的大力提倡，王羲之书法在唐代渐渐成为书法之正宗，也就成就了有唐一代的尊王书风，这对后世书法的发展影响极大，从另外一层意义上讲，也使得书法审美的视野趋于狭隘。

当然，书论家的评述似乎更理性一些，如袁昂在《古今书评》中说：“王右军书如谢家子弟，纵复不端正者，爽爽有一种风气。”孙过庭《书谱》：“是以右军之书，末年多妙，当缘思虑通审，志气和平，不激不厉，而风规自远。”李嗣真《书后品》：“右军正体如阴阳四时，寒暑调畅，岩廊宏敞，簪裾肃穆。……可谓书之圣也。若行、草杂体，如清风出袖，明月入怀。”

《兰亭序》，又名《兰亭集序》《禊序》《禊帖》。全文28行，324字。冯承素摹本《兰亭序》为纸本，由两幅楮纸拼接而成，质地光洁精细，因卷首有唐中宗李显神龙年号小印，故称“神龙本”，纵24.5厘米，横69.9厘米。作为王氏家族的传家之宝，《兰亭序》真迹到唐代王羲之七世孙智永的弟子辩才手里时被酷爱羲之书法的唐太宗所收藏，唐太宗得到《兰亭序》真迹后，遂命当时的摹书高手如韩政道、冯承素、赵模、诸葛贞等人用双钩填廓的方法勾摹数本，以赐近臣，于是才有《兰亭序》摹本散落人间，真迹则陪伴太宗殉葬昭陵，天下第一的行书杰作就这样在人间消失了。后世所传的《兰亭序》为虞世南、褚遂良临本，冯承素摹本，刻本有“定武本”（相传据欧阳询的临本所刻），其中冯承素摹本勾摹细致，牵丝映带历历在目，最接近原作，所以名声甚旺，对后世的影响也最大。

第二节 | 技法简析

一、用笔

《兰亭序》笔法精妙，表现在以下三个方面：

第一，起笔、行笔、收笔三段均作精细处理，无丝毫懈怠，具有成熟行书的相当范式。所以作为行书教学的范本，《兰亭序》历来具有特殊的意义。只是其过于精熟的牵丝映带、妩媚的体势，若取法不当的话容易滑向流俗一面，但对于训练笔性的灵活度还是有其积极意义的。

第二，用笔灵活多变。中锋、侧锋交替使用，藏露结合，运笔过程跌宕起伏，开合较大，线形多变。“曲线”在《兰亭序》中作为一种基本笔法不可忽视，“作品的用笔方法直接决定风格的大致导向”。《兰亭序》的用笔上有两个明显的特征：“一是笔画的跳荡，另一个是线形的多变。因此，强调提按动作的明确性与准确性，成为临摹能否取得成功的重要标志，平拖与直画是绝对与之南辕北辙的。”这段话的意思很明确地道出用笔上力度节奏（跳荡起伏）及“曲线”（不可平拖与直铺）在临摹中实乃占据重中之重的地位。

“在《兰亭序》的用笔上，起笔尖而露锋，收笔按后抽笔，为防止过于尖刻，稍慢而使墨润之，故尖而不刺眼。同时用笔的轻重转变多有交错，时缓时疾，既有金声玉振的响亮，又有风拂柳丝的轻飏。因此，线条细而不弱，丰而不滞，尖而不瘠。”

第三，笔势上处处隐含无穷的生机活力。在临写时要注意除了顾及线条完整性刻画的同时，还要联想到笔势的走向，使其活而不死。

二、结构

《兰亭序》在结构上貌似平正，实际在细微之处却极尽变化之能事，更加强调欹侧取势，不求对称的形式美而强调揖让的内在呼应，不求均匀的稳定而强调对比的视觉冲击，这是后世赵孟頫类在取法上所忽略的地方，也恰恰反映出王羲之行书“清水出芙蓉，天然去雕饰”的自然自由之神趣。另外还有一些笔法特征，如：

形体大小穿插。通篇看来字形都被有效控制在一个合适的“度”内，但又能在自然之中求变化，而这种变化讲究的不是“阳春白雪”与“下里巴人”的巨大反差，而是一切看似皆在不经意间，这需要笔墨技巧和深厚的功力，也需要超然的天赋和萧散的个性，王羲之所受道家思想的影响在此得以体现，黄庭坚《山谷题跋》云：“右军笔法如孟子道性善，庄周谈自然，纵说横说，无不如意。”

字法多变。同字异形在《兰亭序》中是其构字多样化之一绝。世人常举文中二十个“之”字、七个“不”字、五个“怀”字、三个“盛”字之多样造型，无一雷同。《兰亭记》云：“之字最多，至二十许字，变转悉异，遂无同者，其时殆有神助。”

三、章法

《兰亭序》在行气章法上也开创了行书布局的新格局，对后世影响较大。

首先，纵有行、横无列，上齐下不齐的整体构成。这种布局依然是目前行书创作中取法之大多数。

其次，行轴线的巧妙连贯。通过上下字之间的大小错落、穿插、字间距的疏密变化等要素的运用，使行气流畅，字字成趣，包世臣谓：“《兰亭序》神理在‘似奇反正、若断还连’八字，是以一望宜人，而究其结字序画之故，则奇怪幻化，不可方物。”在行行之间也讲究疏密的空间对比，此作前四行间距疏松，从第四行到第十六行稍紧，为过渡，从十六行到二十八行较为紧密，这种空间节奏的变化，也反映出作者在创作时心理变化的状态。通过这些构成使其整体布局显得平正中有跌宕，整齐中有变化，“头两行的章法显得认真工整，而后就放开了，行于所当行，止于所当止，全然随意所适，越来越显示即兴的不羁乐趣”，浑然天成。

第三节 | 技巧训练

一、笔画

笔画是构成书法的物质基础，因此熟练掌握基本笔画的写法是学好书法的第一步。在书法的静态体势如篆、隶、楷中，笔法在形式的变化上相对简单。

动态的行书，其点画是在楷书点画的基础上加以变化衍生而出。主要表现在两个方面：一是加强动势，点画的起始及收尾因为贯气的需要顺带出相应的牵丝连带。二是减省点画，行书不像楷书严守“有往皆收，无垂不缩”的法则。因此行书的用笔既有楷书的沉静，又兼草书的流动，具有灵活多变的特点。但万变不离其宗，丰富的外形下面还是有规律可循的，只要抓住共性所在，科学训练，循序渐进，大家会很快入门的。

1. 横画

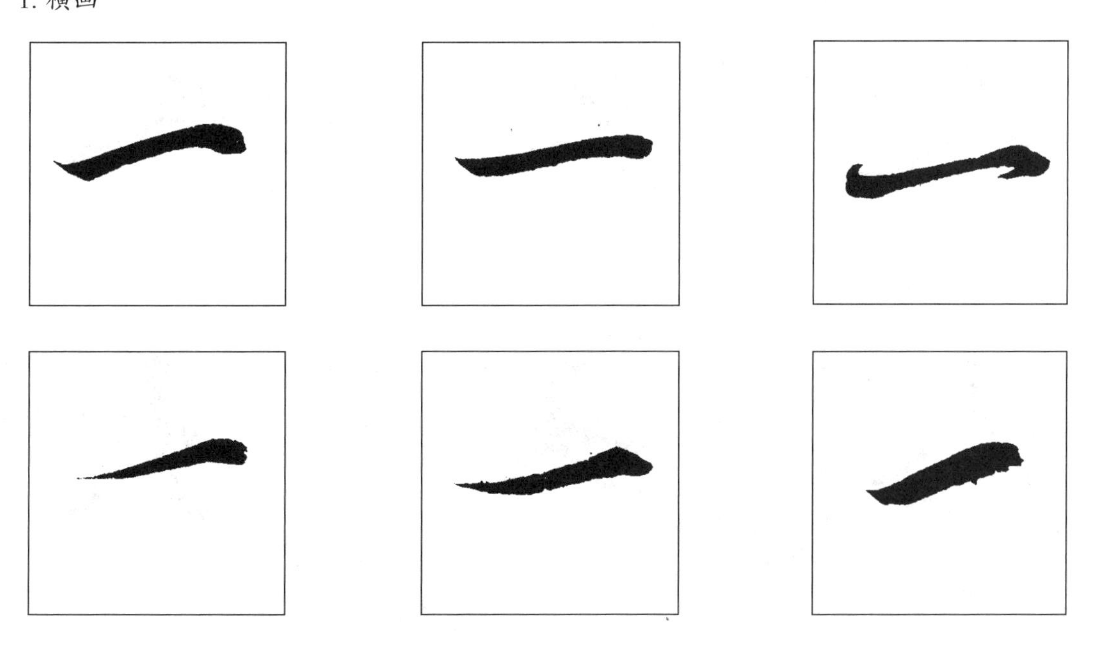

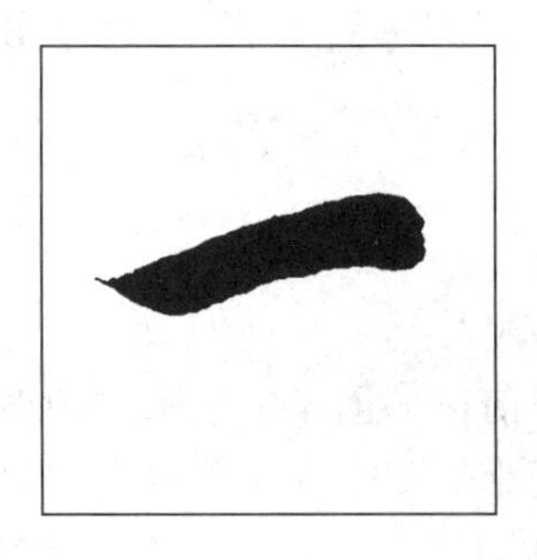

2. 竖画

《兰亭序》中没有单独的横竖搭配的字例，所以练习略。

3. 撇画

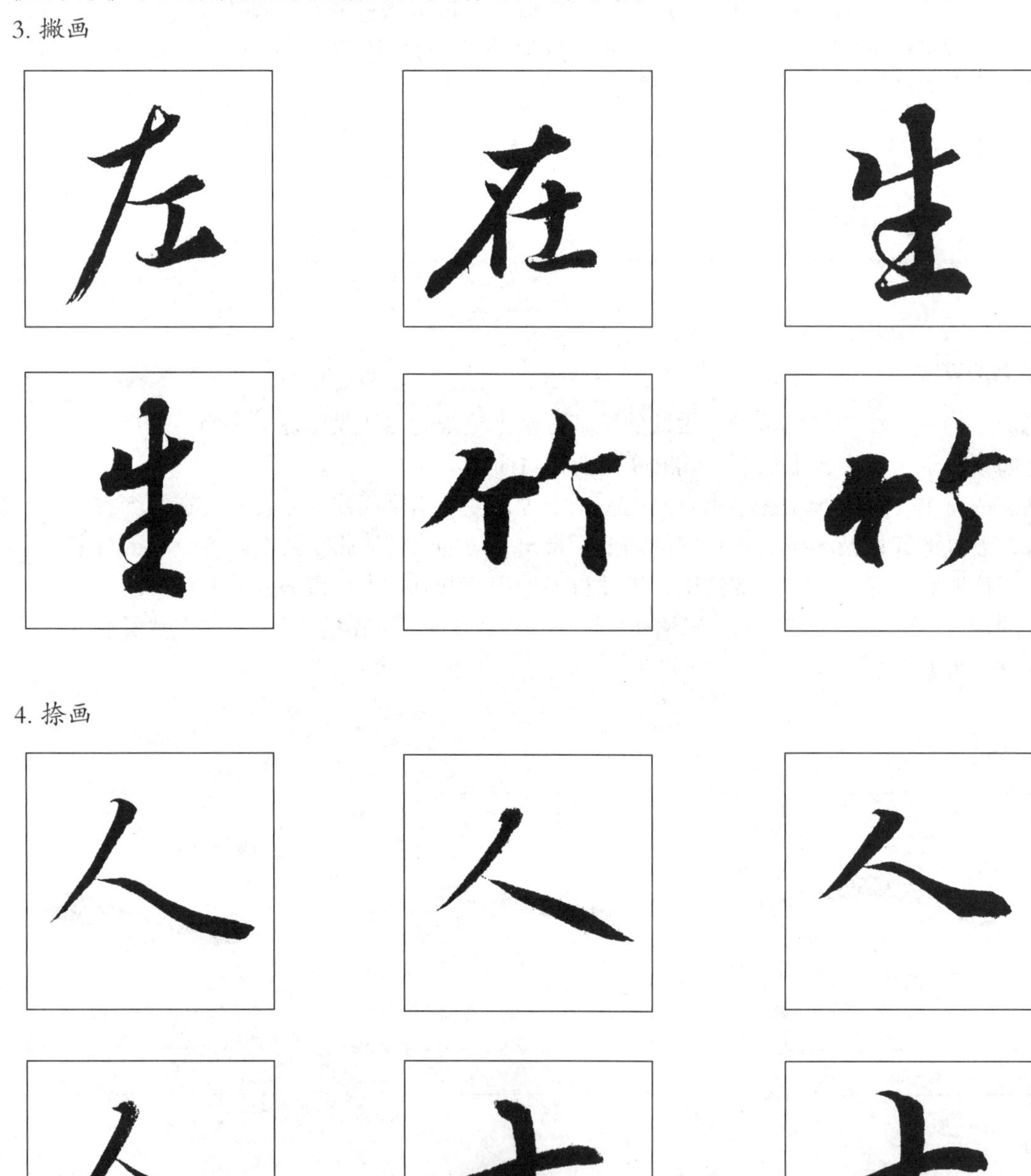

4. 捺画

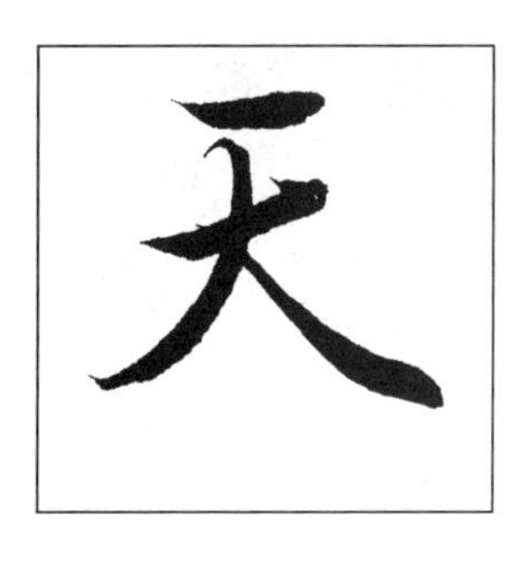 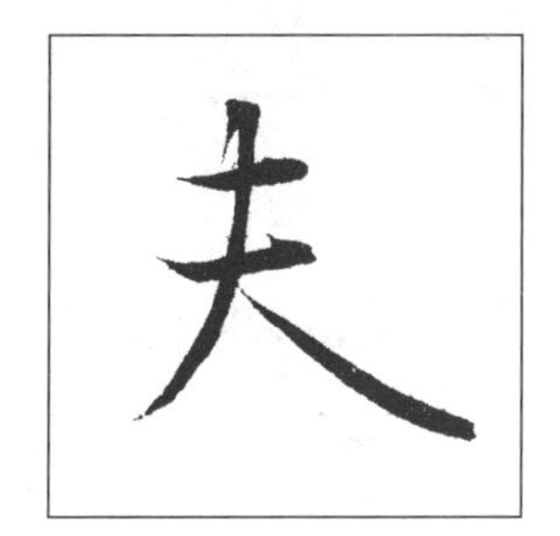 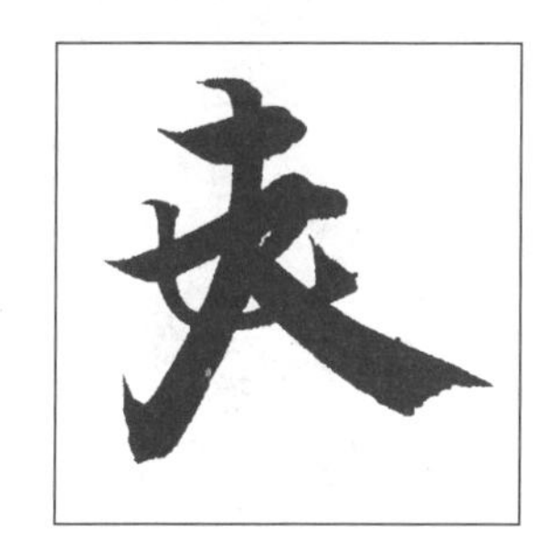

5. 点画

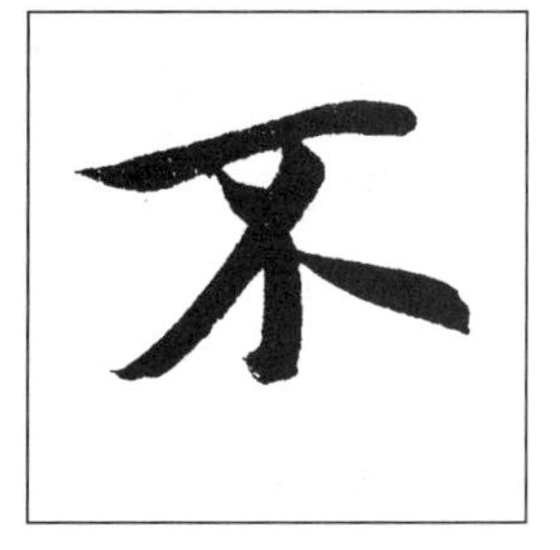 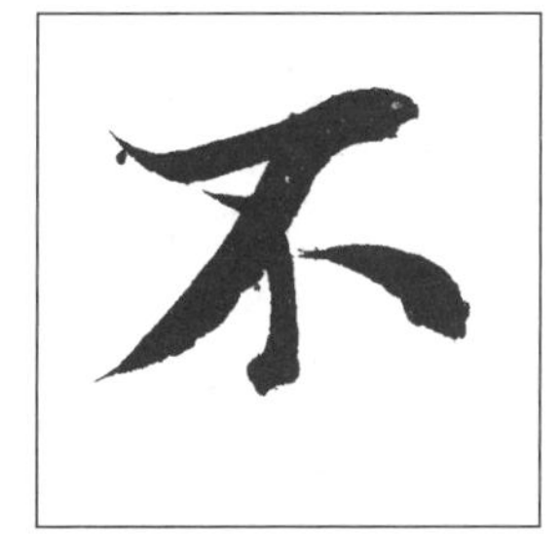 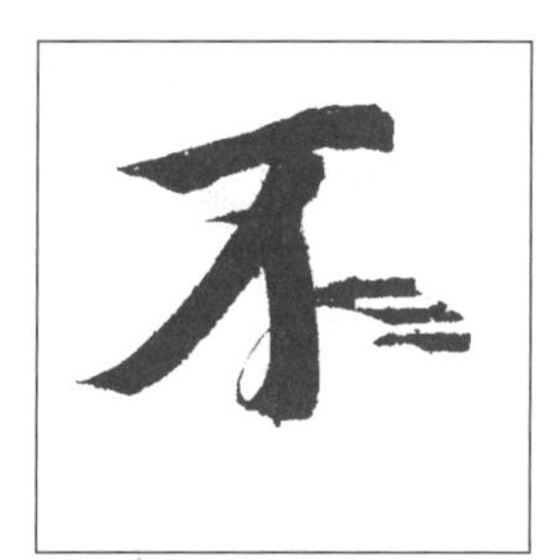

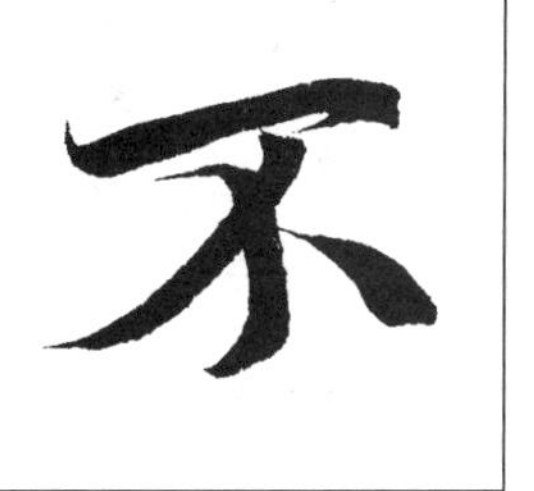 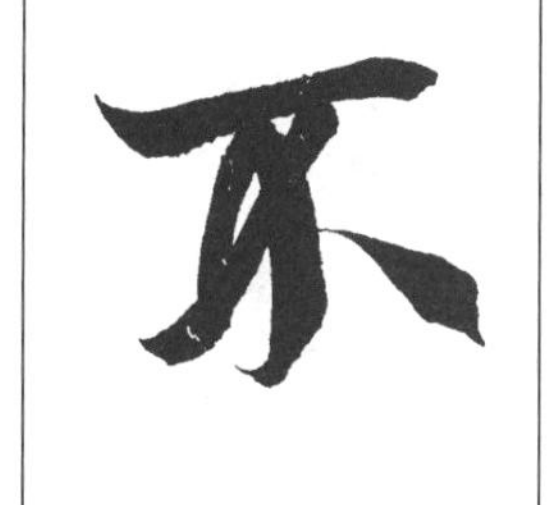 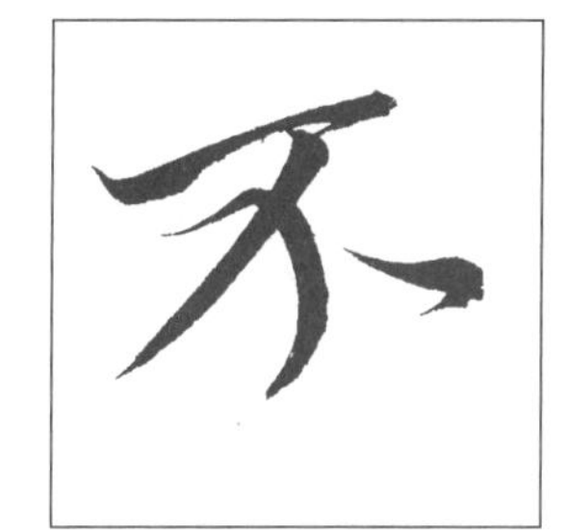

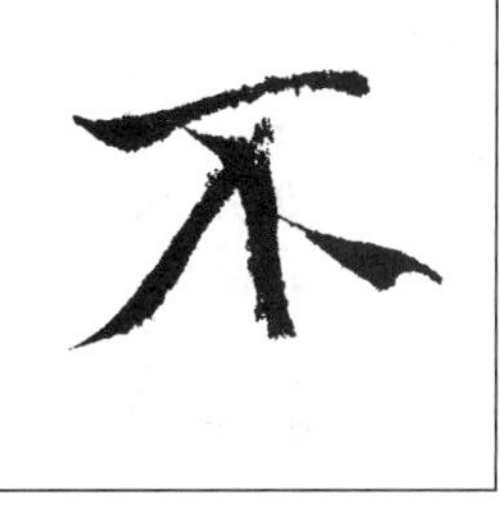 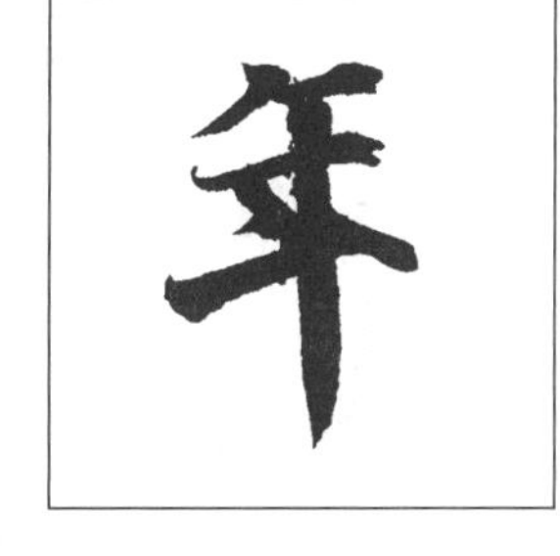 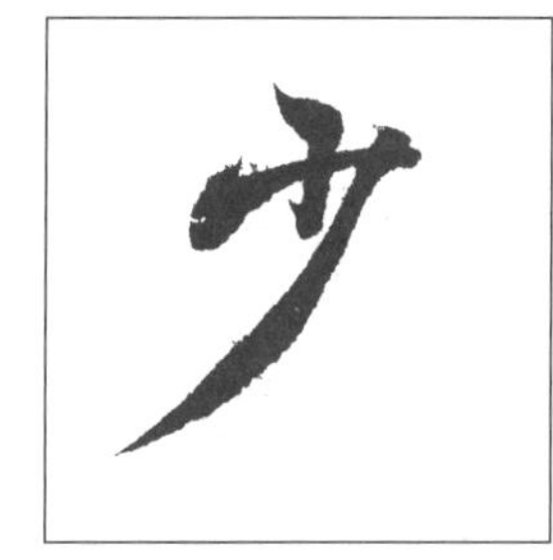

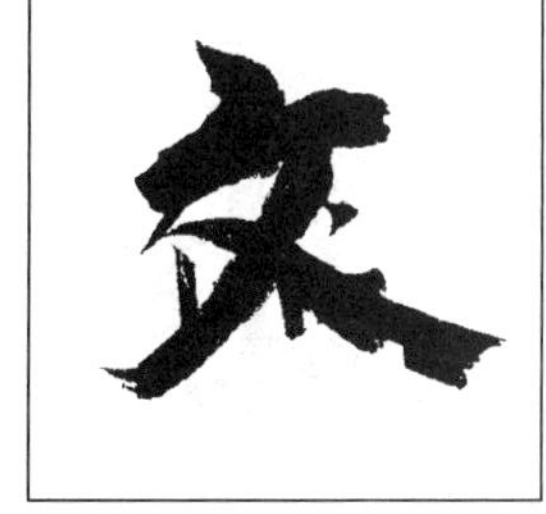 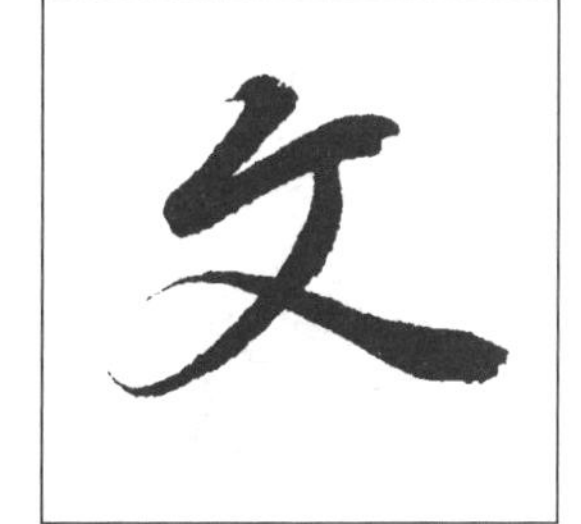

6. 提画

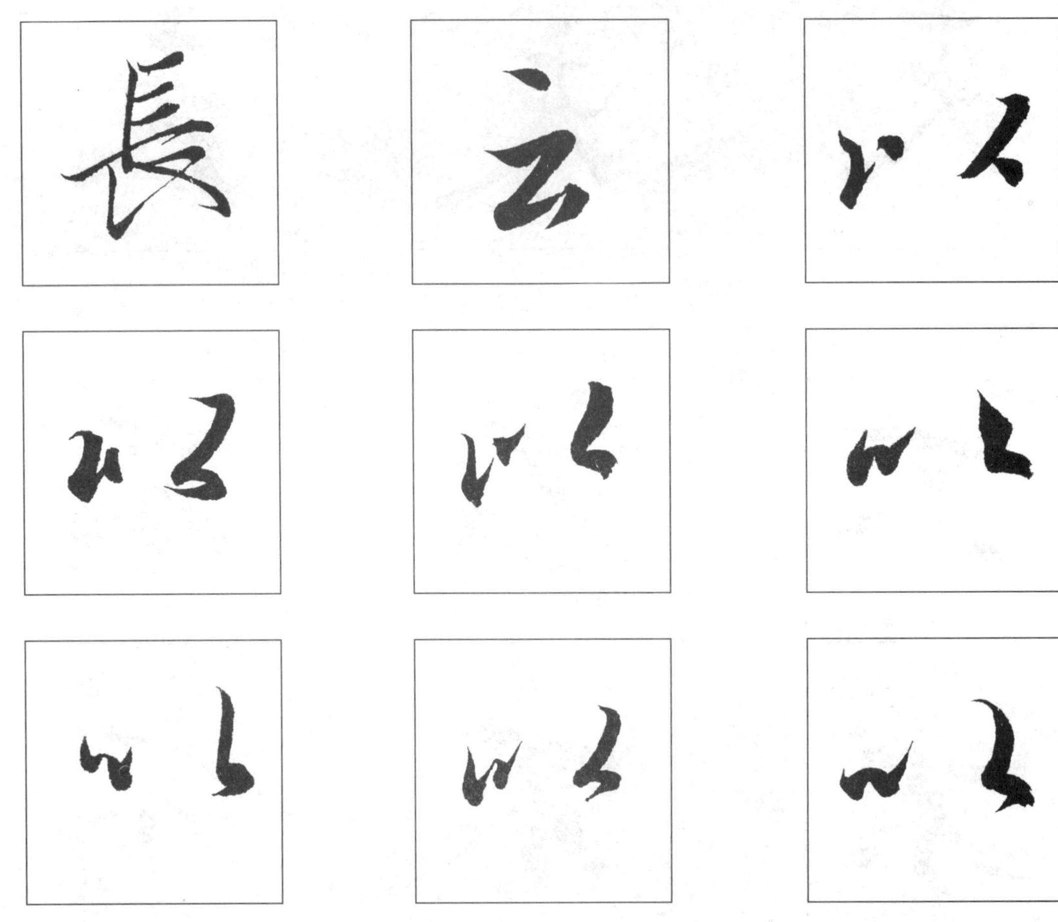

7. 折画

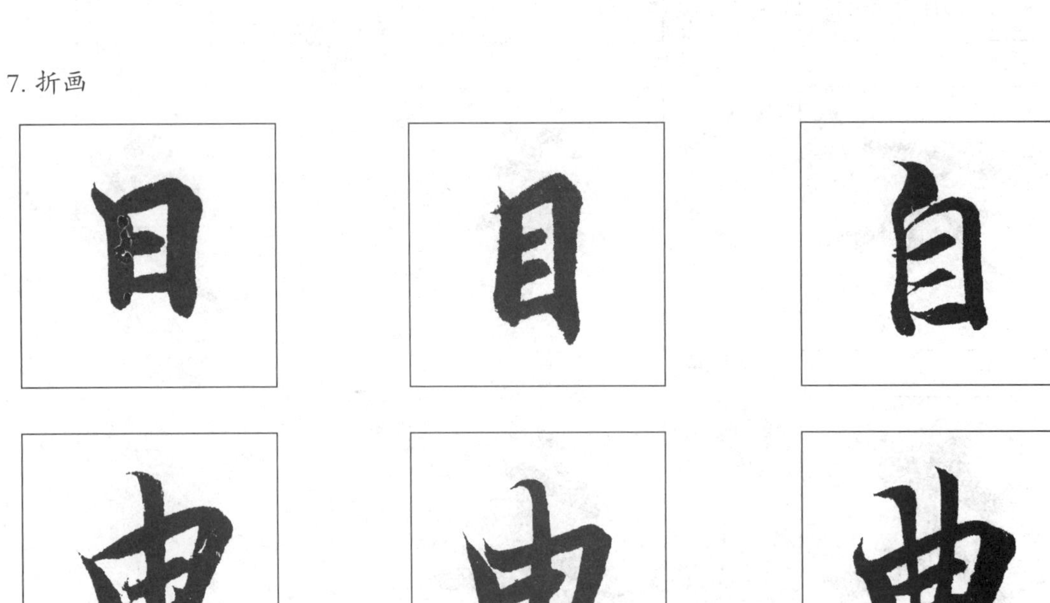

书写训练（第二版）

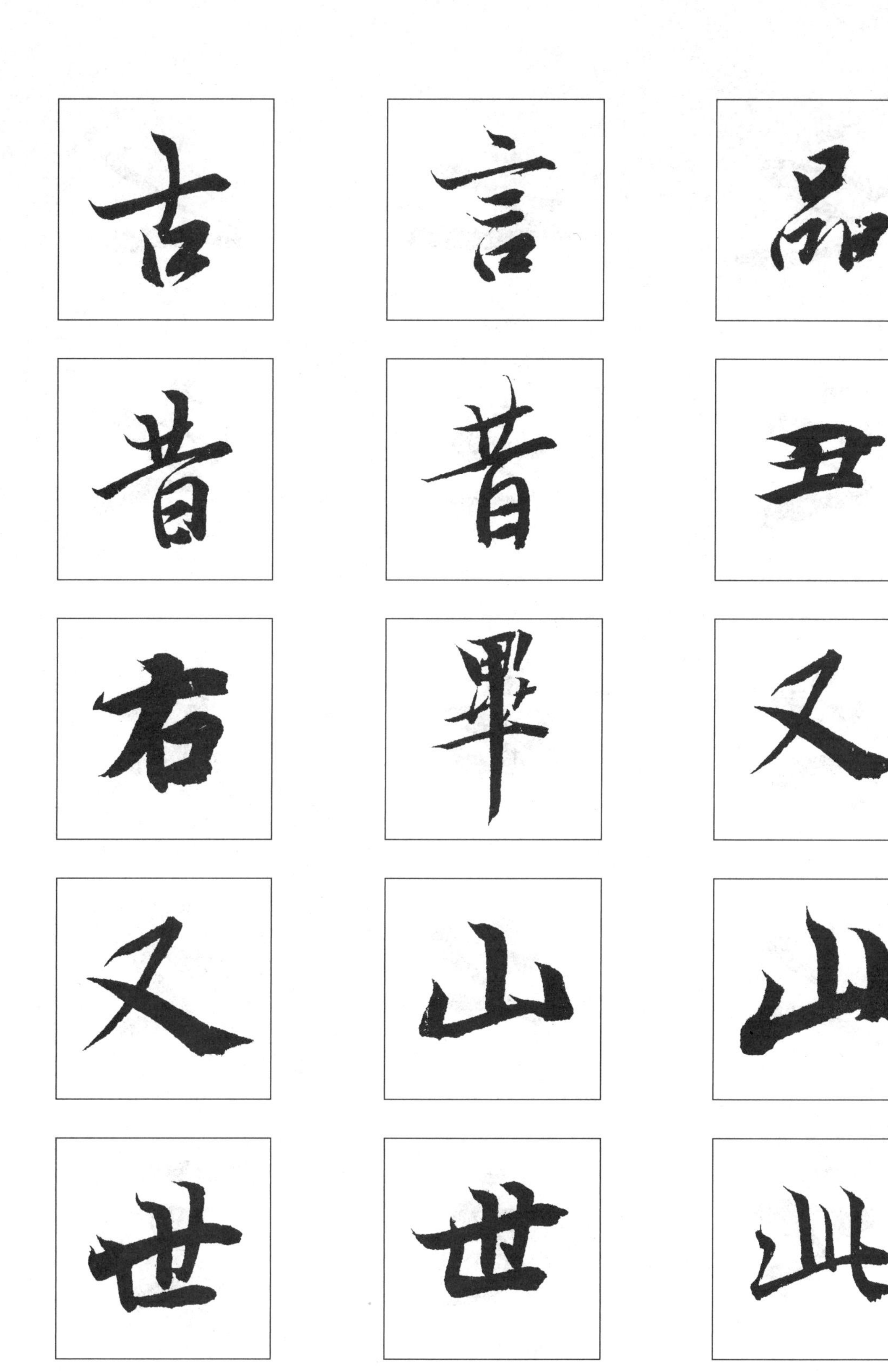

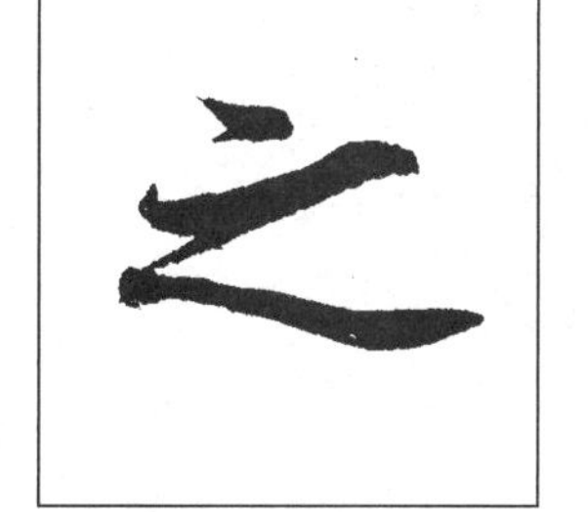

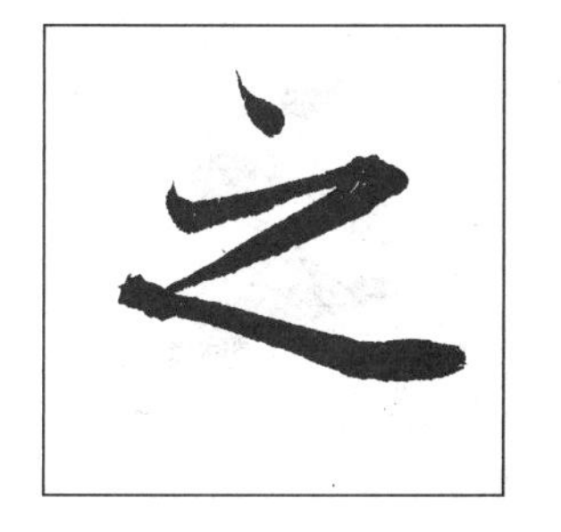

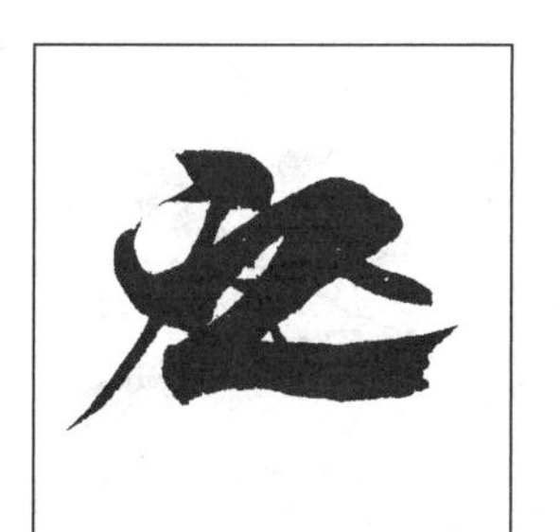

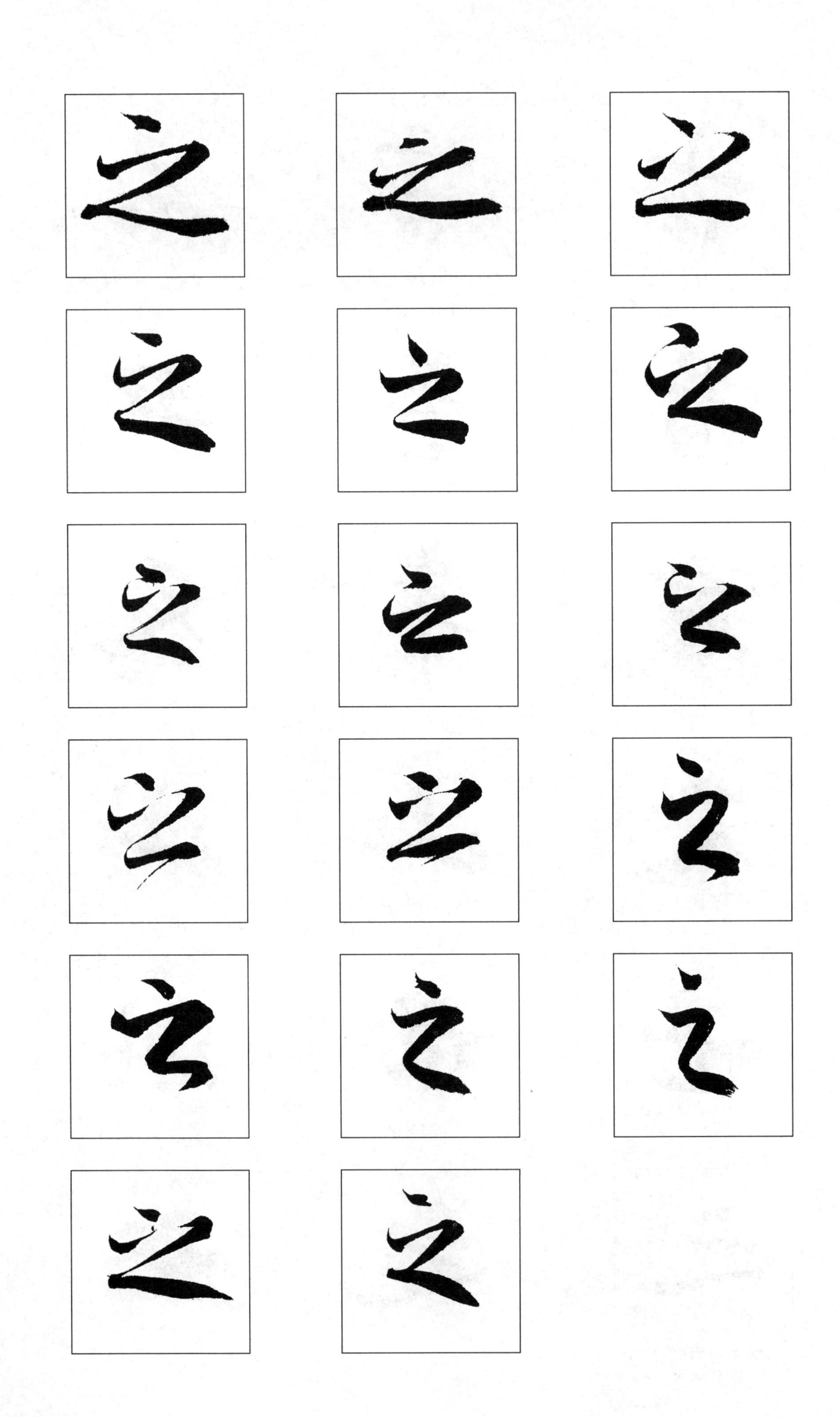

8. 钩画

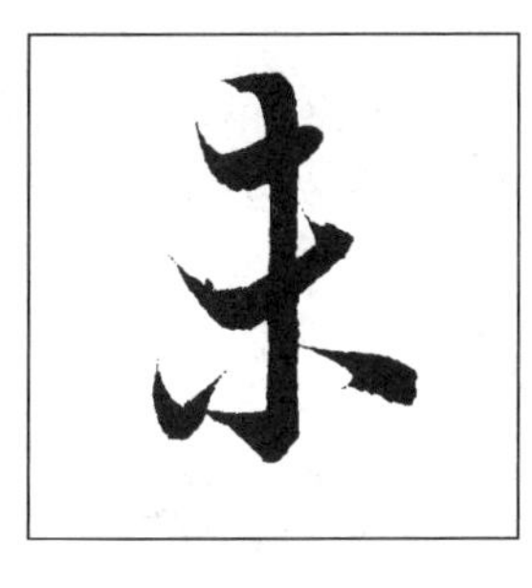
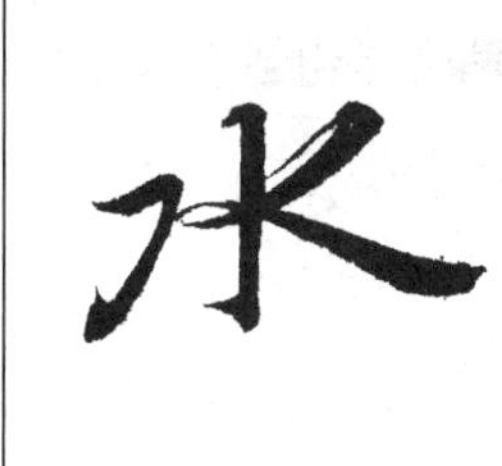
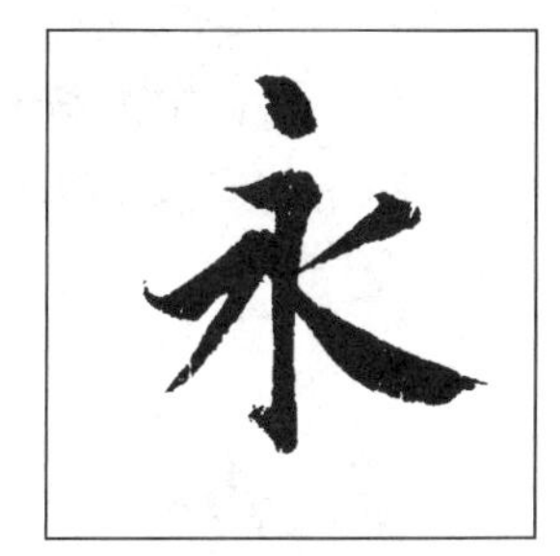

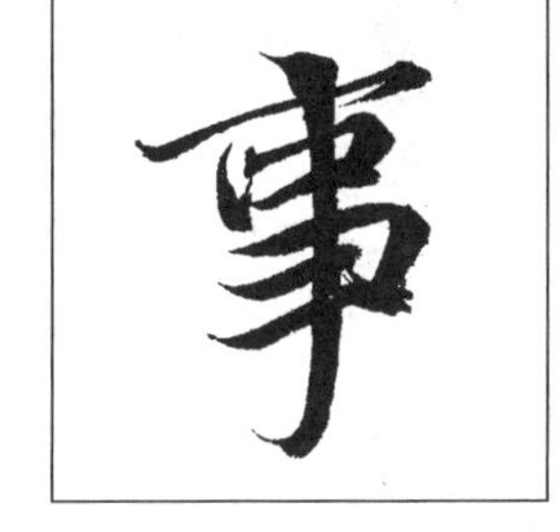
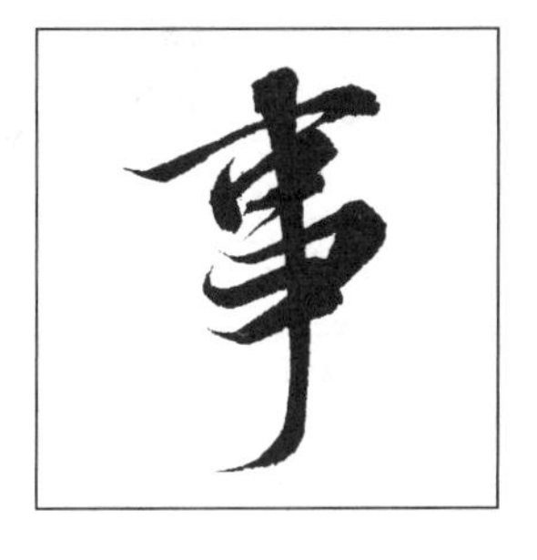

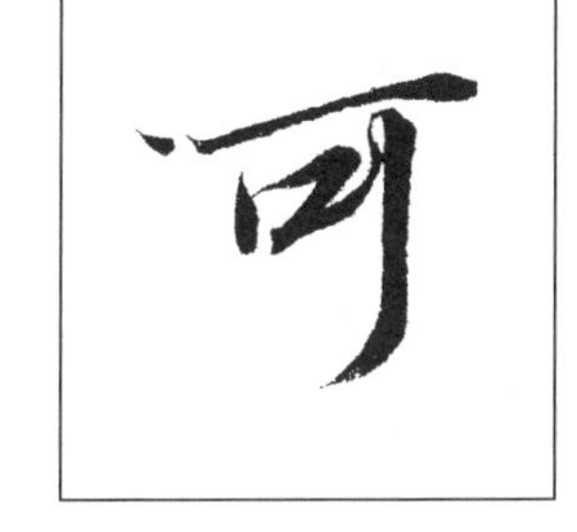
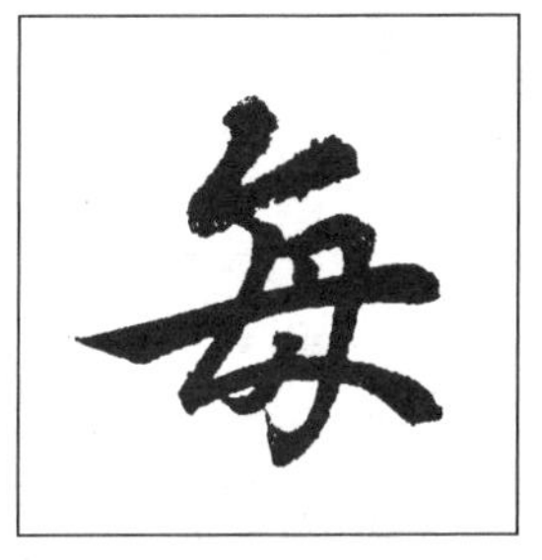

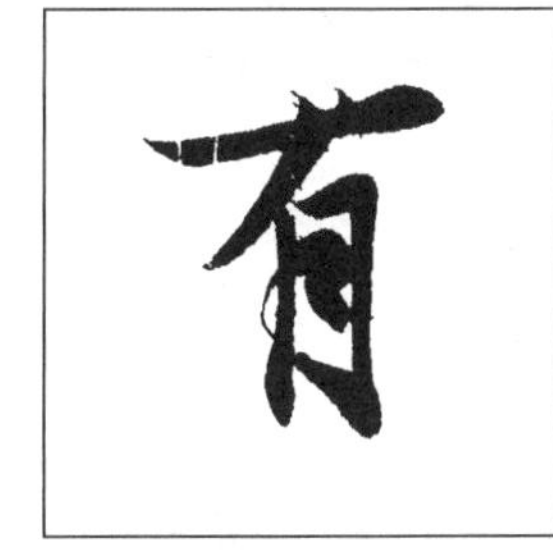
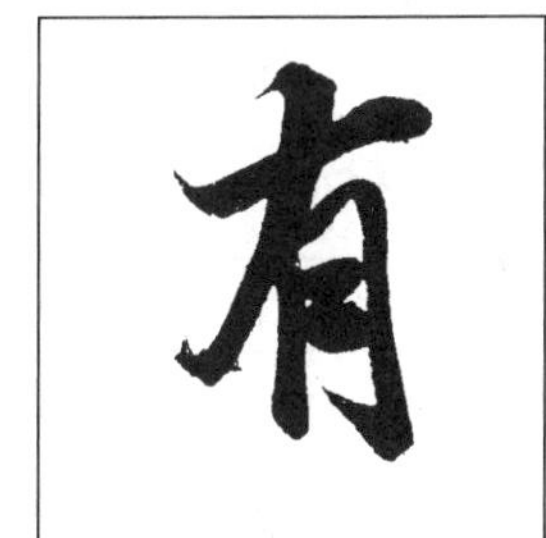

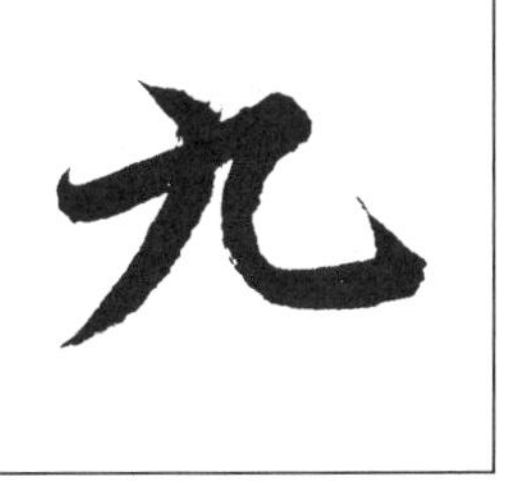
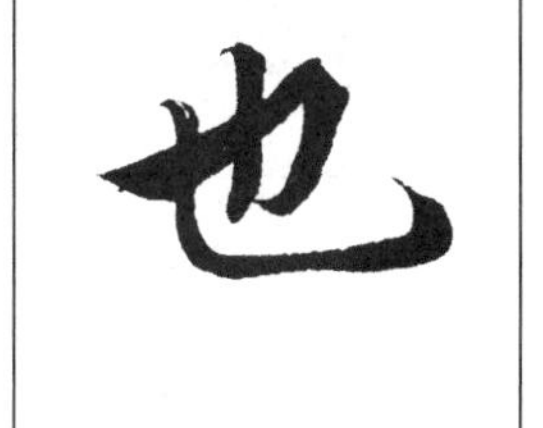

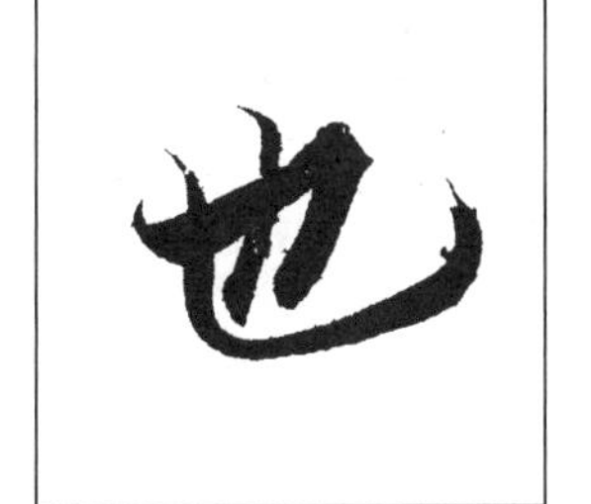

二、偏旁

在汉字中，合体字占绝大多数，而偏旁是组成合体字的一部分。熟练掌握偏旁的写法有利于结构的学习。行书的偏旁与楷书相比，总体来说变化不大，有些特殊的形变，要另外记住。

1. 横向分布

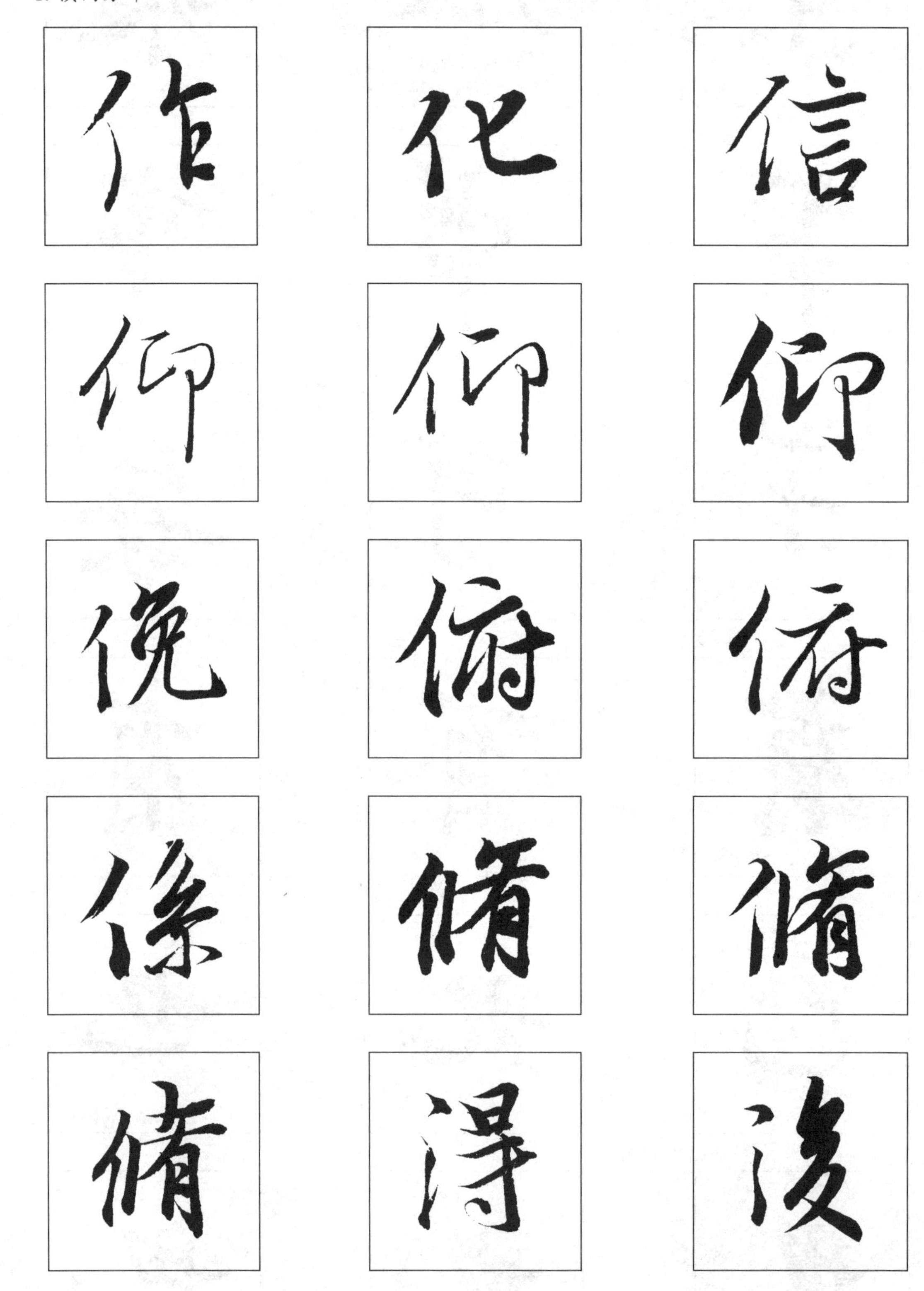

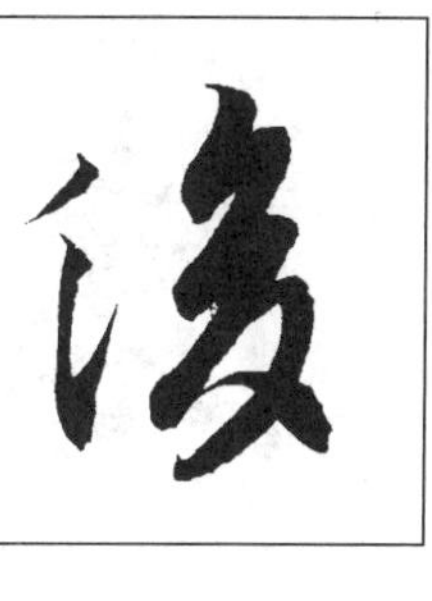
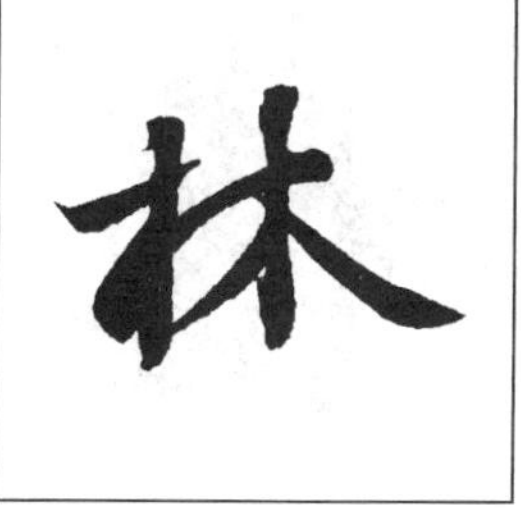
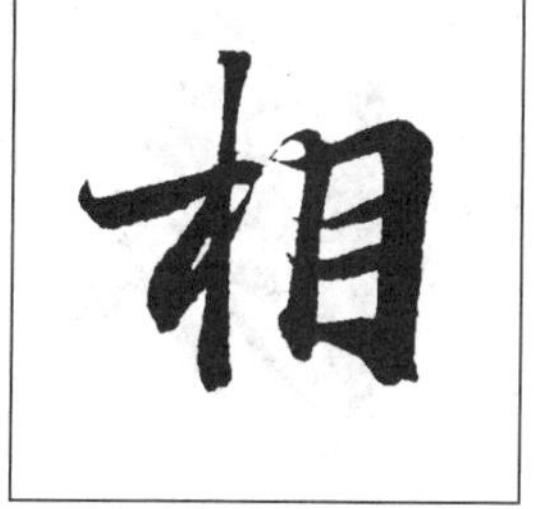

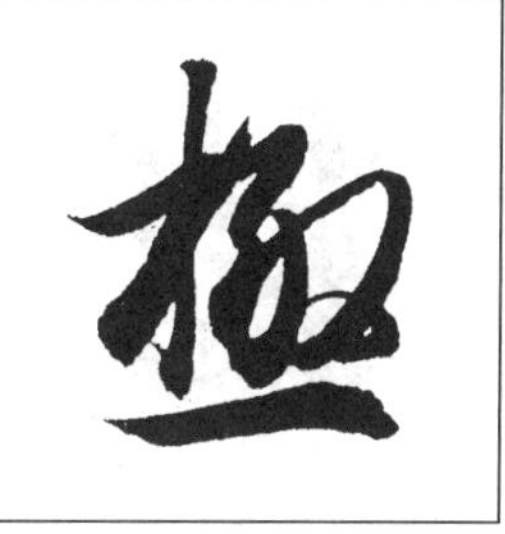
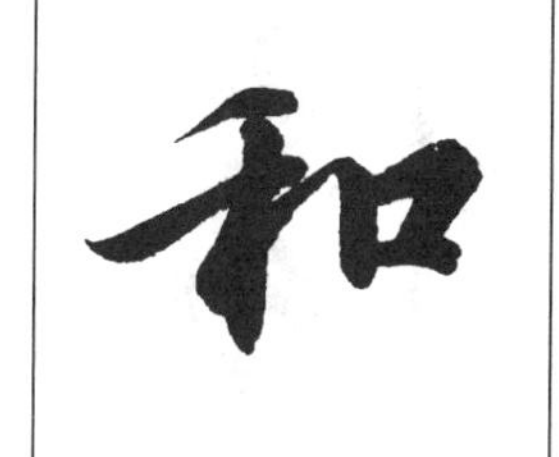
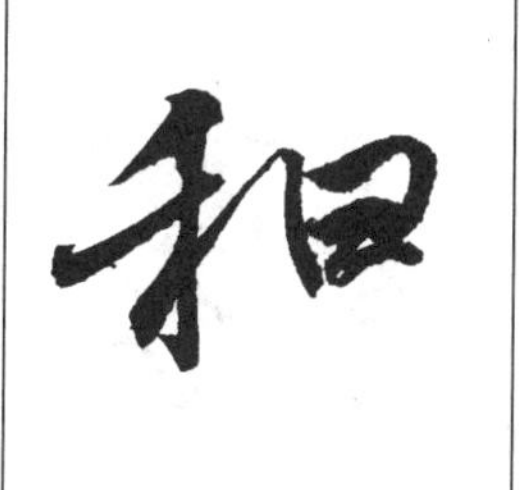

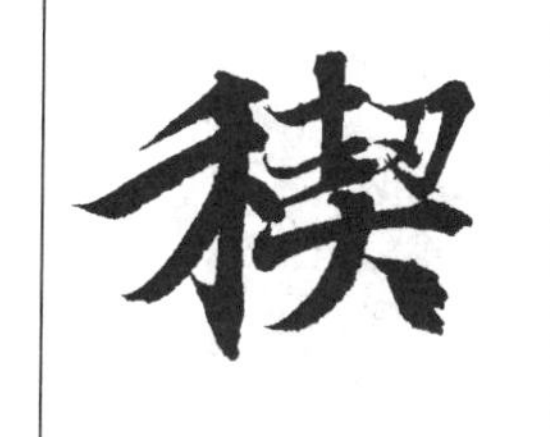
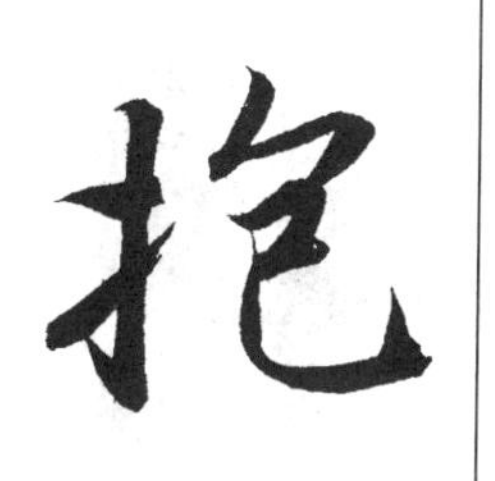

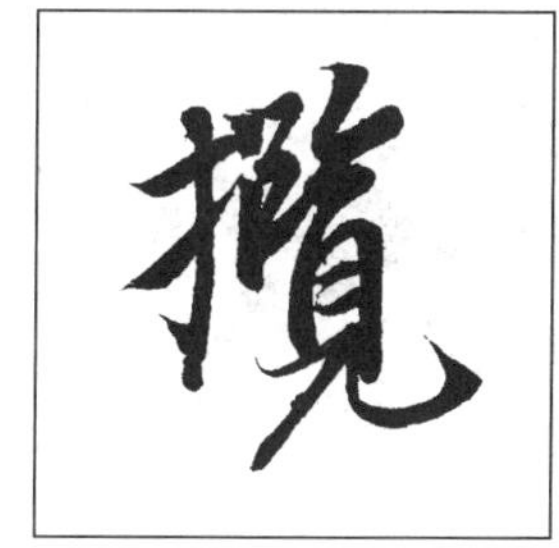
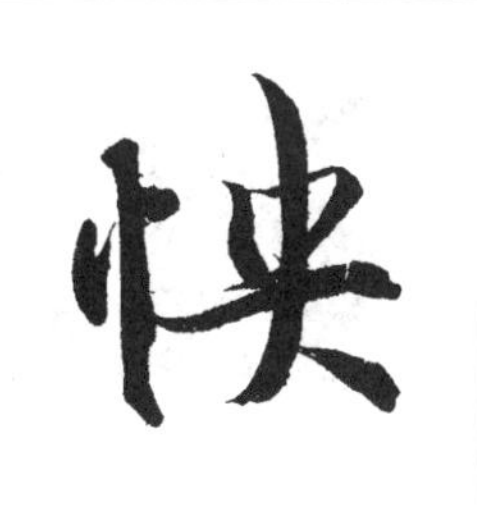

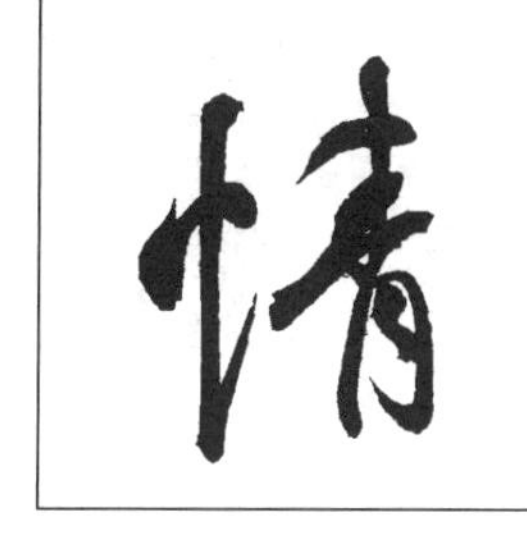
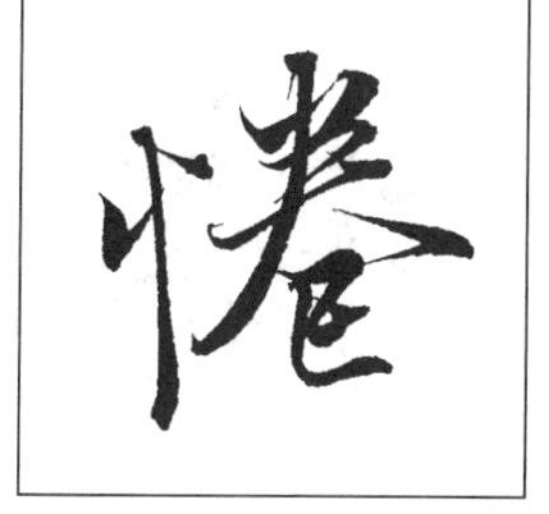

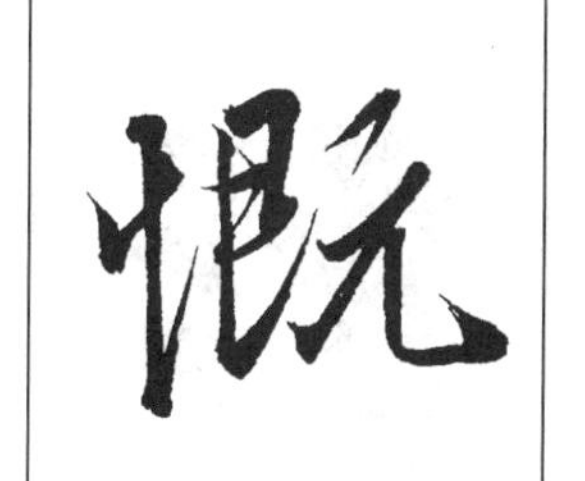

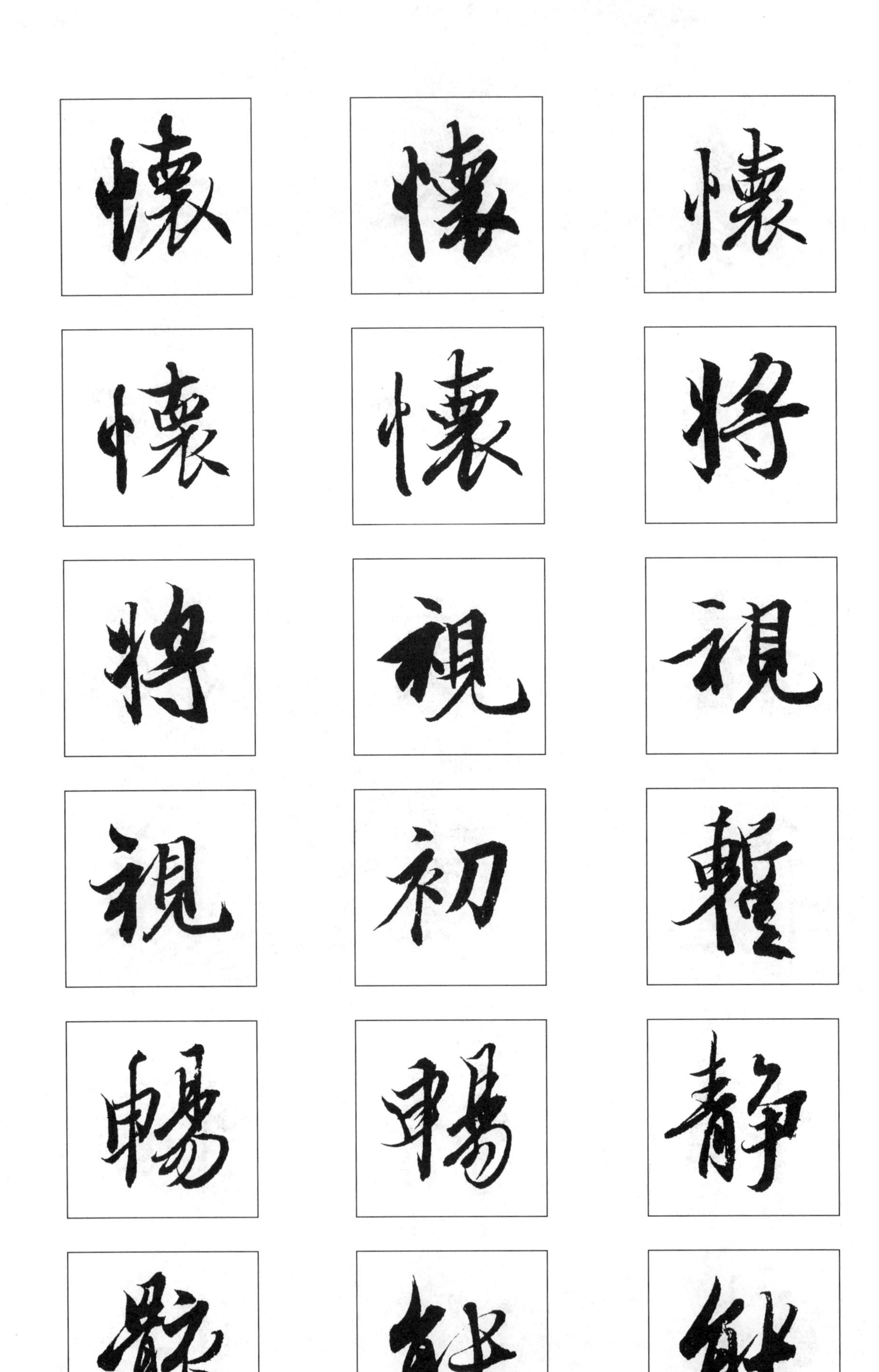

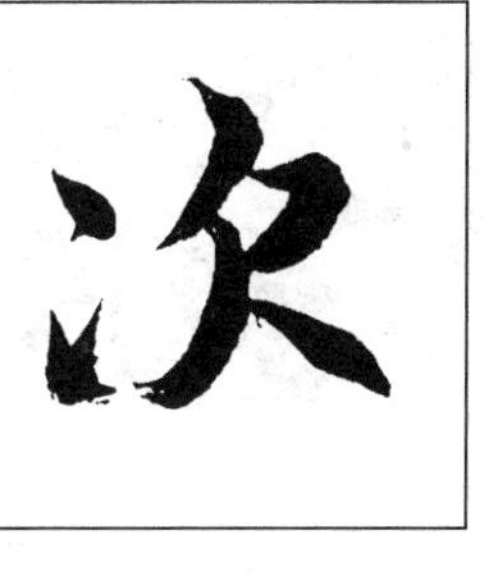	况	清
清	流	流
浪	激	湍
知	知	短
峻	地	暢
喻	暎	時

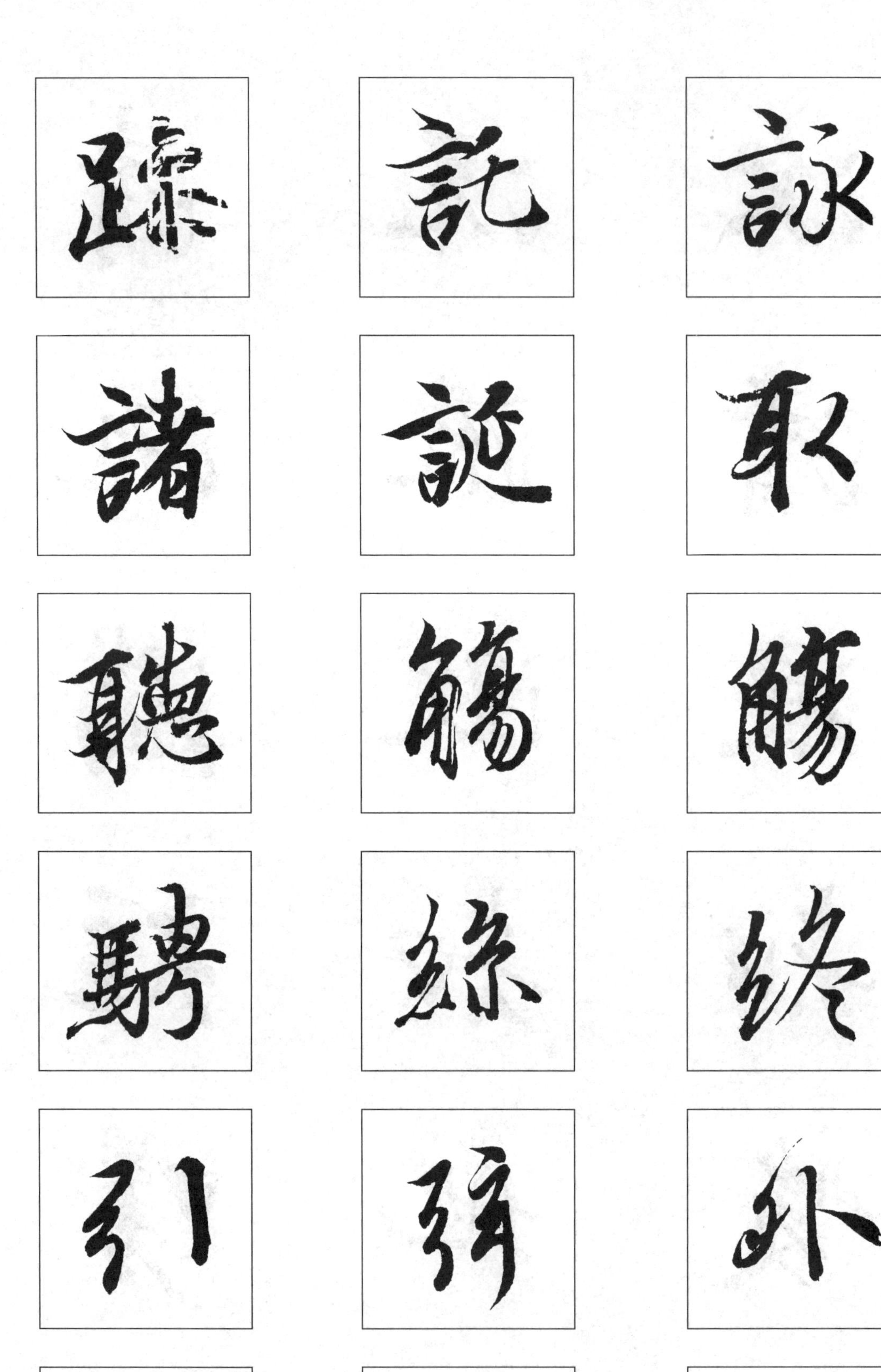

书写训练（第二版）

媒	獵	錄
放	於	於
於	於	於
隨	隨	陳
陰	故	致
叙	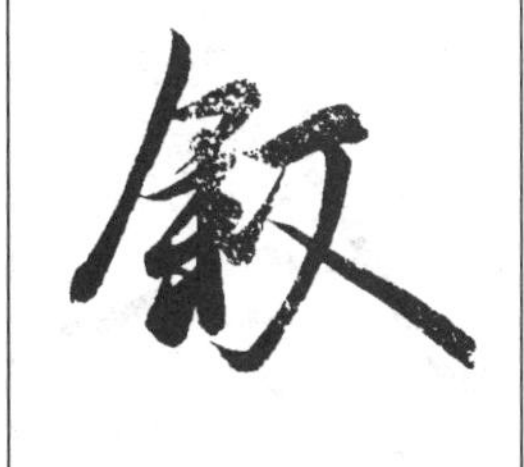	欣

2. 纵向分布

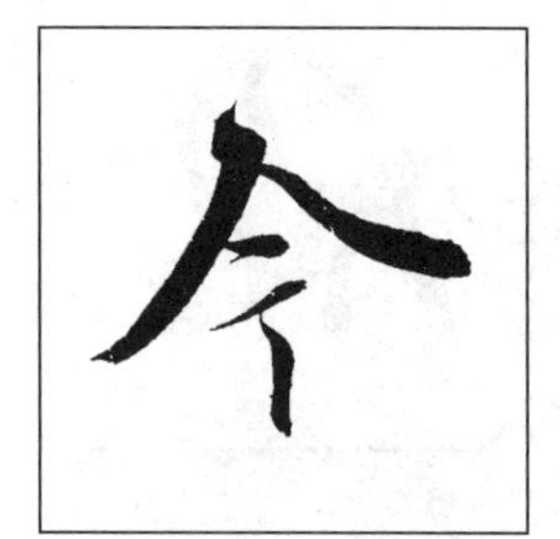

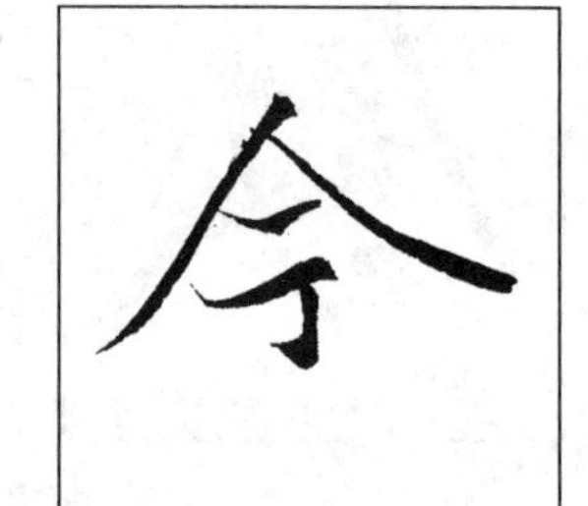

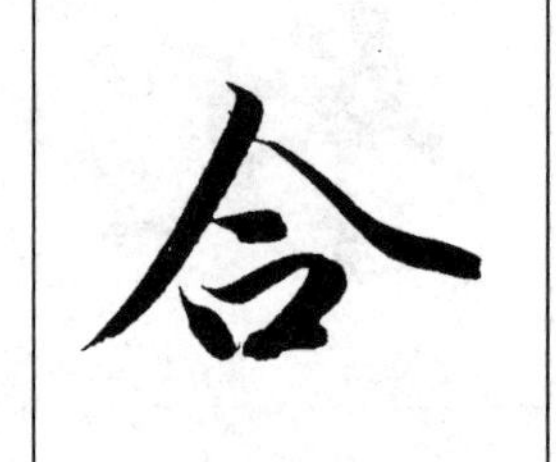

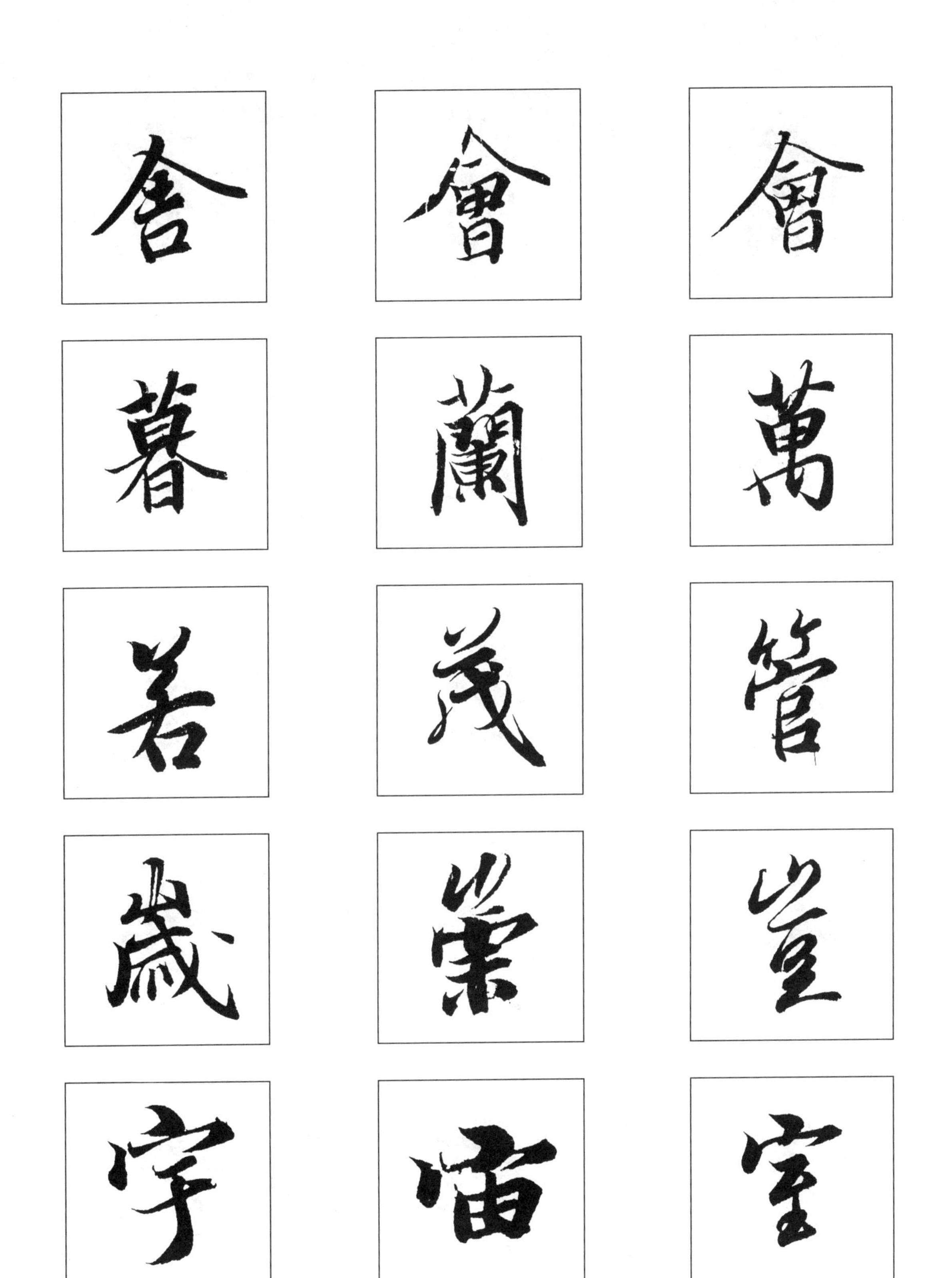

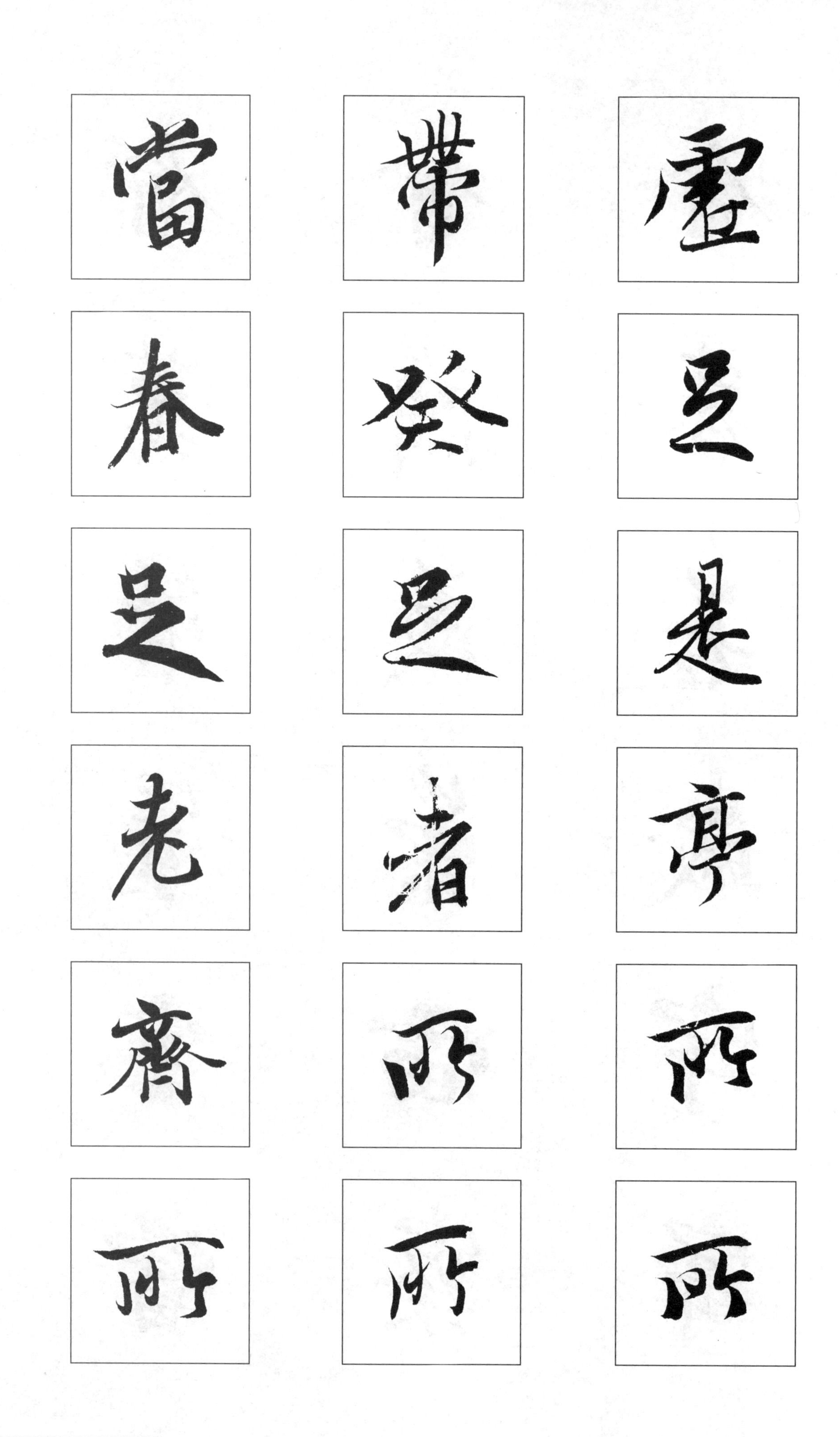

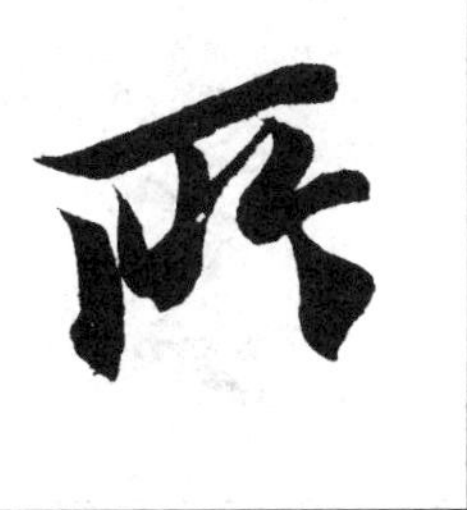
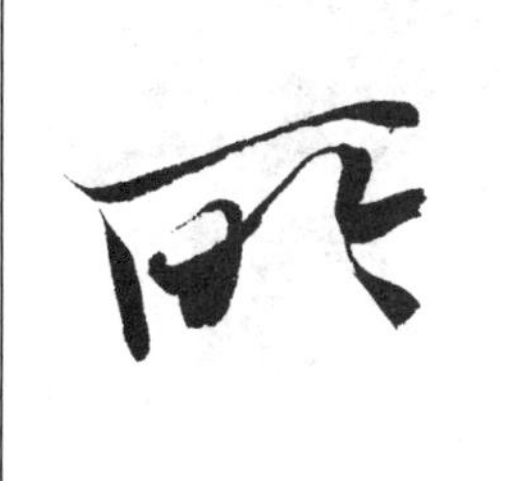
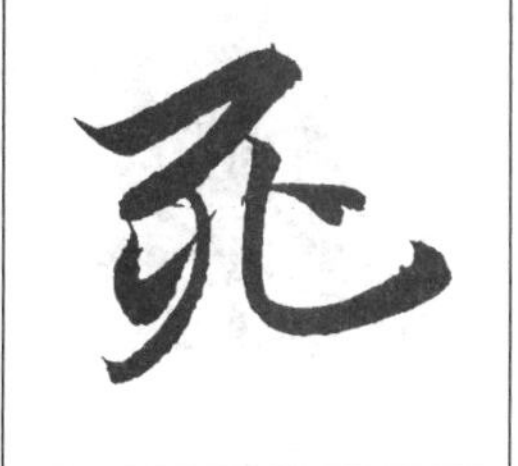

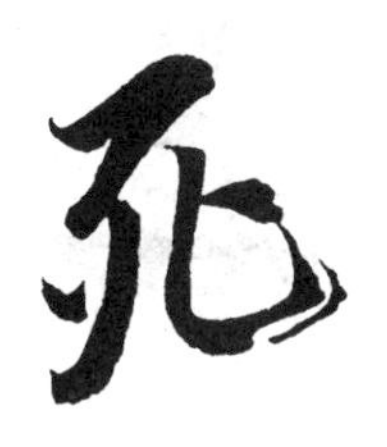
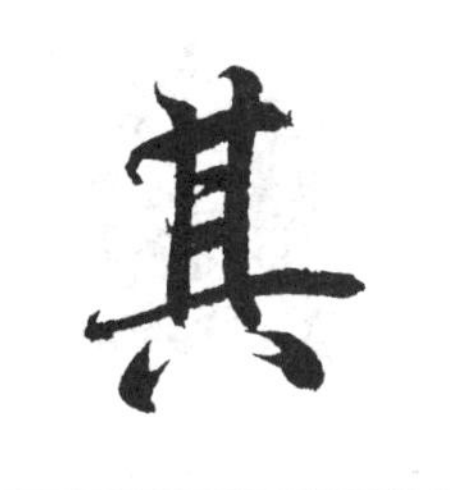
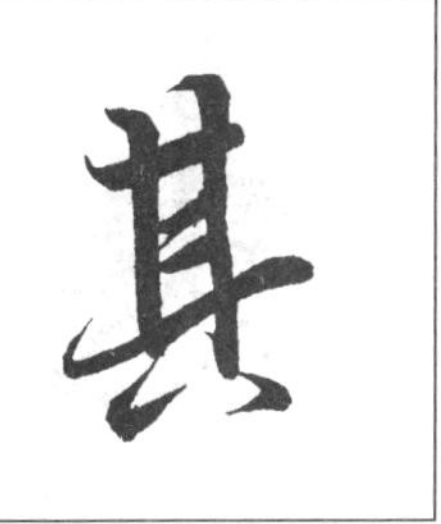

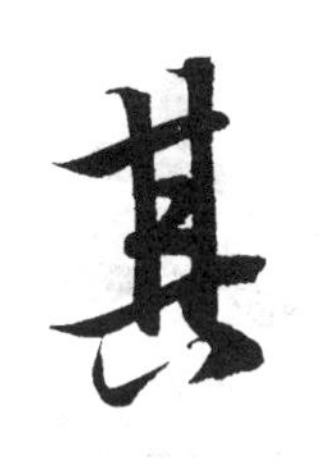
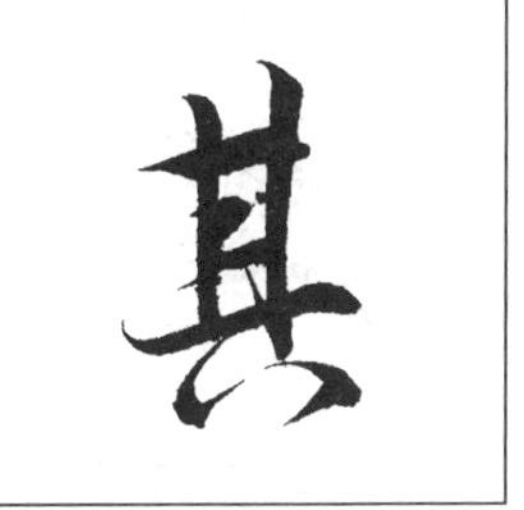
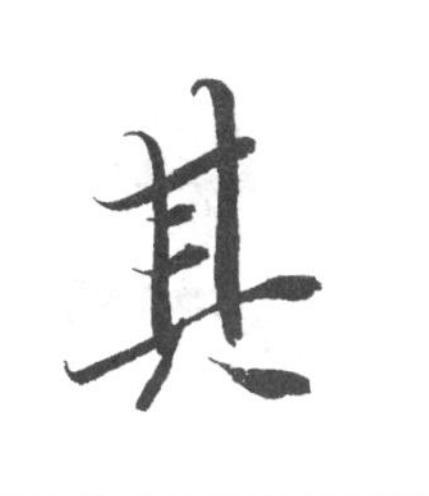

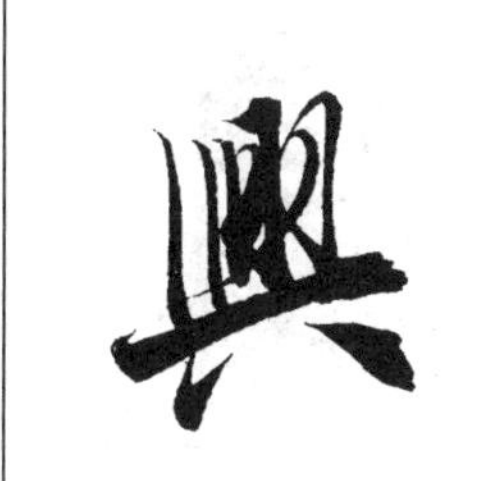
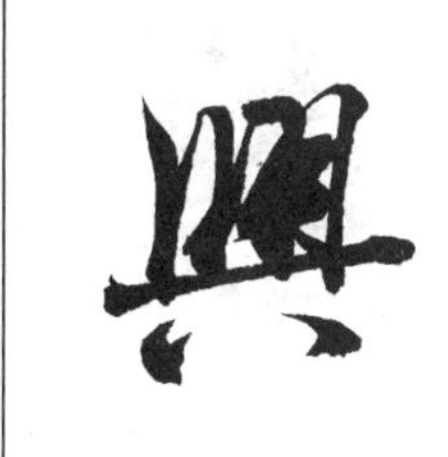
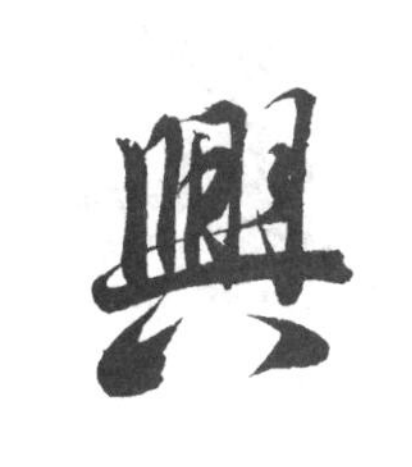

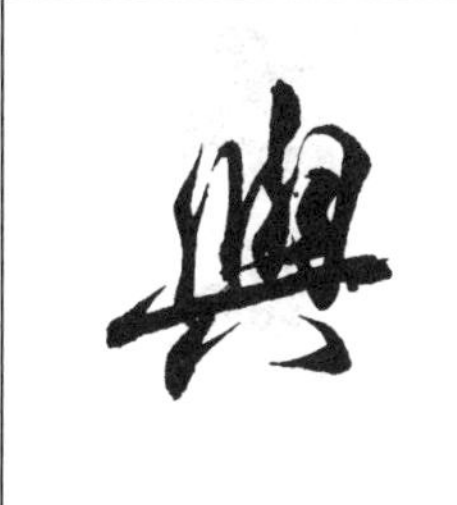
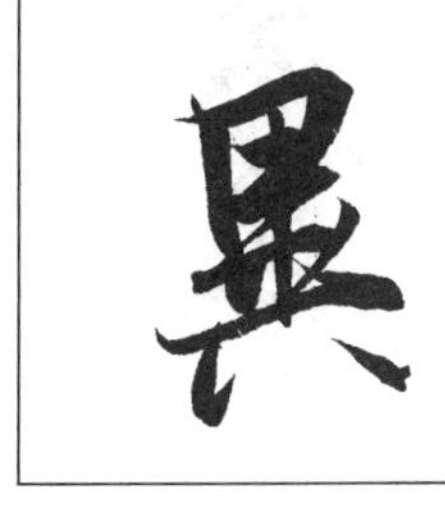
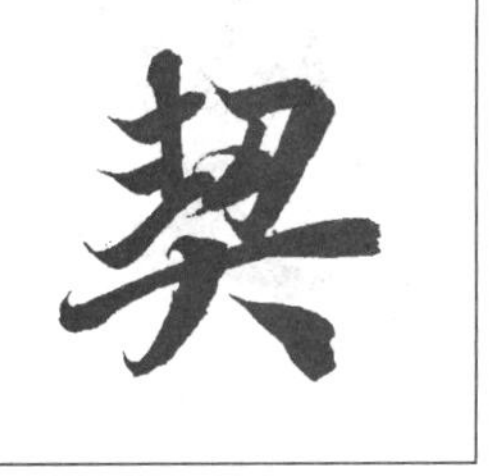

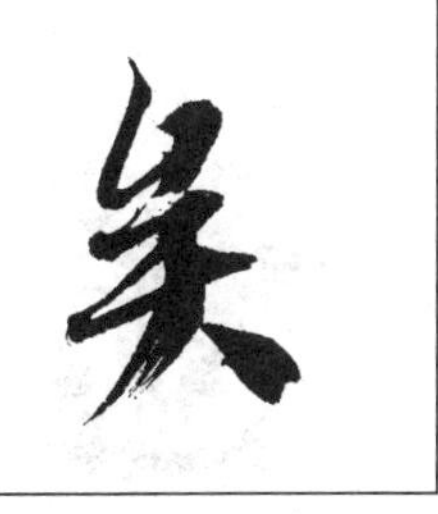
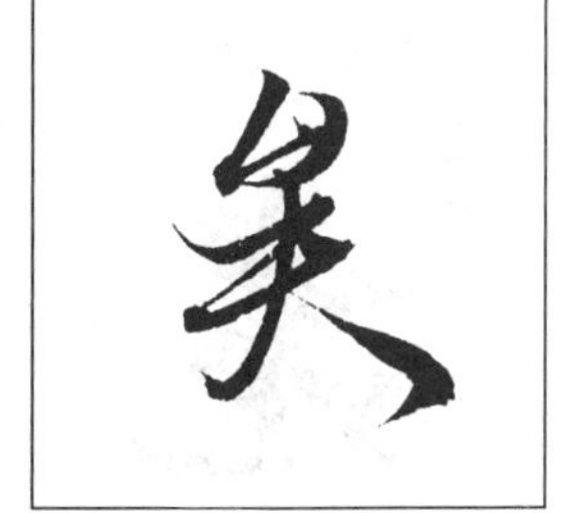
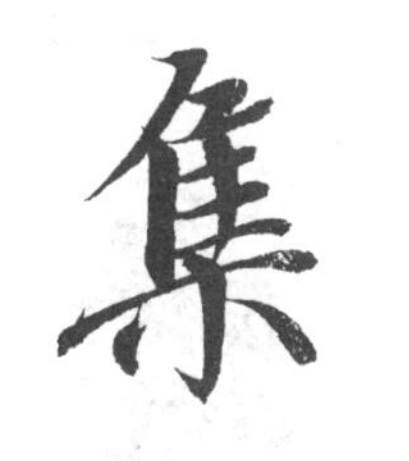

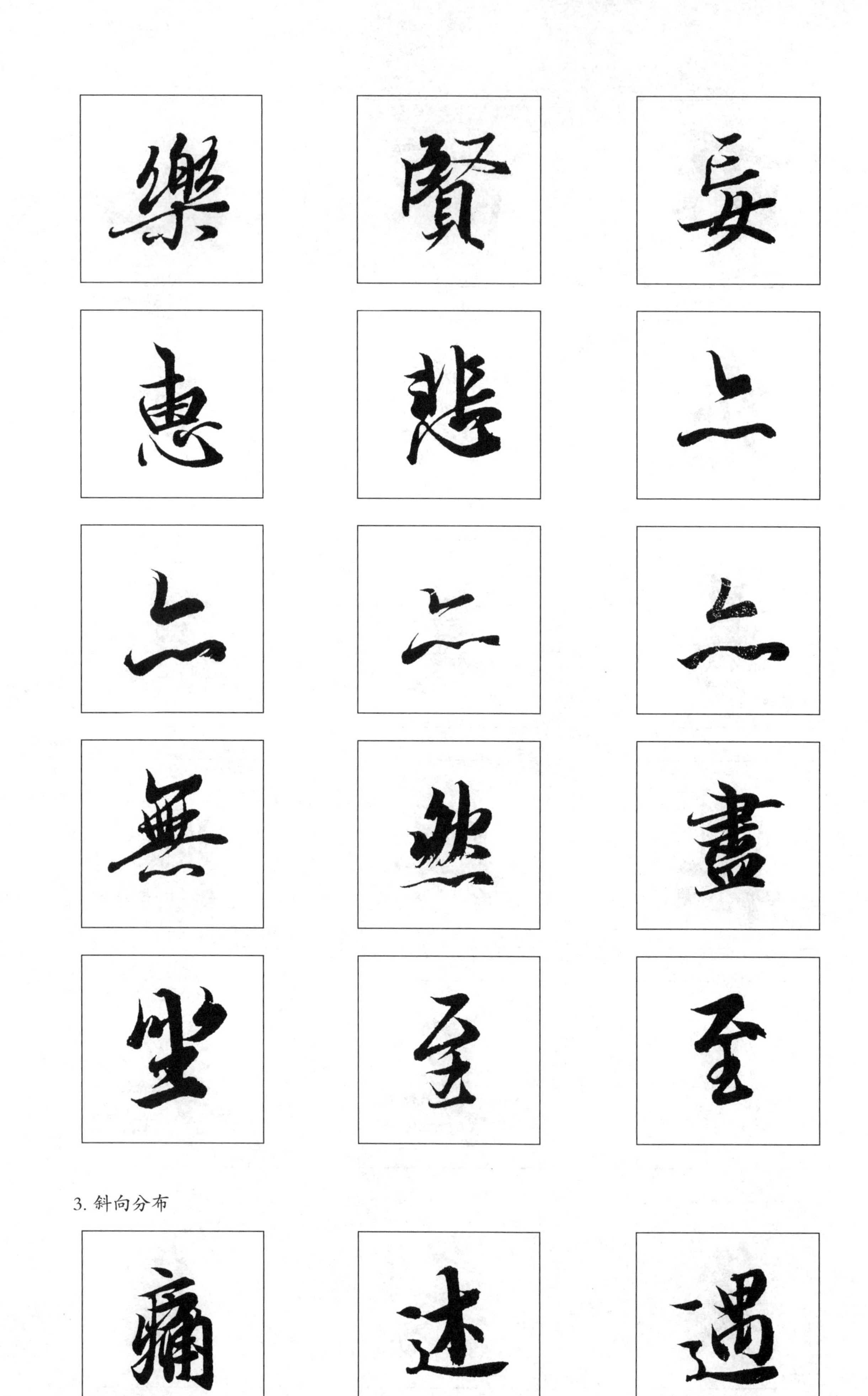

3. 斜向分布

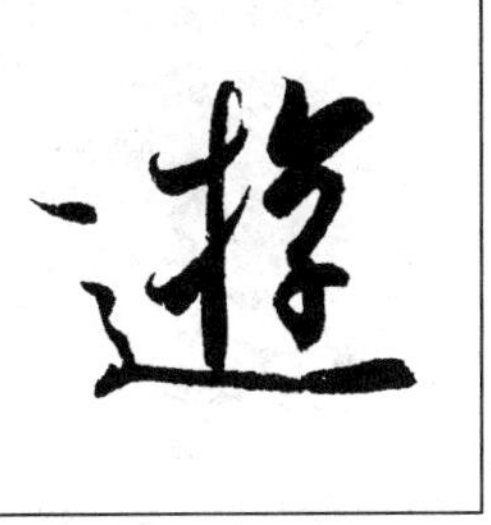
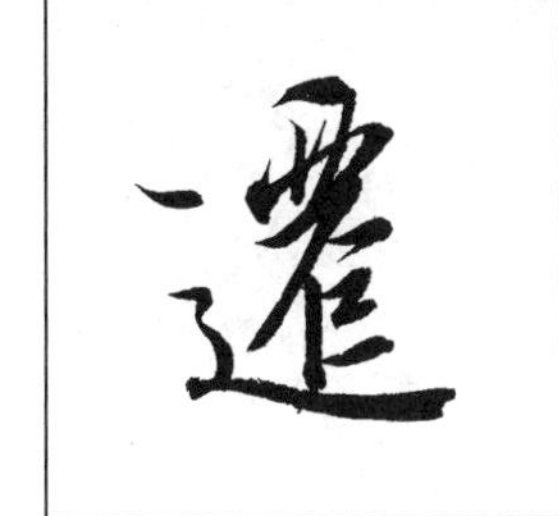
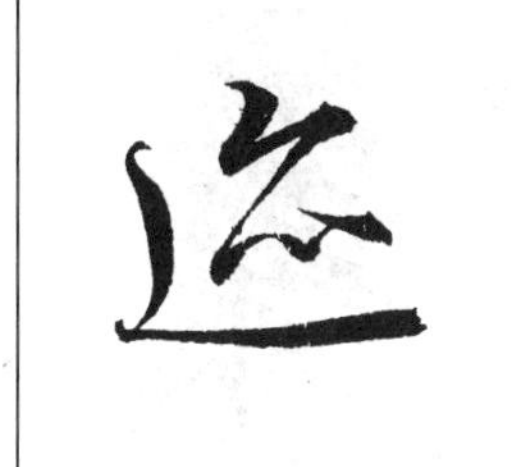

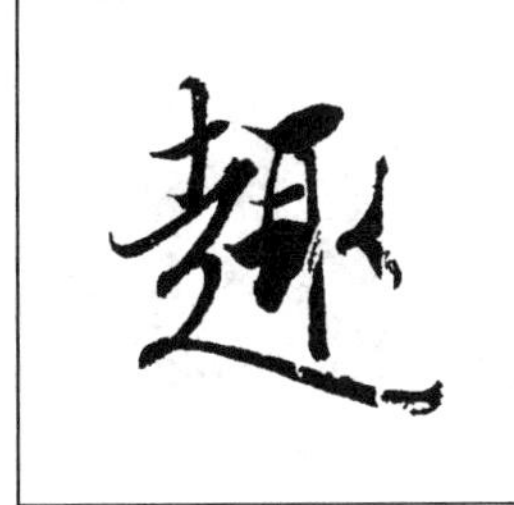
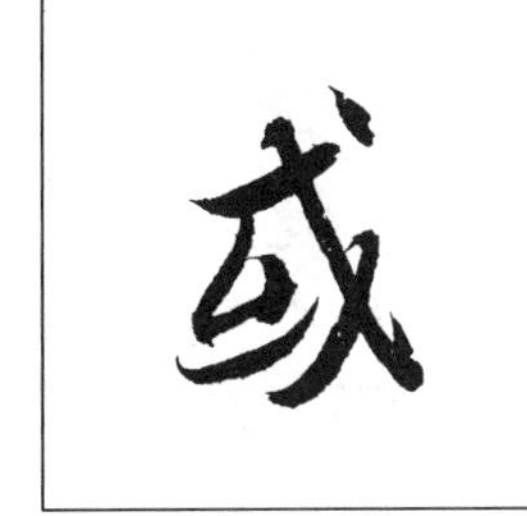
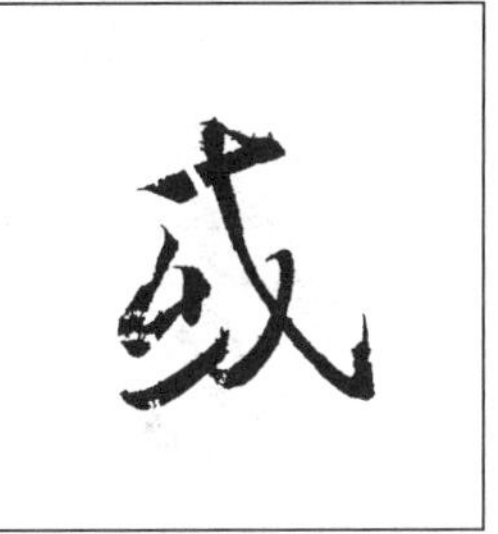

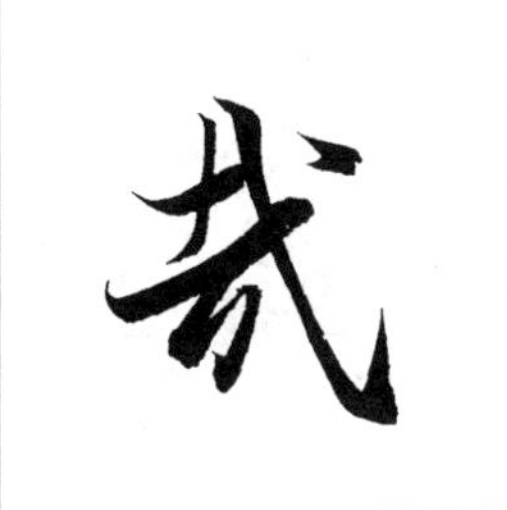
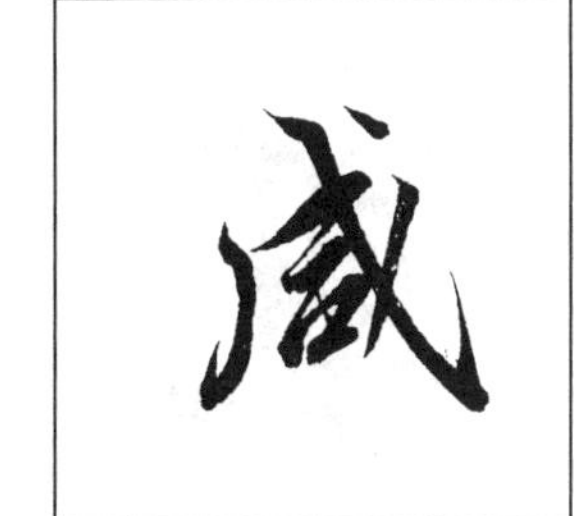
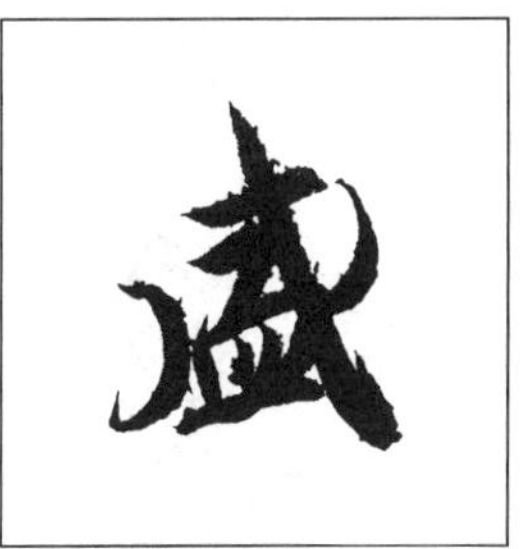

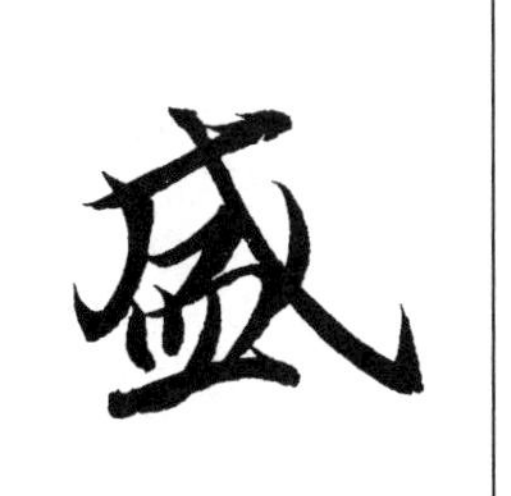
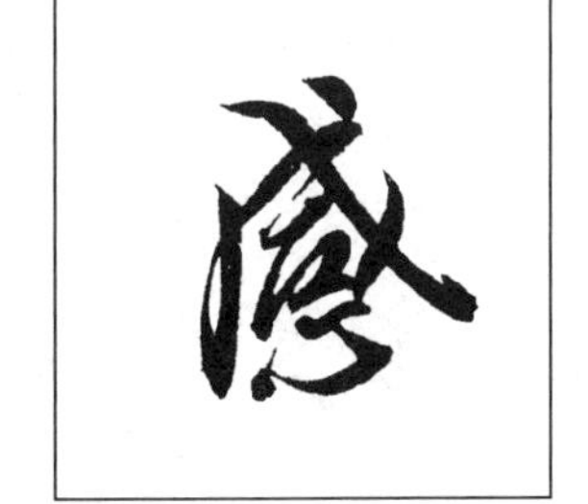
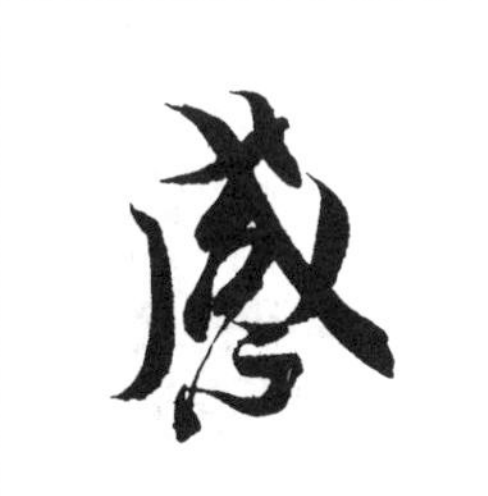

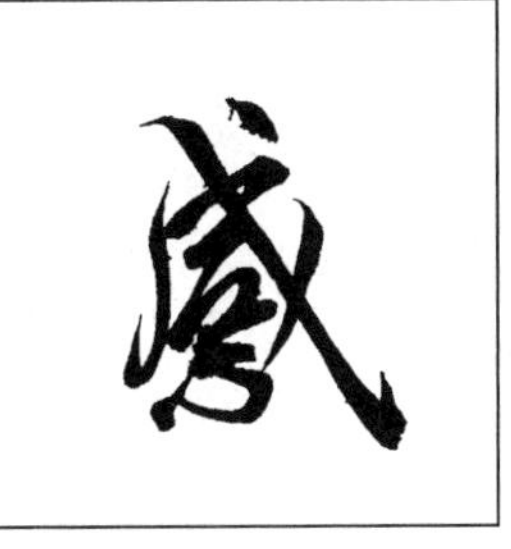

4. 字框

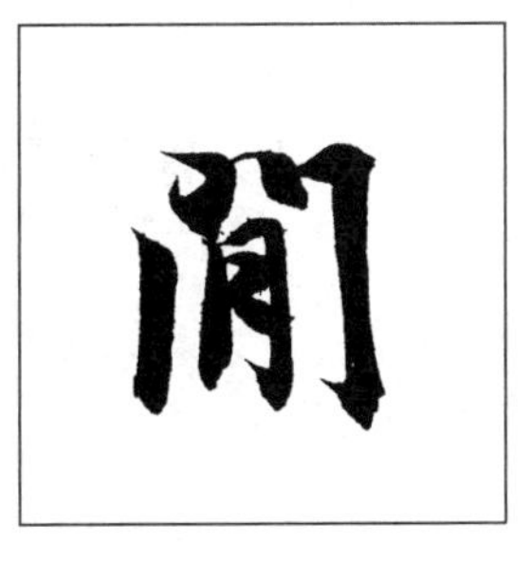
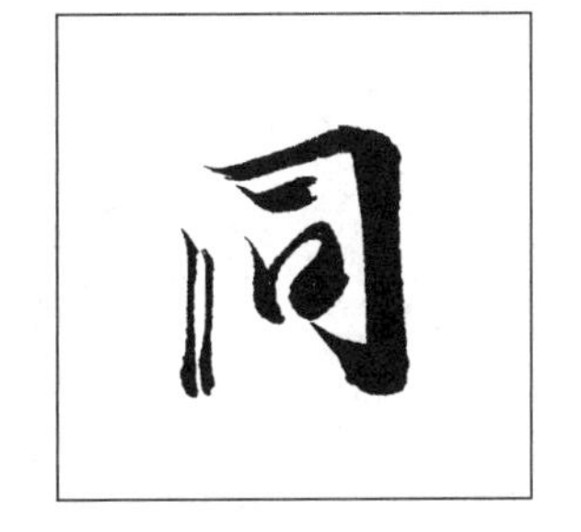
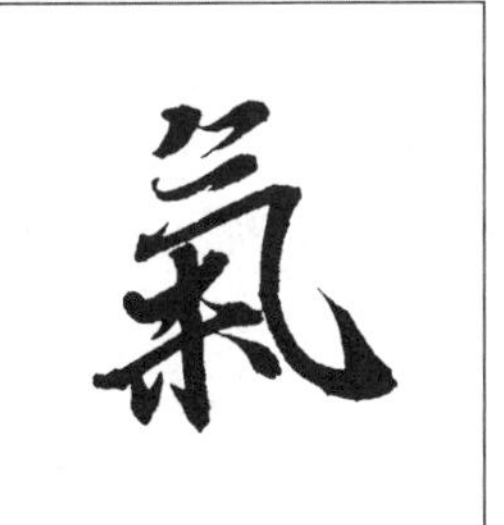

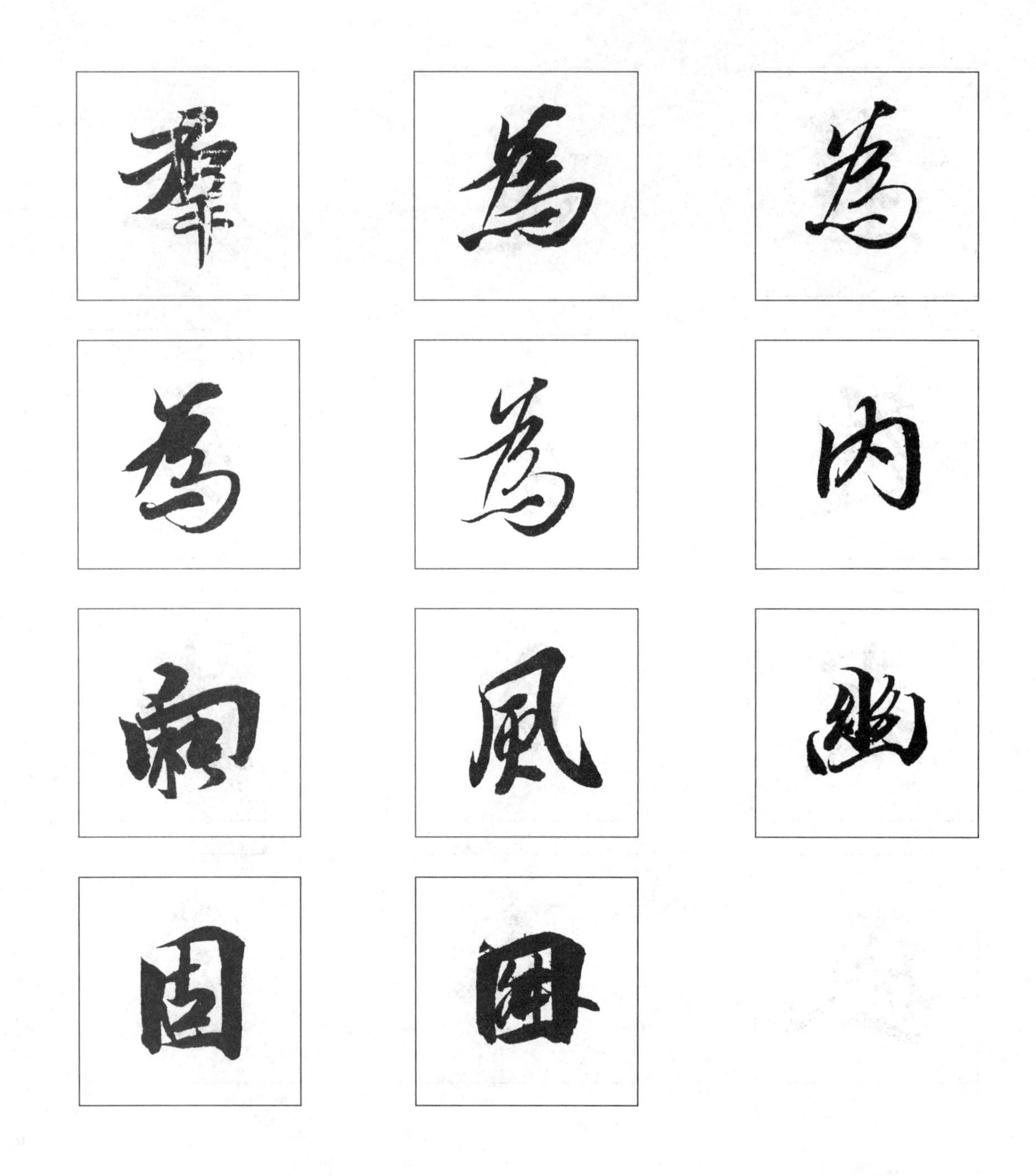

三、结构

行书结构与楷书有许多相通之处，但又因为行书中夹杂许多草书成分，使它具备草书的丰富变化与随意成形的灵动特点。在行书的结构训练中，不能死守楷书的结构理论，而要重变化（所谓“有理无法”，即“有定理但并无定法”），但这种变化是建立在楷法娴熟、用笔精到的基础上的。所以以正确熟练的用笔来管束结构的合乎情理的生成是一个非常重要的学习环节。而对于行书来说，掌握各种偏旁部首的基本形及其变化，可获得事半功倍的效果。上一环节，我们对行书偏旁作了系统罗列，经过训练，相信大家已有了一定的构字基础。

1. 平正匀称

所谓“平正”，与楷书的“平正”含义基本相同，即体态端庄平稳，变化不大，符合汉字的内部平衡律。“匀称”是指各种点画之间长短、粗细等相互照应又有节制。

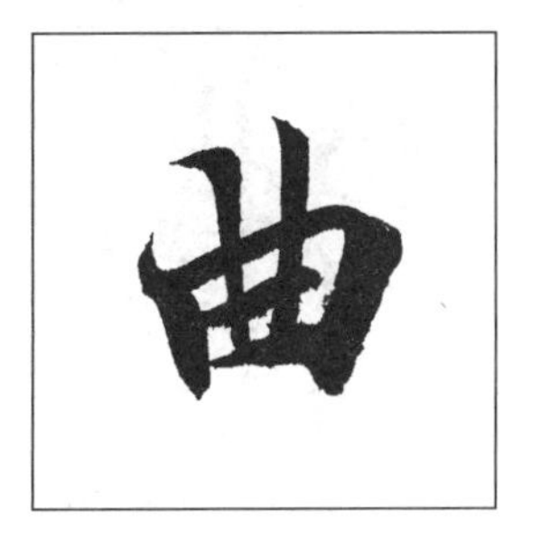 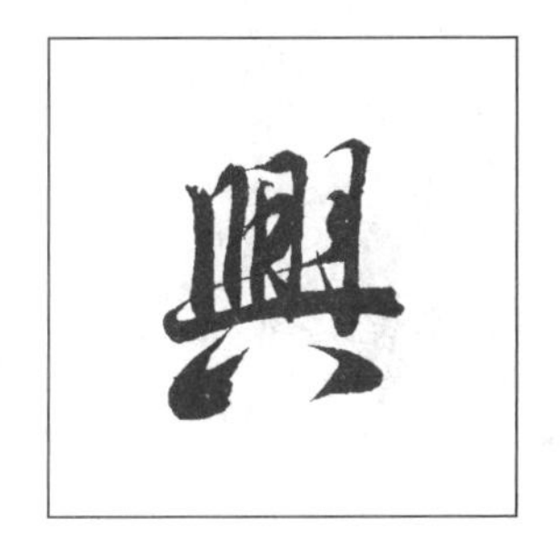 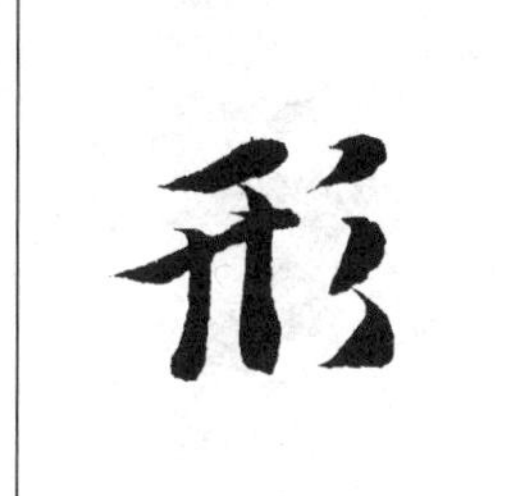

2. 主次分明

在构成一个字的多种笔画中，有主次之分。所谓“主笔”，即在整个字中起着决定作用的笔画，它是一个字的主要支柱，有如骨架，既起着稳定重心的作用，又决定了字的基本形态。所谓“次笔”，即“主笔”之外的那些辅助笔画。通过“次笔”的衬托，使字形更加完整丰满。有了主次之笔，就能使各种笔画间的搭配有条不紊，结构就有了节奏感。

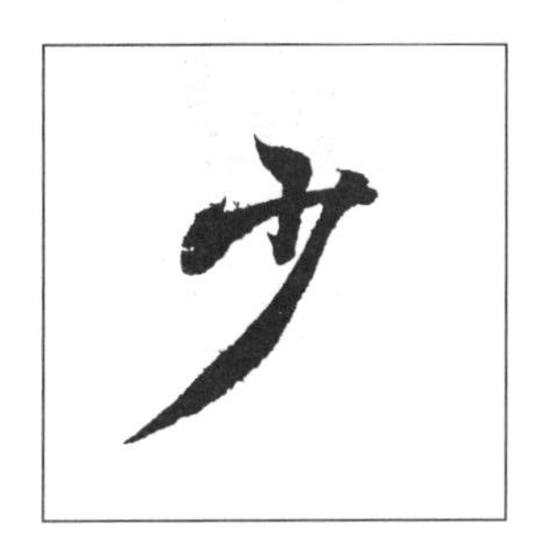 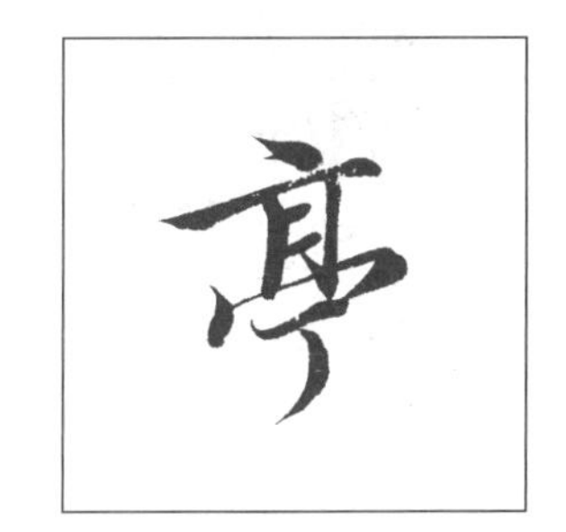 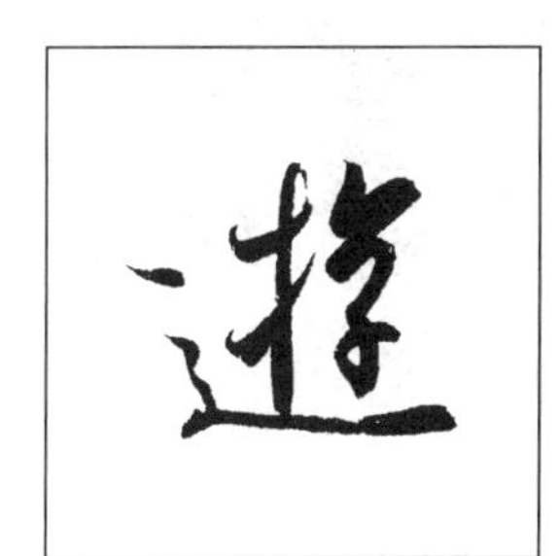

3. 疏密得当

“疏密”是指结构中点画与点画之间在空间布白上的处理方法。所谓“知白守黑”。从外部空间布白上看，篆书、楷书以方形为主，或长或扁或正，而行书方圆皆有，还有斜向；从内部空间分割上看，篆隶趋于“图案式”装饰性效果，较为封闭，楷书因为点画增多，线形多变，用笔丰富，从而呈现出多样化的结构样式。而行书因为用笔更加丰富，结体更加多变，所以其内部的空间分割更为活泼不定，在多种因素中主要是加大疏密的对比度。

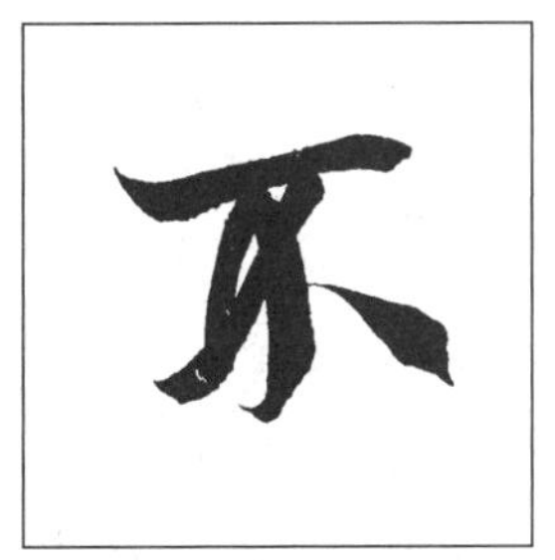 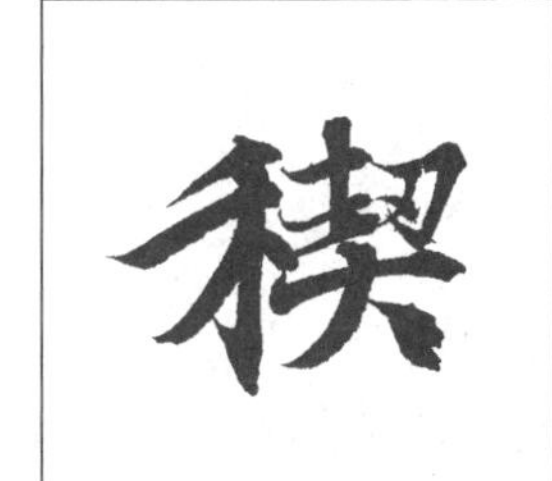 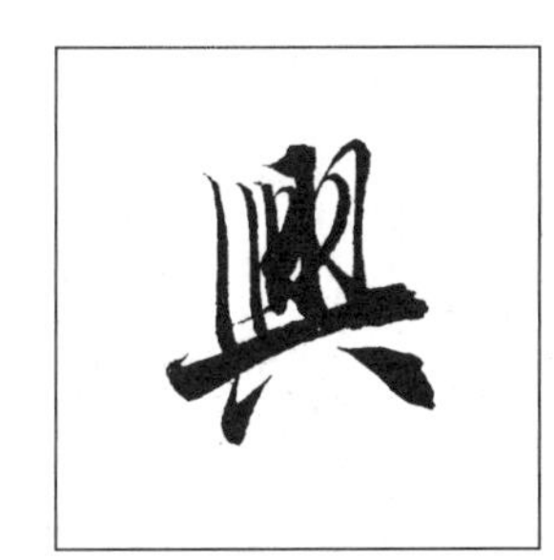

4. 收放自如

行书属于书法中的动态体势的范畴，但它又有楷书的沉着，所以行书还有别于草书的任意挥洒，它是一种动静结合、从容不迫的状态。在单字中，其用笔、结构较为平稳，近于楷书的即为收势；反之，用笔飞动，近于草书的，即为放势。收放结合，变化生动，就会产生耐人寻味的艺术魅力。

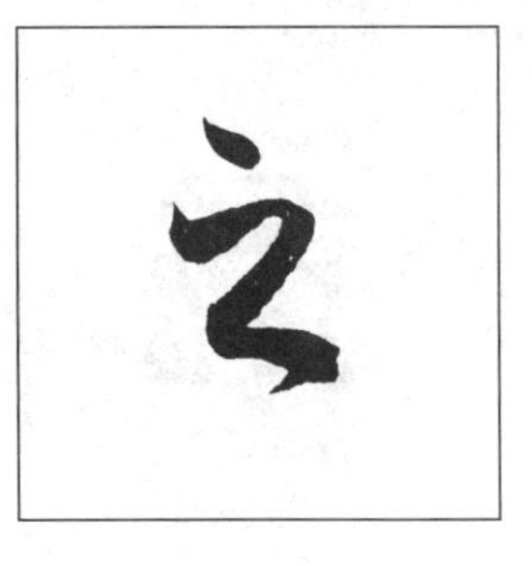 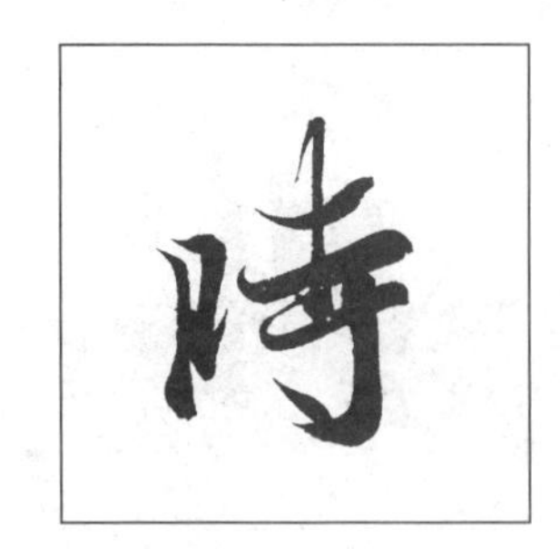 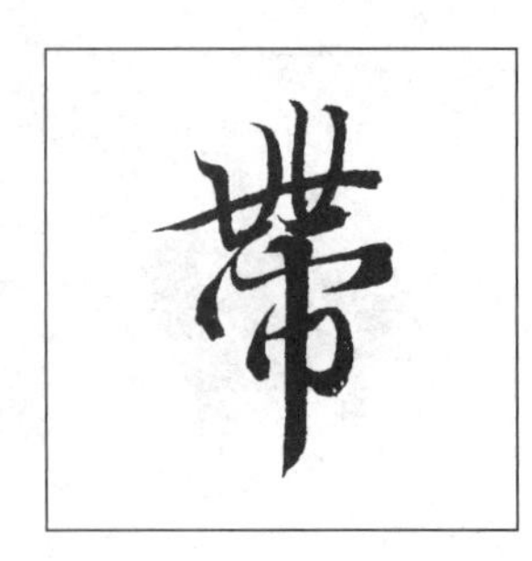

5. 向背分明

此处与楷书略同，“向”即“相向”，指往同一方向书写的字；“背”即“相背”，指往两边方向书写的字。也要讲究“向不犯碍，背不脱离”的原则，“向背”主要注意顾盼呼应，互有关联。

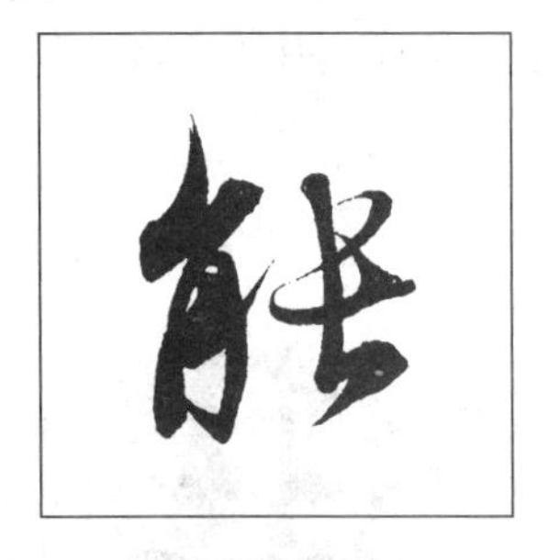 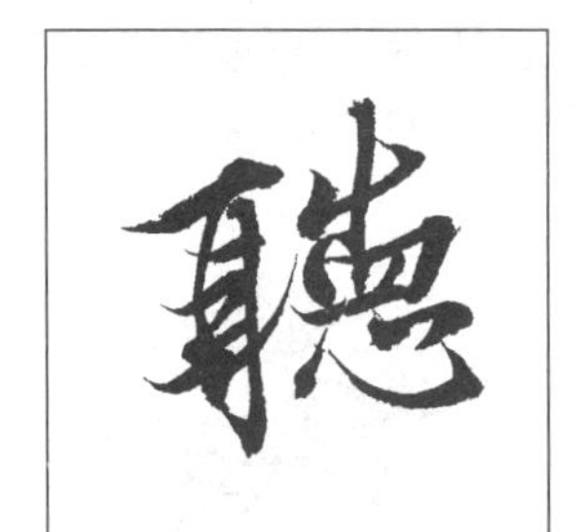 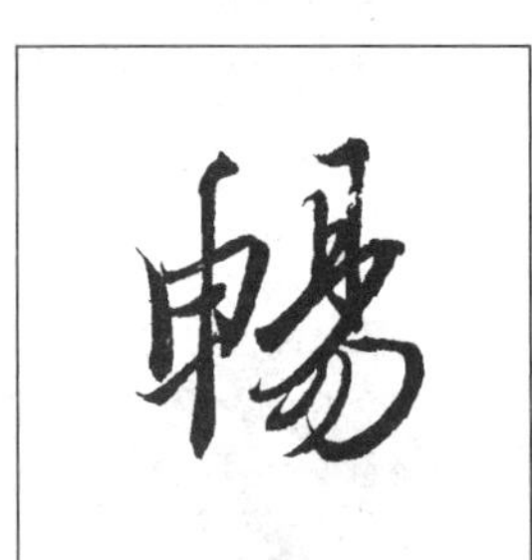

6. 参差有致

“参差”是指结构中点画和偏旁的长短、大小、伸缩、开合、主次等处理方法。书法各体，其结构都忌齐头、平行、单调等毛病，尤其是行草。

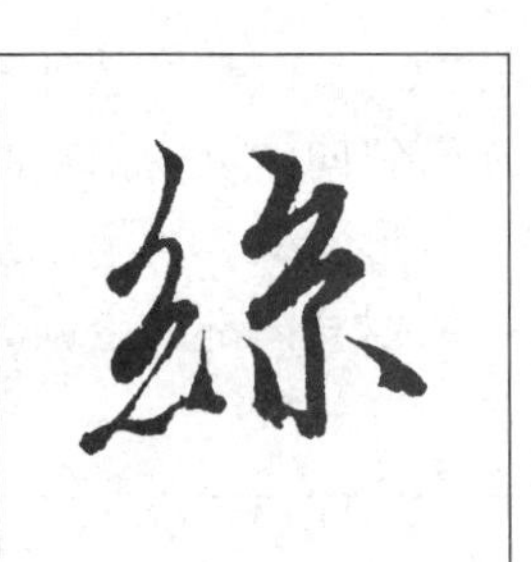 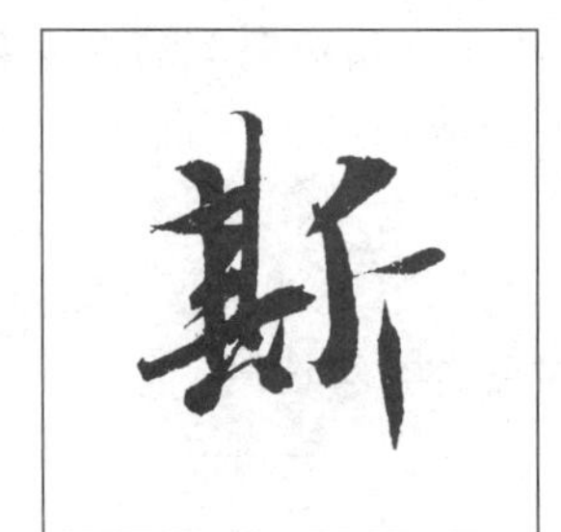 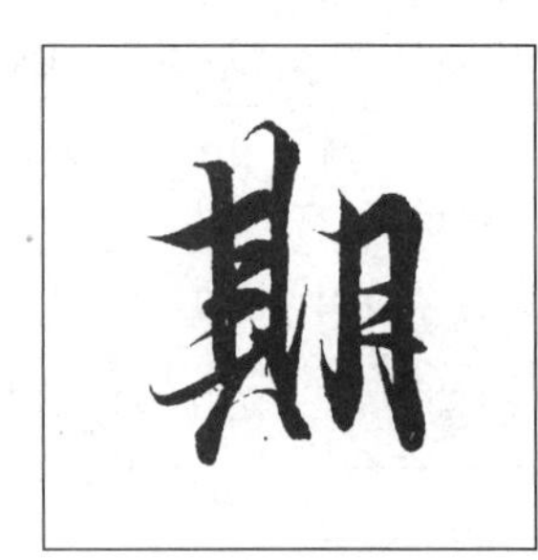

7. 点画呼应

“点画生结构”，意即书法中每一个客观的“形”总是由具体的点画按照一定的规律组合而成的，它们之间联系密切，“点画呼应”其实属于笔势的范畴。所谓“呼应”指运笔路线的持续不断，在效果上有“虚”“实”两种形式（“虚”即“虚连”，“实”即“实连”）。“点画呼应”要解决的主要问题是“使转灵活”和“字法精熟”，只有做到这两点，才能气脉通，八面生势。

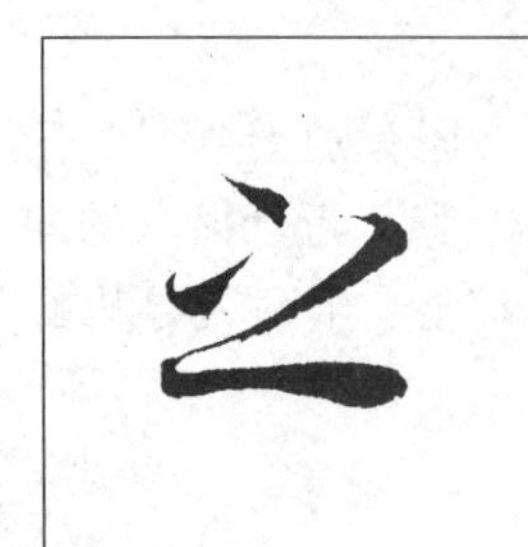 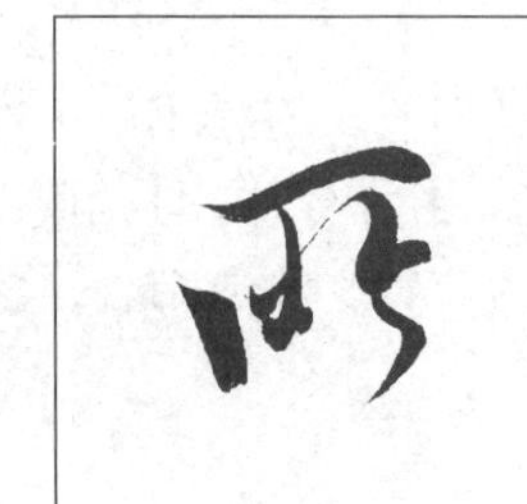 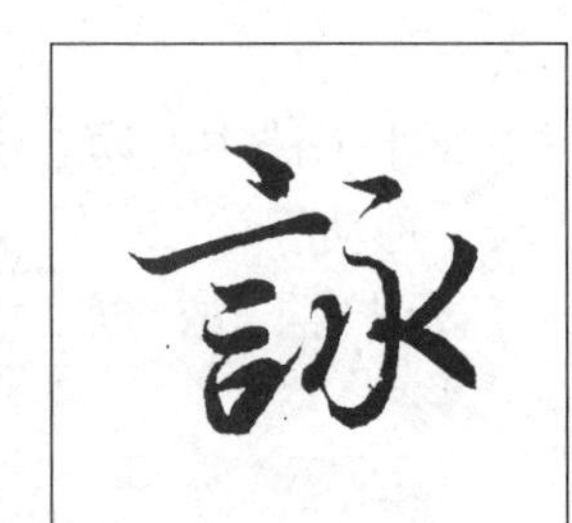

8. 欹侧取势

“欹侧取势”是行书中一则非常重要的结字方法。因为书法中不可能有绝对的平正，尤其是行草书。所谓“欹侧”是指“在平正的基础上，适当地挪动、改变，转换点画和偏旁部首的位置和角度，使其偏离原来的地步，从而产生一种险绝的姿态。”但“欹侧”并非是失去重心的倾斜，而是“斜中求正”。“欹侧”有两种形式，一是整体欹侧，这点要靠上下左右字的照应来补救；二是偏旁的欹侧，这点要靠其余笔画的补救。但这两种形式都不可过“度”，它必须要受到整个字的重心的限制。

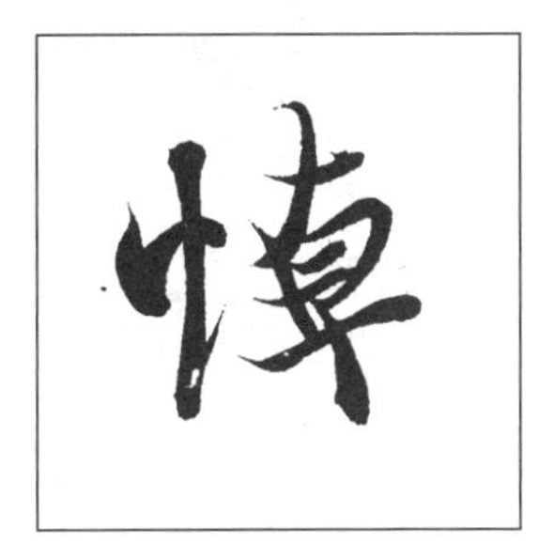
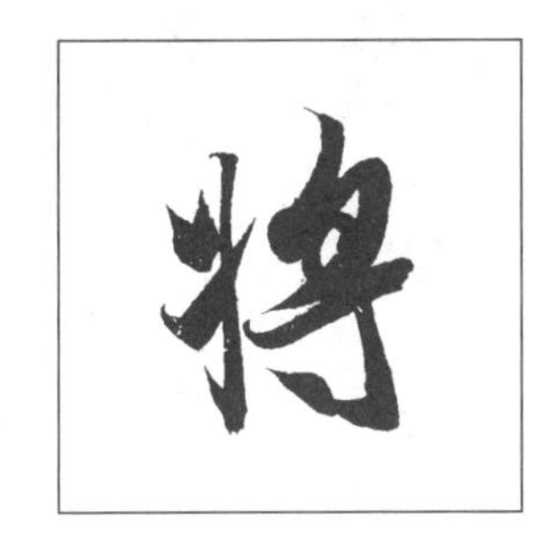
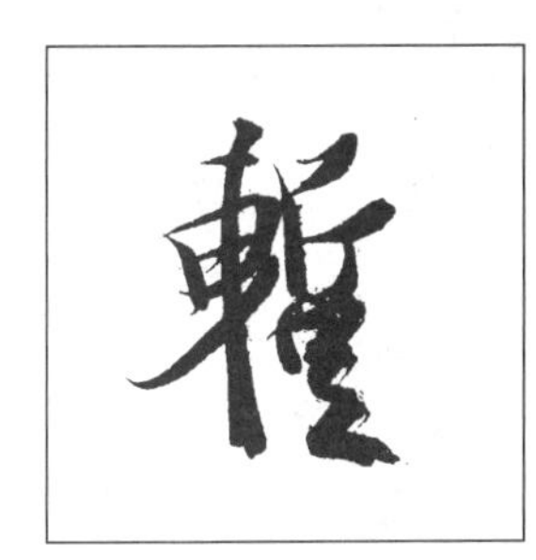

9. 偏旁互代

行书中的偏旁互代取法草书。一般来说都是约定俗成的替代符号。通过这种替代既简省了繁琐的笔画，又加快了书写速度。

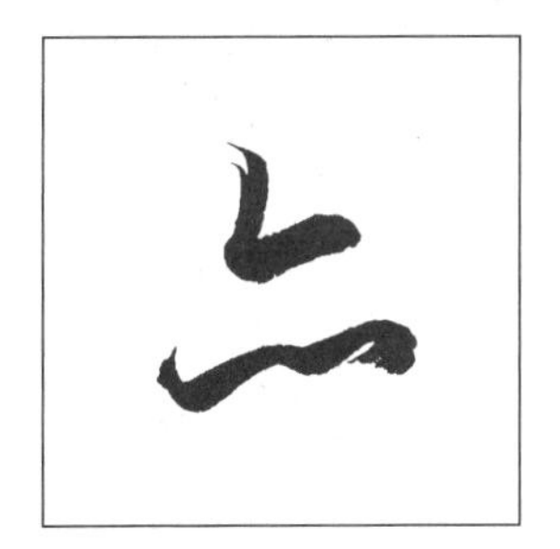
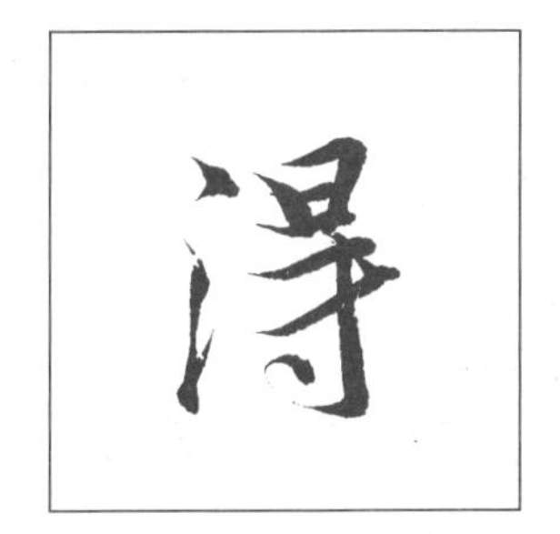
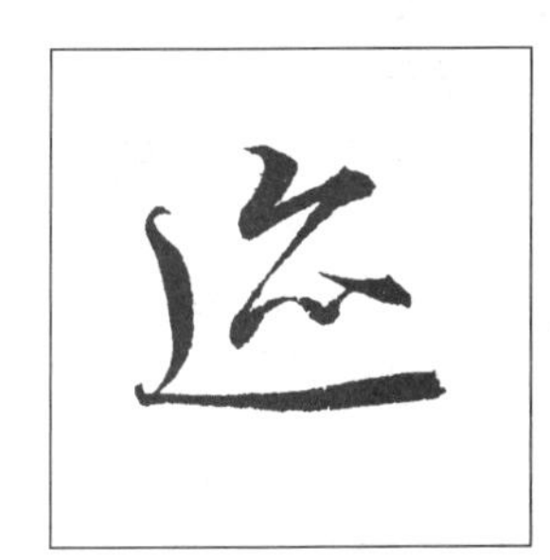

10. 形象自然

因汉字自身特点，笔画有多有少，字形有长有扁。在结构时无须牵强地改变其形，有时就需要顺其自然，这点与楷书相似。

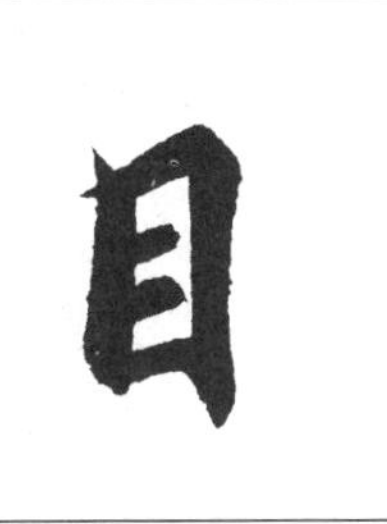
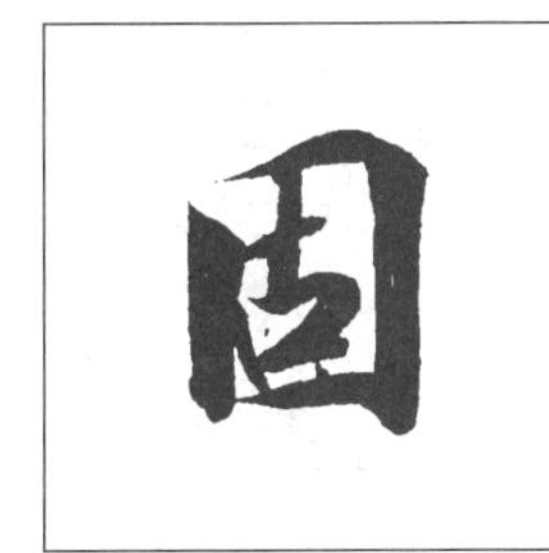
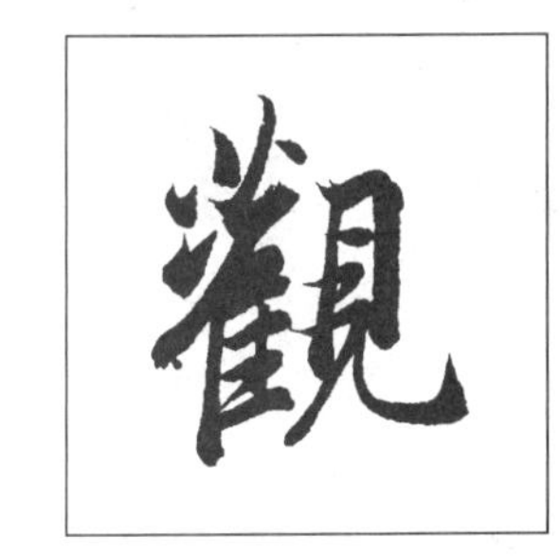

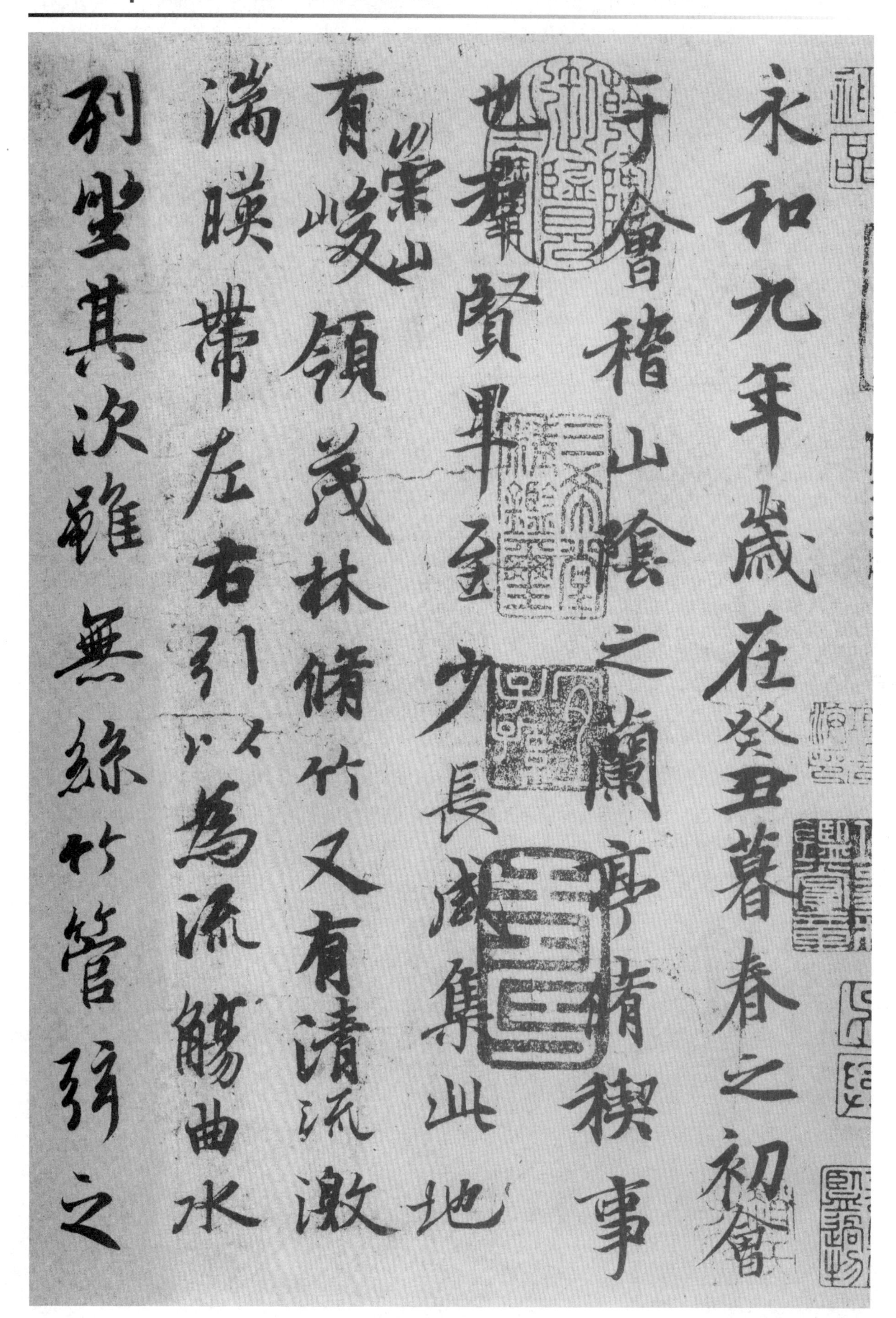
永和九年歲在癸丑暮春之初會
于會稽山陰之蘭亭脩稧事
也羣賢畢至少長咸集此地
有崇山峻領茂林脩竹又有清流激
湍暎帶左右引以為流觴曲水
列坐其次雖無絲竹管弦之

盛一觴一詠亦足以暢敘幽情
是日也天朗氣清惠風和暢仰
觀宇宙之大俯察品類之盛
所以遊目騁懷足以極視聽之
娛信可樂也夫人之相與俯仰
一世或取諸懷抱悟言一室之內

或因寄所託放浪形骸之外雖
趣舍萬殊靜躁不同當其欣
於所遇暫得於己快然自足不
知老之將至及其所之既惓情
隨事遷感慨係之矣向之所
欣俛仰之間以為陳迹猶不
能不以之興懷況脩短隨化終

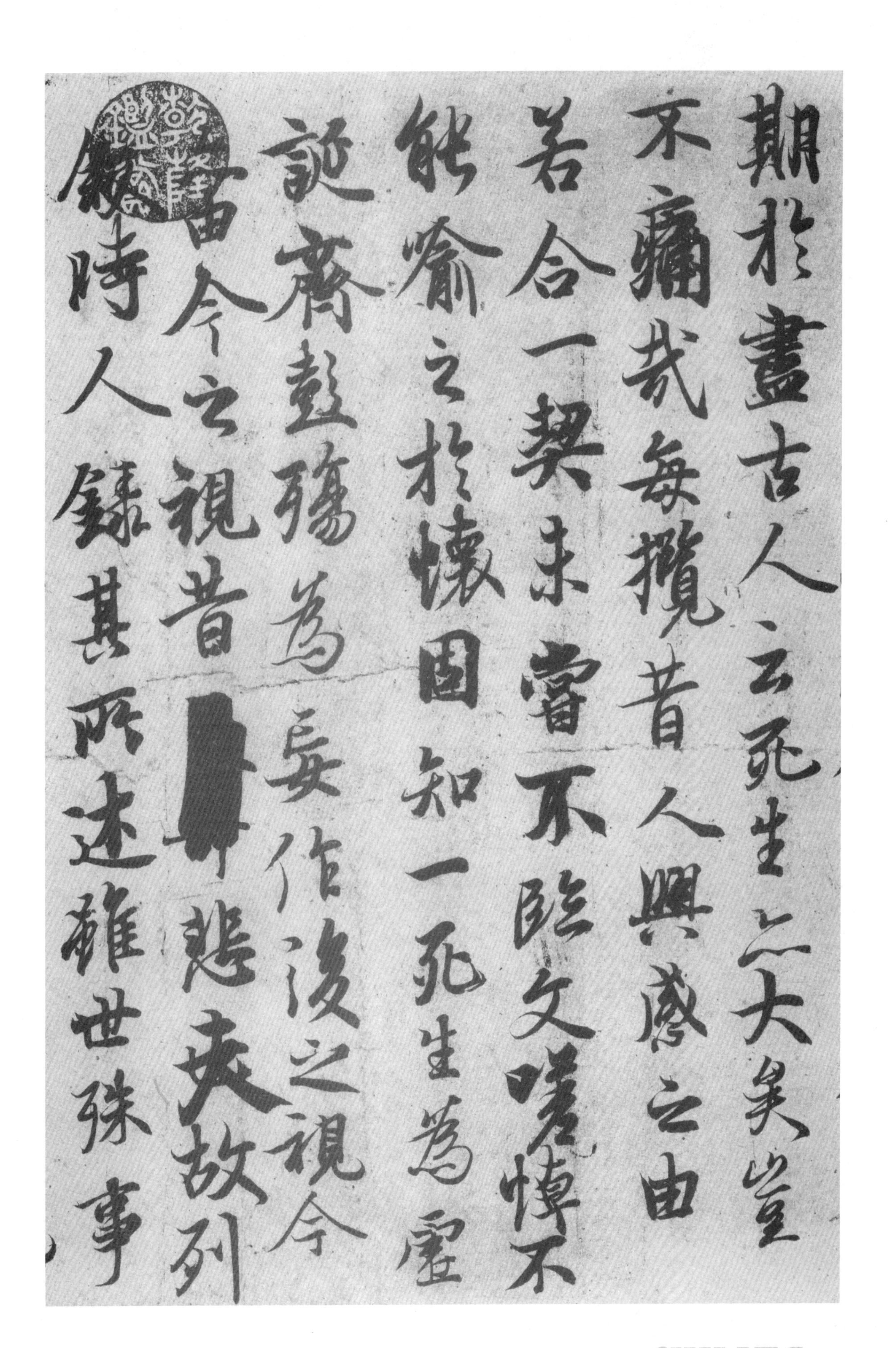
期於盡古人云死生亦大矣豈
不痛哉每攬昔人興感之由
若合一契未嘗不臨文嗟悼不
能喻之於懷固知一死生為虛
誕齊彭殤為妄作後之視今
由今之視昔 悲夫故列
敘時人錄其所述雖世殊事

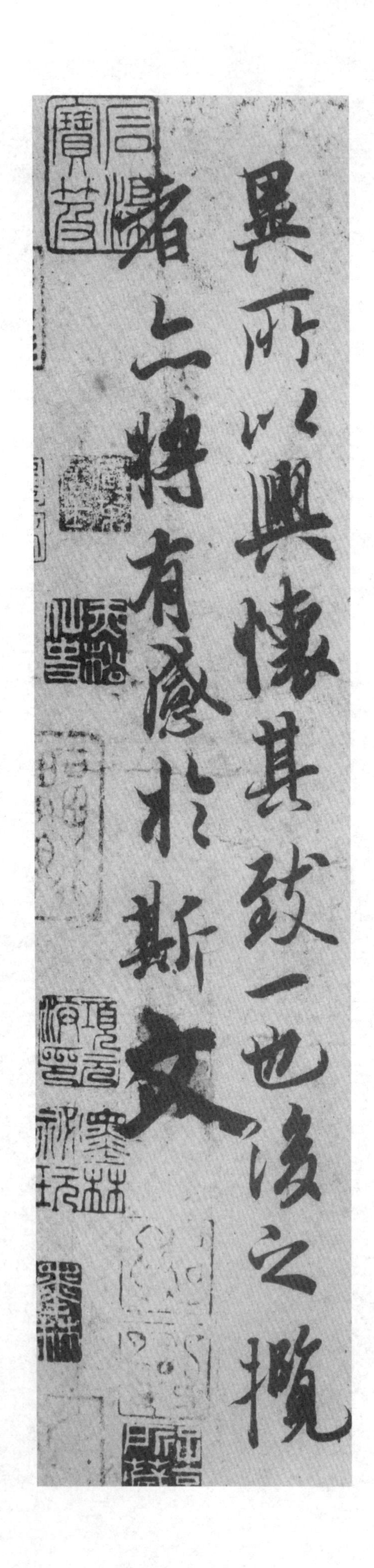
異所以興懷其致一也後之攬
者亦將有感於斯文

第三章

硬笔楷书

第一节 | 概述

一、楷书简介

汉字具有很强的社会性，它在一定的时期必须有一定的规范，否则在使用中就会造成混乱，所以国家有关法令明确规定了汉字书写要规范化，要符合标准。汉字在标准化普及时，书法五体中应用最基础、最广泛的就是楷书。

楷书发端于汉末，成熟于魏晋南北朝，定型、鼎盛于隋唐。

楷书的基本特点有以下四点：

第一，笔画规范。它的各个笔画都有固定的形态和特点，不容改变。

第二，书写标准。楷书的每个笔画各自独立，都有严格的笔法要求，书写时要一丝不苟，使笔画精致准确。

第三，结字平正。每个字都有固定的笔画顺序和结构形式，形体平正端庄、匀称紧凑。

第四，章法严谨。通篇有行有列，每个字占一个方格，排列整齐，风格一致。

我们现在使用的规范字，就是在楷书的基础上更加简化、规范、统一而成型的，通过对汉字笔画多少和基本笔形、字形作出统一规定的文字样式，并以法律文书的形式颁布，供全国通用的标准化文字。推广和使用规范字是每个公民的义务。我们重点要掌握和使用的是1986年10月国家语言文字工作委员会发表的《简化字总表》中的简化字和《现代汉语常用字表》中的3 500个规范汉字，并了解《第一批异体字整理表》中的异体字。《现代汉语常用字表》分常用字（2 500字）和次常用字（1 000字）两个部分，是为了适应语文教学和其他方面的需要，国家语委、国家教育部制订并于1988年1月公布的。常用字指经常使用的阅读一般报刊书籍必须掌握的字，据有关部门利用计算机对200万字的语料抽样检验，2 500个常用字的覆盖率达97.97%。1 000个次常用字的覆盖率达1.51%，3 500个规范字的覆盖率达99.48%。

需要强调的是，注意处理好练字和用字的关系。在工作和生活当中的书写用字必须规范，符合上述规范字的标准。而练字常以古代碑帖作为范本，其中有不少繁体字和异体字，我们也可跟着学习临摹，但是练字时写繁体和异体字的目的是为了学习用笔方法，写好基本笔画，掌握结构要领和方法，便于美观地书写汉字。所以练字时写繁体字和异体字与用字规范化并不矛盾。至于写书法作品，用字不受通行的规范化的约束。

硬笔楷书与毛笔楷书的最大区别就是工具的不同，因此导致其用笔的变化，主要在丰富性上不及毛笔，但其对线条的轻重缓急的力度要求、用笔速度快慢的节奏变化等方面两者相通，另外，硬笔楷书在结构原理上完全由毛笔而来，其对结构的重视度甚至超过毛笔。

二、硬笔楷书书写训练的目的、意义和任务

人们在进行书面交流时，总离不开写字，尤其是硬笔字（钢笔字）。各行各业，各民族、各学派、各学科都不能离开写字。人们总是用写字的方式来表达自己的志向、爱好、感情。人们在生活、学习、工作和娱乐等各个方面也都离不开写字，所以，写字涉及各个领域，有很强的实用性。

写好通用标准的硬笔楷体字成为我们学习和工作的必要条件，能否写好硬笔字是一个人文化修养高低的重要表现，特别是在科学技术高速发展的现代，电脑的普及应用，给汉字的书写带来冲击，同时社会上很多人写不好硬笔字，给交际带来了麻烦和障碍，所以说写好字是时代的要求，是自身发展的要求。

尤其是作为教师、师范生，掌握硬笔楷体字的书写知识和书写技能是必备的教学基本功。国家教委在《关于加强义务教育阶段中小学学生写字教学的通知》中指出："提高师资水平是加强写字教学的关键""各师范学校要认真抓好写字知识的教授和写字训练，并使教师具有指导学生写好字的本领"。语言学家张志公先生曾说过：写规范字要从开始之日起就这样做，逐步养成习惯。可以说今天的师范生是明天基础教育的教师，要求学生的，教师自己必须做到，身教重于言教，写一手规范化的好字，了解必要的汉字知识是师范生必须练就的一项基本功。

同时汉字书写训练也是德、智、体、美教育的重要组成部分。楷体字的书写训练，对于培养学生的优秀品质、良好习惯，提高他们的审美素养，进而达到开发智力，促进全面发展都大有好处。比如练习写字时要使人精神专注，细致精微。在临摹字帖时，要细心观察字帖，从一笔一画的运笔方法，到字体的间架结构，点画的位置关系，一丝不苟，看得精确入微，才能写得与帖上一模一样的字来。有时一遍写不好，就要写两遍、三遍甚至更多，这一切都要求学书者必须有坚持不懈、刻苦顽强的精神，同时在意气平和而又勤奋积极的练习中才能逐渐获得持之以恒的学习精神和良好的学习习惯。

学好硬笔楷体字（钢笔字），除了可以准确、顺利交流思想、记载事物、传递信息等实用价值外，还具有很高的审美价值。好的硬笔字可以称为"微型书法"，也有像毛笔一样的形态和运笔的变化，形成其特有的技法。近年来，全国各地硬笔书法蓬勃兴起，涌现出了大批硬笔书法工作人才和优秀人才，为信息高度发展的社会注入新的活力。因此，我们今天学习和研究硬笔书写，推广普及汉字书写不仅体现在其实用性上，对继承和弘扬祖国传统艺术，推进文明和谐社会发展更有深远意义。只要大家认真学习研究，一定能使硬笔书写艺术绽放绚丽花朵。

此外，写字训练还能利于养神、健脑、强身。我国自古便有"学书养德"和"学书健身"的说法。

楷体字书写训练的任务主要是：学习楷体字书写的基础知识，进行严格的书写技能训练，掌握基本的书写技法，纠正不良的书写习惯，能创作（写出）简单的硬笔书法作品。

楷体字训练的目标是掌握规范汉字的标准，正确书写 2 500 个常用汉字。

第二节 | 技法简析

此处的技法简析以钢笔为例，粉笔字大同小异。

汉字笔画虽然复杂多变，但运笔方法却是有规律可循的。书写时笔尖在纸面上的起收行驻提按的运动规律和方法，就是笔法。运笔，就是给笔一种力，使笔在纸上运转行动，以写出各种笔画。唐代张怀瓘说："夫书，第一用笔。"元代赵孟頫说："书法以用笔为上。"清代康有为说："书法之妙，全在用笔。"

一、用笔

1. 运笔步骤

汉字是由笔画构成的，笔画的好坏优劣，全在用笔的技巧上，这是书写的基本功，也是书写训练的最基本、最重要的技法。不论使用什么笔写汉字，总是离不开长期总结的、具有优良传统的毛笔运笔法。硬笔的运笔方法取法毛笔，以横画为例，其运笔过程可简单地看作是三个步骤，即起笔（可藏可露）、行笔（中锋）、收笔（回锋）。

任何一个笔画都要经过运笔三步骤写出，每一步都要遵循正确的笔法，这是初学楷体字必须掌握的基本功。

2. 运笔方法

写硬笔字，最怕写的字如同柴棍搭的一样，死板、僵硬。好的硬笔字，虽然不像毛笔字那样粗细、轻重、方圆、藏露等变化丰富，但也应该是有弹性的、生动的，书写时手指控制笔，也要有轻微的提按动作，以便写出理想的笔画来。

毛笔运笔贵用锋，硬笔的笔尖也可看作锋。要追求变化多姿的笔画，就要变换运笔用锋法。下面对运笔方法作进一步的介绍：

起笔可顺锋，可侧锋。

顺锋，就是顺着笔画的走向直接由轻渐重，边落边行。

侧锋，就是先将笔尖斜向右下方落笔呈切、顿状后转换方向行笔。

行笔中的按笔、提笔、转笔和折笔。

按笔，行笔时，把笔往下按，用力渐大，使线条由细变粗。

提笔，行笔时把笔逐渐向上提，用力渐小，线条由粗变细。

转笔，就是在书写时笔尖逐渐改变方向，像汽车拐弯一样，形成一定的弧线，力度、速度要均匀。

折笔，就是笔画突然改变方向，形成棱角，折处略驻稍顿，干净利索，不复杂化。

收笔或用出锋，或用回锋。

出锋，就是行笔到笔画的尾端，沿着行进方向提笔逐渐离开纸面。

回锋，就是行笔至笔画的尾端，然后向反方向退回提笔，不露痕迹。

3. 运笔特点

知道和掌握了多种运笔的方法，就要利用这些方法写出形态各异，变化多姿的笔画来。要做到能控制用力的大小，控制好运笔的上下起落，不平均用力。使写出的笔画流畅、稳健、虚实分明、或粗或细、或方或圆、刚柔相济。其运笔特点可从以下五方面进行体会：

第一，有起有收。写字的每个笔画都要按照运笔的三个步骤来做，做到起笔、行笔、收笔一气呵成。在写任何一个笔画时应从哪里起笔，写多长，到哪里收笔，要做到心中有数，也就是对字里每个笔画书写时有一个明确的定位。同时注意起收的虚实变化。

第二，有提有按。提和按是运笔最基本的两个动作。通过提按动作使笔画线条产生一定的粗细变化，从而避免笔画线条单调乏味，平拖硬拉，毫无生机。反映在用力大小上就是提则轻，按则重。一般来说，起笔收笔应稍重，行笔过程要稍轻，转折停顿处应稍重，直行笔画则稍轻。提按轻重相辅相成，只要掌握了轻重提按，笔画以及整个字就富有力量感和弹性美，这是运笔上一个重要的技巧。

第三，有快有慢。用硬笔书写笔画时不能匀速运笔，而应该有快有慢，写字的节奏也正是表现在这一方面。用笔的快慢也是和提按相对应的，一般来说，一个笔画起笔做动作应慢些，行笔则要轻快些，转折停顿处稍慢，直行笔画稍快些。也就是说，用笔重的地方慢些，轻的地方则要快些。快慢结合，才能使笔画生动活泼，流畅自然。

第四，有方有圆。所谓转以成圆，折以成方。写字用笔时，折顿笔便使得写出的字棱角分明，骨力劲健，而转笔处则使得线条具有一定的弧度和弹性，这样有方有圆，方圆兼备，有曲有直，有向有背，使得写出的字形态变化丰富，刚柔相济，具有较高的审美效果。

第五，有情有致。硬笔字书写在正确用笔的情况下，切忌笔画死硬僵直，缺乏生机。在书写时要善于控制用力的大小、运笔的快慢，使笔画之间气息连贯，产生节奏感和韵律美。要借助运笔的起收，使点画有呼应之感，从而使整个字成为一个有机的整体，富有情趣。表现最突出的是左右点和上下点之间的连带。

二、笔画

汉字是由笔画组合而成的。笔画书写的正误好坏直接影响到字的形态美观度。如果将汉字比作机器，那么笔画就是机器的零件，零件不合格，机器就不能正常运转；同样笔画写不好，必然影响字的美观。王羲之曾说过，“倘或一点失所，若美人之病一目；一画失节，如壮士之折一肱。”可见笔画书写的重要性。汉字基本笔画有八个：横、竖、撇、捺、点、提、折、钩。其中前六个为单笔画，折和钩属复合笔画。虽然汉字的基本笔画有八种，但在具体的应用中，又派生出更多的笔画类别，每一种笔画在具体的字中还会有形态上的变化，所以要认真学习领会这些笔画的写法，并要通过大量的练习掌握这些理论知识，以指导自己的书写实践，形成良好的书写技能，为自己以后的工作学习创造良好的条件。

三、结构

汉字的结构规律和法则，就是汉字的结构原则。汉字的结构原则，是广大人民群众在千百年来的书写实践中归纳总结出来的，合理理解和掌握可以将字很快写规范、整齐、美观。因此古人强调“结字亦须用功”。古往今来，关于汉字的结构原则的论述很多，我们从“重心平稳、比例适当、疏密有致、点画呼应、主笔突出、迎让穿插、参差错落”七个方面来一一作介绍。

第一，重心平稳。即要求结字平正、端稳。这是结字的最基本要求。对于初学者来说，首先要做到结字平稳。汉字的重心往往处在字的无形的中竖线上，只有在中竖线上左右均衡地安排笔画，才能达到左右平衡、重心平稳。要使结构重心平稳应做到两点：一是轴线中正，二是左右平衡。轴线中正，轴线指的是田字格的中竖线，楷体字中间有竖的，竖穿轴线，使两边均衡对称；左右平衡，指的是中竖线左右两边笔画有多有少，有长有短，有轻有重，但感觉要平衡。

第二，比例适当。也就是要使字匀称，使字的上下、左右、内外等各结构单位，大小、长短、宽窄比例适当，以笔画的伸缩、结构单位的安排恰如其分，和谐舒适为好。

第三，疏密有致。这里指的是字内的空间布白要得当。一般来说，笔画多、结构复杂的字安排要紧凑，即布白密；笔画少，结构简单的字安排要疏朗。字内的空间或疏或密，都要自然和谐，体现出空间美。

第四，点画呼应。指的是笔画间的映带承接。在具体的书写过程中自然而然地通过笔势产生的一种呼应关系，使整个字成为一个有机的整体，气脉相通，连贯响应，神采焕发，富有动感。

第五，主笔突出。每个字中的笔画都有主次之分。主笔一般是字中最长、最抢眼的一笔，它在一字中起平衡重心、支撑字架、决定字宽和字高的作用。在写一个字时，要决定哪个笔画是主笔所在，而后其他笔画要配合主笔，如众星拱月。主笔处理是否得当，直接关系全字的结构。一般在字中做主笔的是横、竖、撇、捺、钩。

第六，迎让穿插。迎让穿插就是指在合体结构的汉字中，各单体之间相互揖让，一方缩小了自己所占的空间，另一方扩展了自己所占的空间，并把笔画插足于对方闲置的空间里，使各部分之间咬合紧密，从而形成一个有机的整体。穿插的空间，有的是一个字中本来就有的，有的是靠移动变化笔画挪出的位置，书法结体中最讲究迎让穿插技法。

第七，参差错落。参差错落指的是汉字各笔画或结构单位的安排上要根据字形特点，顺其自然，使其出现长短、高低、大小的参差错落，同时，注意相同笔画或部件要追求变化，在变化中求和谐，在错落中求情趣。

汉字的结构原则，需要在运用中来理解和掌握，对每个汉字的适用上既有共性，又有个性，这就启示我们，在练习时既要遵循一般的汉字结构原则，又要根据汉字结构的不同，不断探讨、不断总结，把握多种原则，写出更好、更美的汉字形体来。

第三节 | 技巧训练

一、笔画

1. 横画

一	二	三

2. 竖画

十	士	土	工	干	王	丰	圭	上	止
正	耳	廿	甘						

3. 撇画

千	午	牛	壬	生	川	卅	开	井	斤
升	年	卉	厂	丘	左	在	垂		

4. 捺画

人	入	八	大	夫	天	夭	矢	失	丈
个	乔	本	禾	未	朱	走			

5. 点画

卜	下	卡	卞	不	丫	义	火	灭	犬
文	太	父	交	夹	头	关	米	采	半
平	辛	卒	斗	斥	州	立	兰	主	玉

丕	业	亚	巫	坐	非	韭	乒	乓	兵
少	从	广	产	严	术	来			

6. 提画

长	瓜	辰	衣	表	丧	以	云	去	丢
么	公	至	玄	丝					

7. 折画

口	曰	白	旦	亘	百	日	目	自	田
亩	由	曲	四	西	酉	言	皿	血	只
占	古	吉	舌	谷	石	右	名	片	中
串	甲	申	早	卓	单	聿	山	出	击
七	亡	甚	世	后	五	丑	当	互	虫
豆	里	重	首	且	直	贝	页	户	尹
史	吏	更	束	又	支	央	反	友	足
尺	之	乏	久	乡	及	夕	多	女	专

8. 钩画

小	水	求	寸	示	亦	丁	才	于	尔
乐	东	手	矛	乎	了	子	孑	予	可

韦	巾	币	市	永	月	丹	舟	为	力
办	万	方	毋	母	每	禹	冉	再	用
角	甫	事	丽	册	柬	弟	弗	身	乃
亏	与	马	分	勿	匆	弓	卫	乙	己
已	巳	巴	色	也	匕	儿	几	元	毛
屯	无	先	尤	龙	光	兄	克	见	电
龟	甩	比	此	充	免	尧	北	兆	亲
哥	几	凡	九	丸	包	瓦	乞	气	飞
皮	豕	心	必	弋	戈	我	风	氏	民

二、偏旁

1. 横向分布

（1）左偏旁

仁	位	住	作	任	佳	什	体	件	伟
仅	价	信	值	使	化	伦	他	优	修
征	往	径	行	彷	待	得	很	徐	街
杜	枉	柱	桂	朴	杆	析	样	杯	枯
相	根	格	植	村	杨	标	杭	机	树

粒	粹	糕	粽	粘	粗	粮	粉	精	糊
种	秋	私	和	积	租	移	称	稳	税
祈	祥	神	禅	社	礼	祖	视	祝	福
补	裤	袖	裆	衬	裙	初	衫	被	褂
扛	拉	挂	批	抖	排	报	担	掉	扣
握	据	指	推	措	打	找	持	扬	把
忏	性	悟	怕	怀	恒	恬	恰	惜	快
怪	惨	忙	恼	惊	情	悔	忆	悦	慌
斩	轿	较	轻	转	轴	轨	轮	辅	输
次	准	冷	冲	决	冰	凉	冻	况	冯
江	汪	注	温	汗	济	洋	没	波	淡
沾	油	活	洁	深	清	泳	源	流	演
让	证	许	谁	计	谊	训	讲	评	诉
认	议	设	谈	课	识	话	语	诗	说
址	堆	坛	坏	块	塔	坦	埋	堵	培
填	场	均	地	城	域	塘	墙	境	增

环	珍	玲	理	班	琳	瑕	琪	琅	珠
球	琼	现	玻	玩	琉	璃	瑶	珊	琏
岭	峰	峙	屿	屹	岖	崂	崛	岷	峭
蛙	虾	蚂	蚁	蝌	蚪	蜈	蚣	蝴	蝶
缸	缺	知	矩	矫	矮	短	龄	龌	龋
红	组	经	纠	纷	结	练	纯	终	继
细	织	给	纲	约	纪	纹	纲	线	统
烂	煤	烟	灯	炮	灿	烧	炬	炼	燃
双	艰	对	戏	观	孩	孙	孔	孤	孺
殖	列	殊	残	站	竣	端	飒	靖	竭
驻	驭	驱	验	驶	骋	骑	驰	骆	驼
狂	犷	狡	猛	狐	独	狼	猎	猜	犯
貂	豺	貌	施	族	旌	旗	旅	旖	旎
针	钟	锦	铅	错	铁	银	钉	镇	钱
研	矿	硕	础	碑	碰	码	碍	破	确
趴	踩	跑	路	跳	践	距	蹈	踏	跟

叶	叫	听	味	吹	吸	吵	吟	咬	咱
唱	呼	吗	呢	喝	吃	吩	咐	哪	啊
旺	昨	晒	暗	暖	映	时	晴	晚	晓
畔	略	贬	贴	贻	赠	购	财	赋	赚
眯	睦	眼	眶	睹	瞄	睁	瞒	盼	眠
耻	耿	联	职	取	聪	耽	射	躲	躺
般	船	航	舵	解	触	酸	酝	配	醒
韵	韶	默	黔	鲜	鲤	鲍	鳝	鲸	鳃
娃	姓	妍	妙	妹	姑	姐	始	娘	好
婷	她	婚	嫁	帐	帆	帖	帜	幅	帽
牧	特	物	牡	牺	牲	肚	胜	脸	胖
肤	腰	服	胆	脑	脚	腿	肥	脉	脱
鞋	靴	勒	靶	甜	乱	舔	饭	馒	饱
引	弘	张	弦	弹	强	弥	弛	粥	弧
队	降	阵	阶	陆	除	际	陈	院	附

(2) 右偏旁

邦	郑	邻	郊	邓	都	部	郎	那	郭
却	卸	叩	即	印	斯	所	斩	断	新
料	斜	斟	幼	动	劲	助	劫	励	勘
顺	预	颠	颜	额	频	颇	颖	颊	颗
收	政	致	效	故	敌	敢	救	教	散
欺	欧	欲	款	歌	歇	歉	段	毁	毅
刨	刊	刑	利	判	剑	刘	剂	刮	划
创	到	刻	副	割	剧	制	倒	别	剥
封	耐	尉	形	彬	彩	彰	彭	影	彤
鸡	鸭	鸥	鸽	鹊	规	舰	靓	既	瓶
魂	魄	魏	翊	翔	翩	翻	雅	雌	雕

2. 纵向分布

(1) 上偏旁

介	全	金	企	今	令	含	合	舍	会
佘	余	仑	仓	命	念	拿	贪	食	俞
弃	彦	变	章	哀	衰	亨	享	商	高
奔	套	奋	奢	奈	夺	夸	爸	爷	爹

宋	灾	实	室	宝	宾	官	富	客	害
宁	宇	守	字	宗	家	它	宅	完	宠
写	军	冠	空	窄	容	究	穷	窕	窈
雯	霁	雪	零	霏	霸	露	霞	霍	需
学	觉	奚	受	舜	孚	爱	觅	妥	巢
老	者	考	孝	灵	录	帚	尘	尖	肖
堂	棠	掌	裳	尝	常	党	尚	省	劣
革	草	落	苦	若	茶	英	暮	著	芽
节	苏	艺	范	苑	花	芬	芳	劳	菜
笠	竿	筐	笨	笑	笛	第	箱	算	箫
笔	策	笼	管	符	箭	简	等	筝	篇
美	羔	善	养	羡	恙	差	羌	着	羞
岸	炭	岁	岩	崖	岗	崇	岂	岚	崔
早	旱	显	星	昊	暑	最	晨	昆	景
罢	罗	置	署	罩	蜀	罚	罪	栗	贾
男	胃	畏	思	累	奉	泰	奏	秦	春

（2）下偏旁

六	兴	共	其	具	真	黄	贝	舆	类
贡	责	贺	员	贵	贤	贯	费	贷	贸
犁	弄	弃	弊	帛	市	吊	带	帣	帮
勇	努	势	务	骂	驾	鸳	鸯	豢	毫
装	裘	袋	裂	褒	京	素	紧	紫	繁
集	桑	杂	桨	梁	架	染	梨	禁	祭
恭	慕	拳	挈	栗	粱	寺	尊	寻	导
李	季	孪	基	型	圣	坚	坠	堕	垫
孟	盘	盈	盆	盖	益	盐	盟	监	盗
杰	点	煮	燕	照	焦	热	烈	然	熟
志	悉	恶	悲	恋	恙	恩	息	怎	总
惠	意	患	思	想	愁	忽	急	怒	悠
委	娄	姜	妄	要	耍	婪	姿	娶	妻
告	杏	台	吾	否	召	吞	唇	咨	哲
杳	昔	晋	普	曹	曾	替	音	香	鲁
留	备	番	瞥	盲	督	肯	育	肾	背

3. 斜向分布

（1）左上包右下

压	厌	历	厉	原	厚	庄	庆	应	座
店	庙	康	唐	庶	库	度	废	庭	序
疾	痕	疼	疗	病	痛	疯	虎	虚	虑
屏	尼	层	展	居	屋	届	屈	屠	履
属	局	尾	扉	雇	启	肩	房	扁	扇

（2）左下包右上

这	达	还	进	送	述	近	迫	造	适
连	过	辽	途	逐	迹	遂	违	通	道
赵	赴	赶	趁	起	超	廷	延	建	处

（3）戈部

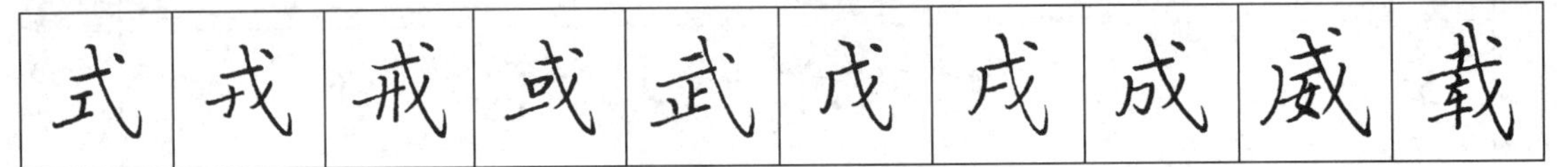

式	戎	戒	或	武	戊	戌	成	威	载

4. 字框

（1）门字框

闪	闲	间	问	闭	闸	阅	阐	闹	闺

（2）同字框

冈	网	岗	同	用	周

（3）两框

习	司	匀	句	勾	匈	旬	匍

（4）三框

向	雨	南	内	丙	两	凶	幽	函	画
区	匡	匹	医	巨	臣	匠	匪	匝	匣

（5）四框

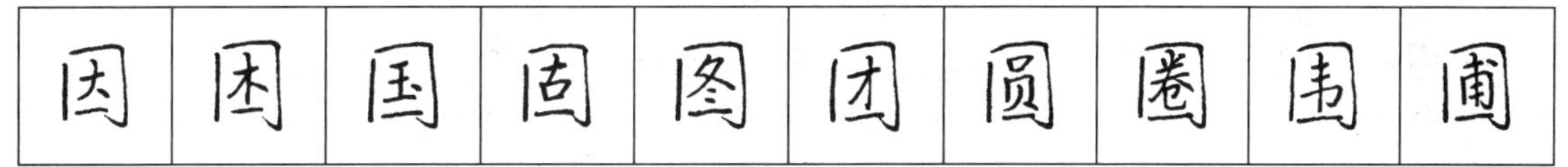

三、结构

1. 独体字

（1）画少结构

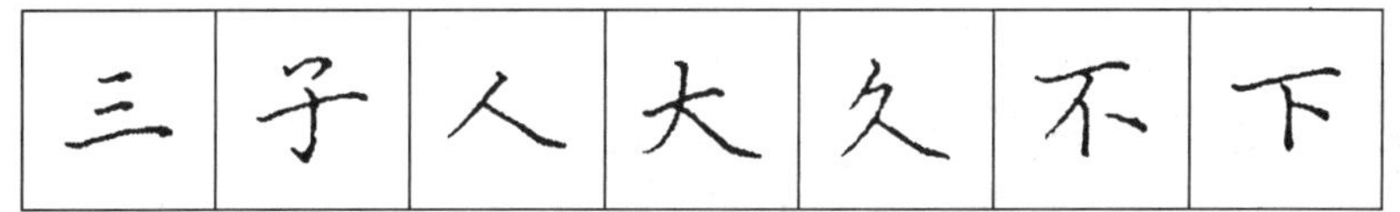

（2）画多结构

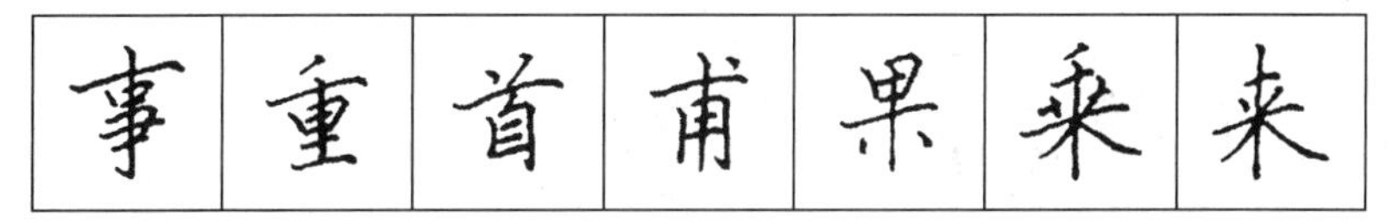

（3）长方结构

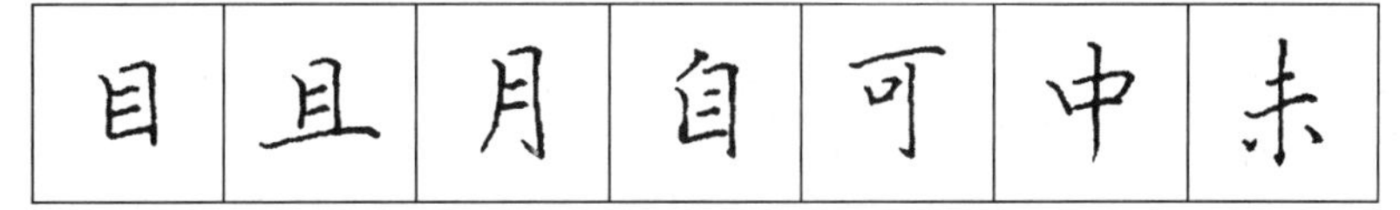

（4）扁形结构

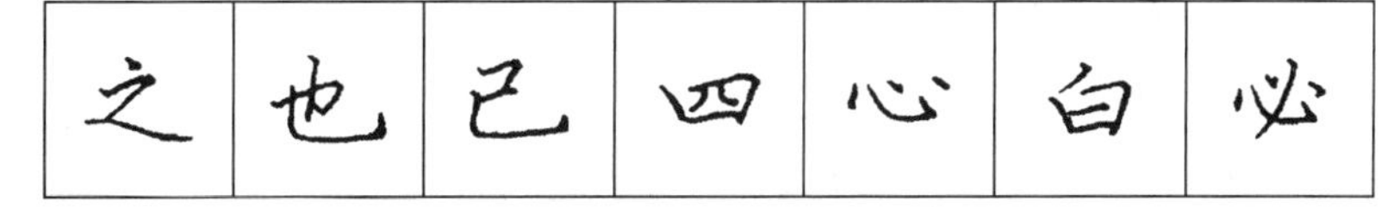

（5）斜形结构

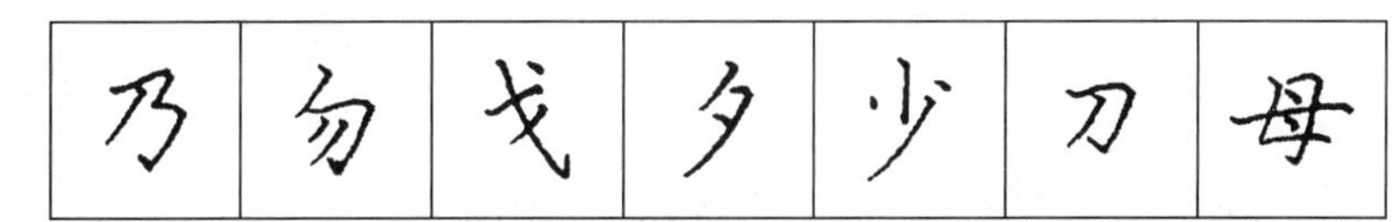

（6）开肩结构

面	而	雨	曲	田	南	内

2. 合体字的结构形式

其一，横向结构——左右结构。

（1）左右均等

静	孰	致	物	歇	矜	救

（2）左窄右宽

海	强	得	隐	偷	拙	躁

（3）左宽右窄

割	彰	形	则	鄙	郡	制

（4）左矮右高

雄	唯	竭	明	嘘	顽	味

（5）左高右矮

缸	知	江	和	如	枉	弘

（6）左右相同

弱	羽	朋	林	竹	双	兢

横向结构——左中右结构。

（1）左中右均等

晰	辙	卿	翔	糊	脚	粥

（2）左窄中右宽

淤	凝	潮	冽	懈	浙	慨

（3）中窄左右宽

辩 附 猴 班 鞭 衍 树

（4）左中窄右宽

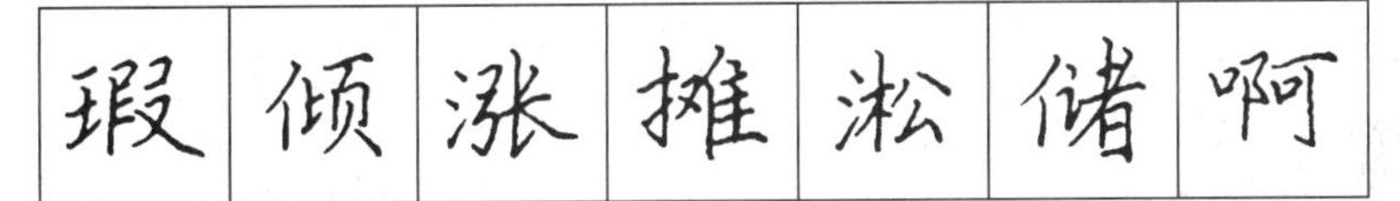

其二，纵向结构——上下结构。

（1）上下均等

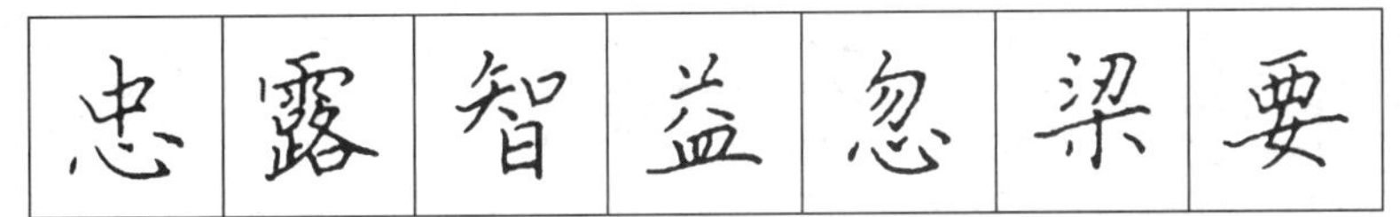

（2）上大下小

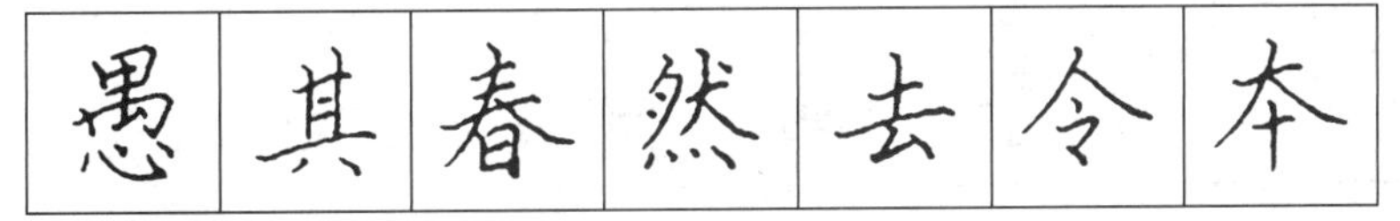

（3）上小下大

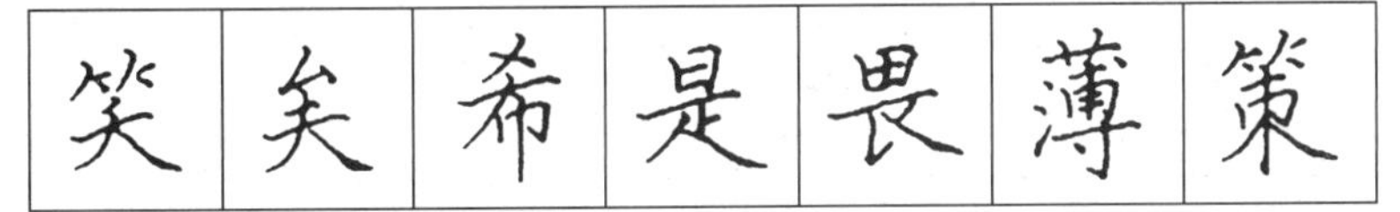

（4）上下相同

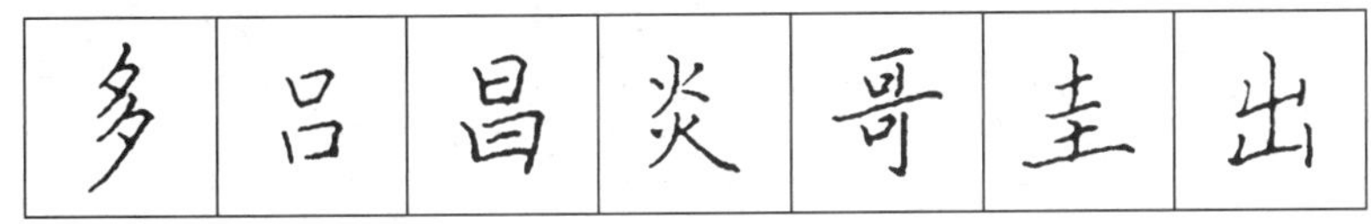

纵向结构——上中下结构。

（1）上宽中下窄

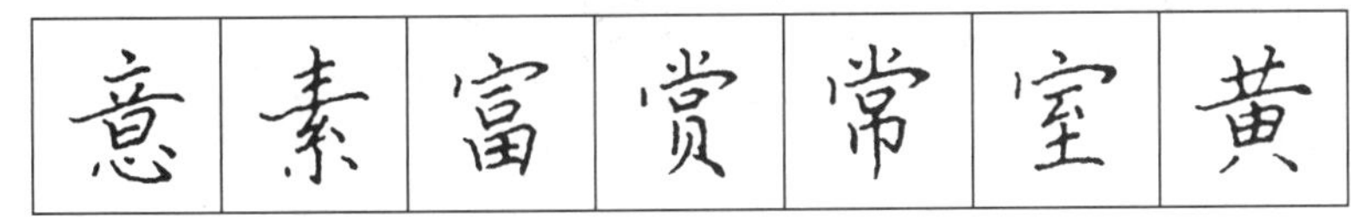

（2）上中窄下宽

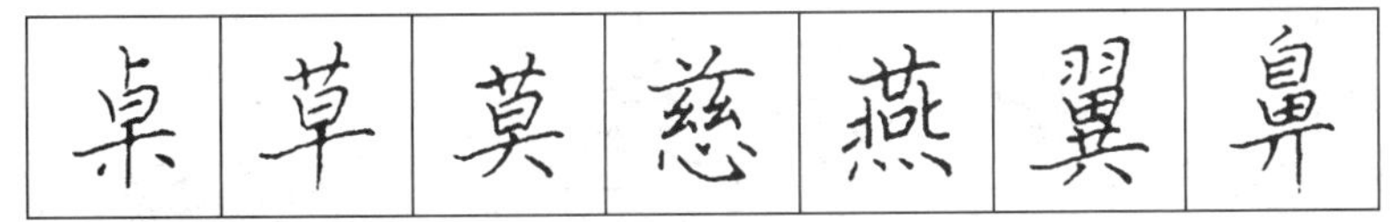

（3）中宽上下窄

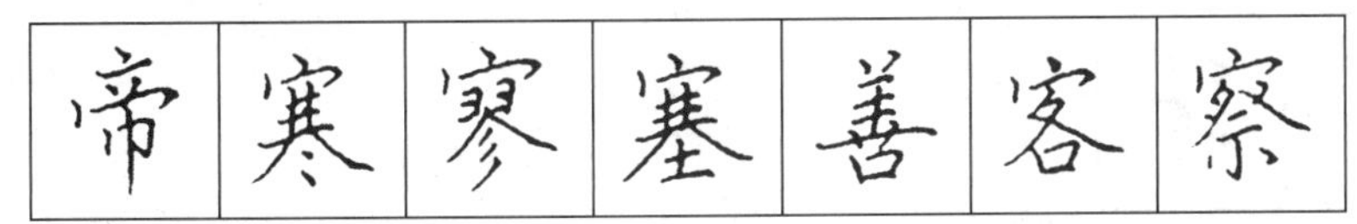

其三，包围结构——半包围结构。

（1）上包下

用	同	闷	闻	网	阅	风

（2）下包上

凶	函	幽	画

（3）左包右

匪	臣	匿	匡	匠	医	匾

（4）左上包右下

居	辱	病	存	厚	属	者

（5）左下包右上

遗	道	遂	建	迷	延	越

（6）右上包左下

或	式	忒	习	匀	甸	句

包围结构——全包围结构。

固	囚	困	围	团	图	国

其四，特殊结构。

（1）三角结构

众	晶	品	磊	森	鑫	矗

（2）四角结构

器	嚣	翡	琵

第四章

硬笔行书

第一节 | 概述

行书是中国书法主要书体之一，它在汉末产生，到东晋“二王”时完全成熟。此后，行家辈出，风格卓绝。一千多年来，各代行书大家灿若星辰，如东晋“二王”父子及当时的一些名家，初唐虞世南、欧阳询，中唐颜真卿，宋代苏（轼）、黄（庭坚）、米（芾）、蔡（襄），元代赵孟頫、鲜于枢，明代倪元璐、黄道周、王铎，清代赵之谦等，不一而足。

这种书体，介乎真、草之间，《宣和书谱》云：“自隶法扫地而真几于拘，草几于放，介乎两间者，行书有焉。”行书较之楷书（又称真书）便捷实用，比草书易于辨识，但是行书作为一种书体存在当然另有其独立的审美品格。正是因其流利、优美、便捷等特征，所以不管是从艺术性还是实用性上无不受到历代书家与广大普通书写者的喜爱，到今天仍是一种雅俗共赏、应用极广的书体。

行书具体说来有如下四种特点：

一、以简代繁

为了提高书写速度，行书在处理笔画时，常常以简代繁，以少代多。有三种形式，一是省略楷书的一些笔画，如：“佛—佛”。二是把繁琐的笔画变为一笔写成，如：“连—连”。三是点画互换，如把横、竖、撇、捺变为点，如：“三—三，不—不，果—果”等。亦可把点画变成横画和竖画，如：“热—热，湖—湖”等。

二、牵丝连带

楷书点画清晰，结构工整，笔画之间各自独立，互不连属。行书为了提高速度，多在笔画之间以线相连，同时也加强了笔势的呼应关系，增强灵动感。但要注意的是这种细线牵丝实为行笔过程自然带出，属附属笔画，不必过分强调，以防喧宾夺主。如：“意思”等。

三、改变笔顺

这一特点来自草书。行书中常有借鉴草书原理，改变楷书时的笔顺形态，从而达到便捷之效，如：“王—王，乎—乎，精—精”等。

四、体态多变

变化是艺术的生命。规矩的楷书变化较少，行书却灵活多变，体态万千，没有固定的书写格式。

第二节 | 技法简析

此处的技法简析以钢笔为例，粉笔字大同小异。

一、用笔

1. 执笔

行书的执笔方式为“三指虎口执笔法”，这与书写楷书的方法基本一致，以大拇指第一节前端正面部位和食指第一节前端的正面夹住离笔尖大约一寸的笔杆，以中指第一关节的侧面抵住笔杆，三指的用力方向必须作用在同一垂直圆截面上，将笔杆的尾端靠在食指根部；无名指和小指紧靠中指，五个手指呈半握拳状，像执毛笔一样要“指实掌虚”，钢笔、圆珠笔、铅笔均按此执笔。

但因行书书写有流畅便捷、松动灵活这一特殊要求，“三指”（大拇指、食指、中指）可适当上移，即与笔管的接触点比楷书来得高一些，在掌握基本执笔方法的基础上，各人可按照自己的书写习惯，再作适当调整，总之以方便书写为准则。

角度：执笔的角度通常为45° 左右，书写过程中因为具体笔画的需要，通常要在30° —70° 之间变动。

高低：执笔的高度一般为距笔尖约一寸，角度45° 左右；执笔低，角度大，书写范围小，笔画细；执笔高，角度小，书写范围大，笔画粗。

坐姿：头正，身直，肩平，背开，脚稳。

2. 运笔

行书的运笔与楷书一样，皆由起笔、行笔、收笔三部分构成，但运笔过程中的变化比楷书丰富，如提按不定、速度较快、节奏鲜明等。

行书的起笔有两种方式：切笔式和顿笔式。

所谓切笔，即斜冲式，相当于毛笔行书中的露锋起笔（顺势），出笔时右斜下方迅速入纸，由虚到实、由轻到重、由细到粗，整个过程连续不断，一气呵成。这种起笔方式轻盈流畅，婀娜多姿。所谓顿笔，即落点式，相当于毛笔行书中的藏锋起笔（逆势），出笔时先做一顿点再按行笔方向行笔，这种起笔方式坚定有力、沉着稳重。

行书的行笔有四种方式：滑行、提按、圆转和方折。

滑行，指行笔时按笔势方向，保持一定力度在纸上移动，像毛笔书法中的“平移”，这种方式线条粗细变化不大、均匀适中。

提按，指行笔过程中有节奏地将笔上提或下按，使笔画由细到粗或由粗到细有变化，与毛笔书法中的“提按”有相同的审美效果。

圆转，是行书用笔方法中最为常见的一种，即在笔画的转折处以“圆弧”连接前后点画，使行笔流畅，气脉贯通，暗合毛笔书法的“绞裹”用笔。使用这种方法要注意“实连”而非“虚连”，线条自身的基本走向也不能改变，保持汉字的合理性。

方折，由楷书用笔而来，这种方式使线条能立起来、挺得住。

行书的收笔有两种方式：出笔式和顿笔式。

出笔式收笔是行书收笔中常见的收笔方式，即在写完一个笔画时，不作停顿顺势带出，从外形看较细。这种收笔方式简洁流畅、干脆利索。行书的牵丝连带就是通过这种用笔方式来完成的。顿笔式收笔即在点画即将结束时，稍作顿势作为收笔，注意顿后即回。

二、行书的点画与结构

点画是构成书法艺术最基本的元素，也是隶属于笔法的重要组成部分，静态书法（篆、隶、楷）

在笔法变化上较为简单，行书却极富变化，有如水火，态势不定，所谓："锺书点画各异，右军万字不同。"欲求点画之变化，先窥用笔之规律。笔法圆熟，自然纵横多姿，无适不当，古之书家，皆率意万变，终不离用笔之规矩法度。"因此初学者在笔法上应至诚其志，不息其功，先择定一家，奉为金科玉律，亦步亦趋，勿有丝毫逾越，后能纵览古今，一步步脚踏实地，积习既久，方能以一贯万，融会贯通，与造化相合，尽万物之态。"

当然，仅靠点画技巧，并不能完成整个行书学习，因为行书的灵活多变和不确定性暗示了各种元素应该在各自的位置上有最大限度的变通，而仅有的点画技巧不能给我们提供如此完备的技法支持。于是偏旁训练便应运而生了。偏旁在技法训练中占有极为重要的地位，这首先来源于它起到从基本元素（独立的点画）到线构成（间架结构）的连接作用，当然这是我们今天书法训练的方法，它有别于古代的书法教育，因为"中国古代的书法教育根本不讲方法"。字形结构作为笔法和章法的中间媒介，在书法艺术中起着不可低估的作用。在单字训练中要充分考虑字内结构与字外空间的黑白关系。此处我们引入了这两个较新的概念，那是因为由它们（字结构对空间的剖切）而形成的单元空间在结构中的重要地位使之然。字结构内各单元空间的情调及它们的关系从深处影响着字结构的表现力。有独创性的书家都是在潜意识里到达这个层面，从而做出他们的贡献。而直接在这一层面上展开训练，将使人们较为轻松地超越对典范结构的模仿，及早进入真正的创造活动中。对于将汉语作为日常交流工具的人们来说，汉字结构是再熟悉不过了，他们很难避开日常感觉模式的影响，在每一次的临写和创造中都把其作为一个需要精心处理的框架结构。

因此这一部分的诸多练习，要特别提醒大家注意，即使是十分熟悉的汉字，其线条和空间的任何一点变动，都会使你觉得又面对着一个崭新的形象。需要一提的是，相对于静态的篆、隶、楷结构的循规蹈矩（平正、匀称、协调、和谐的理性因素占主导地位），作为动态的行书的结构，更富于感性的抒情写意，以灵活多变为佳（前提是有楷书功底为支撑）。另外，行书特别讲究流动、贯气，而贯气必须先从单字流动开始。贯气，属于笔势范畴，它是体现笔势的重要组成部分。书法术语又称"筋脉""血脉"。古人非常重视笔势在书法中的作用。张怀瓘说："作书必先识势。""势"在书法中是一个综合能力的表现，并非单纯局部的笔墨技巧，它牵涉到执笔、运腕、点画、结构、章法、节奏、韵律、力度、笔意等方面。

三、练习行书时应注意的一些问题

硬笔行书的出现也是顺应毛笔而来，所以从技巧上，取法古代（毛笔）行书经典碑帖，无疑是可行的一条通道。另一方面是临习目前硬笔书家的一些行书字帖，也可步入法门。这两种方式各有利弊。从艺术格调上看，取法古代经典肯定要高于现代名家，但因为"经典碑帖"多是毛笔写法，毛笔因为"笔软则奇怪生焉"（蔡邕《九势》）的客观情况与变化不大的硬笔线条有很大的不同，所以把毛笔线条变为硬笔书写有一个复杂的转化过程，转化的效果要看各人的领悟与实践力度。取法现代名家，因为都是硬笔书写，比较容易上手，但又很容易染上习气，所以不妨把二者结合起来。结合方式因人而异，先临古代经典或现代名家，之后再反过来临习，反复轮回，逐渐融合，结合自身的审美感悟，形成特色。

行书说到底还是在楷书的基础上"添油加醋"。添几根游丝，加些许动势。所以想把行书写好，加强楷书基本功训练这一环节不可少。虽然先前有人认为"学书不必先习楷"，但是据相当数量的一线书法教学工作者的观点，作为书写基本功，特别是师范书法教育，还是应该全面学习。

在实际学习过程中，学生从楷书到行书过渡不自然，主要有如下两种情况：

第一种情况是"愣头愣脑"。造成这种情况的原因是没有解放楷书笔法，依然用楷书的书写（用笔）方法去写行书。楷书中过多地讲究行笔过程的完整性，从而造成线条线形的完整性，这样表述并非是对立行书运笔的不具完整性，而是基于楷书的强调用锋的多样性，而行书中更多地运用露锋与搭锋，在创作或率意书写（甚至临摹中的意临）中，它的随机性（书写过程中随作者本人情绪挥洒一任直下，而忘怀自我）占有很大比例。所以出现的线条就与楷书中几乎可以预先想到的线条有着千差万别。

第二种情况是“花里胡哨”。出现这种情况，或者是因为对范字内涵理解不到位，以为这是潇洒流畅，一泻千里。其实是缺乏骨架的支撑，在线条的内在质量以及笔势的呼应上缺少锤炼；或者由于胆气太小，过于忠实原帖，重点偏到了主体线条之外的牵丝上，造成主次不分、宾主不明。

这两种情况都是因为对“点画的呼应”的理解与表现不够深刻、不够到位所致。行书中单字内“呼应”有两种形式：一是无形之使转，所谓内势；二是有形之牵丝，所谓外势。内势在毛笔书法中又称“筋法”。筋藏于肉内，筋脉相连，气血自然贯通。蒋和《书法正宗》云：“有筋者，顾盼生情，血脉流动，如游丝一道，盘旋不断，有点画处在画中，无点画处亦隐隐相贯，重叠牵连，……”外势又称“引带”，引带之笔，本无中生有，只是在书写过程中因笔势的往来偶然不经意带出，如长空游丝，增强了点画之间的流动感，虽有妙趣，但终是处于从属地位，不宜过重，以免喧宾夺主。另外，还要尽量少用，多用则连绵缠绕，使人眼花缭乱，赵宧光《寒山帚谈》云：“晋人行草不多引锋，前引则后必断，前断则后可引，一字数断者有之。后世狂草，浑身缠以丝索，或连篇数字不绝者，谓之精练可耳，不成雅道也。”话虽偏激，亦有可借鉴之处。

第三节 技巧训练

一、笔画

1. 横画

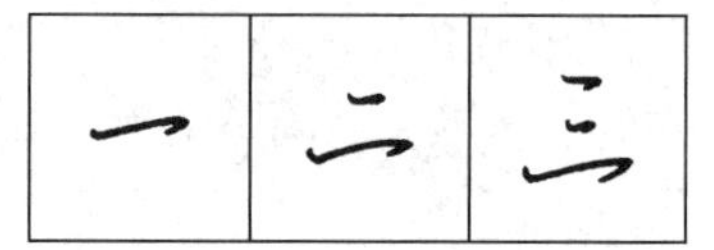

2. 竖画

十	士	土	工	干	王	丰	圭	上	止
正	耳	廿	甘						

3. 撇画

千	午	半	壬	生	川	卅	再	井	斤
升	年	卉	厂	立	左	在	垂		

4. 捺画

人	入	八	大	夫	天	夭	矢	失	丈
个	齐	本	禾	来	朱	走			

5. 点画

卜	下	卡	示	不	丫	义	火	灭	犬
文	太	父	交	夹	头	买	米	呆	半
平	辛	幸	斗	斥	州	立	兰	主	玉
亚	些	亚	亚	坐	非	业	兵	兵	兵
少	从	广	产	严	术	来			

6. 提画

长	瓜	辰	衣	表	表	以	云	去	去
么	公	至	玄	丝					

7. 折画

口	回	向	旦	互	百	日	目	自	田
宙	由	曲	四	西	画	言	皿	血	只
占	古	吉	舌	谷	石	右	名	片	中
串	甲	申	早	卓	单	重	山	出	出

士	亡	甚	世	后	五	丑	当	互	虫
亘	里	重	首	且	直	贝	页	户	尹
史	吏	更	束	又	支	央	反	友	足
尺	之	今	久	乡	及	夕	多	女	去

8. 钩画

小	水	求	寸	示	京	丁	才	于	尔
乐	东	手	矛	争	了	予	子	亨	可
韦	中	币	市	永	月	丹	舟	为	力
办	万	方	毋	母	每	禹	冉	再	用
角	甫	事	丽	册	柬	弟	弗	身	乃
亏	与	马	分	勿	匆	弓	卫	乙	己
已	巳	巴	色	也	匕	儿	瓜	亡	毛
屯	元	先	尤	龙	光	兄	克	见	电
龟	甩	比	此	完	免	尧	北	北	亮
哥	几	凡	九	丸	包	瓦	乞	气	飞
皮	承	心	必	弋	戈	我	风	氏	民

二、偏旁

1. 横向分布

（1）左偏旁

仁	位	信	作	任	佳	什	俸	伴	伟
仅	价	倍	值	使	化	伦	他	优	修
征	往	径	行	彷	待	得	很	徐	街
杜	柱	核	桂	朴	杆	析	样	杯	枯
相	根	格	植	村	杨	标	杭	机	树
粒	粹	糕	粽	粘	粗	粮	粉	精	糊
种	秋	私	和	积	租	移	称	稳	税
祈	祥	神	禅	社	礼	祖	视	祝	福
补	裤	袖	褚	衬	裙	初	衫	被	褂
扛	拉	挂	批	抖	排	报	担	掉	扣
握	据	指	推	措	打	找	持	扬	把
烂	煤	烟	灯	炮	灿	烧	炬	炼	燃
双	艰	对	戏	观	孩	孙	孔	孤	孺
殖	列	殊	残	站	竣	端	飒	靖	竭
驻	驭	驱	验	驶	骋	骑	驰	骆	驼

狂	犷	狡	猛	狐	独	狠	猎	猜	犯
貂	豺	貌	施	族	旋	旗	旅	旖	旎
针	钟	锦	铅	错	铁	银	钉	镇	钱
研	矿	硕	础	碑	碰	码	碍	破	碉
趴	踪	跑	路	跳	践	距	蹈	踏	跟
叶	叫	听	味	吹	吸	吵	吟	咬	咱
唱	呼	吗	呢	喝	吃	吩	咐	哪	啊
旺	昨	晒	暗	暖	映	时	晴	晚	晓
畔	略	贬	贴	贻	赠	购	财	赋	赚
睐	睦	眼	眶	睛	瞄	睁	瞒	盼	眠
耻	耿	联	职	取	聪	耽	射	躲	躺
忏	性	悟	怕	怀	恒	恬	恰	惜	快
怪	惨	忙	恼	惊	情	悔	忆	悦	慌
斩	轿	较	轻	转	轴	轨	轮	辅	输
次	准	冷	冲	决	冰	凉	冻	况	冯
江	汪	注	温	汗	济	洋	没	波	淡

治	油	活	洁	深	清	添	源	流	演
让	证	许	谁	计	谊	训	讲	评	诉
认	议	设	误	课	识	话	语	诗	说
址	堆	坛	坏	块	塔	坦	埋	堵	培
填	场	均	地	城	域	塘	墙	境	增
环	珍	玲	理	班	琳	瑕	琪	琅	珠
球	琮	现	玻	玩	琉	璃	瑶	珊	琏
岭	峰	峙	屿	屹	岖	崂	崛	岷	峭
蛙	虾	蚂	蚁	蝌	蚪	蜈	蚣	蝴	蝶
缸	缺	知	矩	矫	矮	短	龄	龌	龋
红	组	络	纠	纷	结	练	纯	终	继
细	织	给	纲	约	纪	绞	续	线	统
般	船	航	舵	解	触	酸	酌	配	醒
韵	韶	默	黔	鲜	鲤	鲍	鳝	鲸	鳃
娃	姓	娇	妙	妹	姑	姐	始	娘	好
婷	她	婚	嫁	帐	帆	帖	帜	幅	帽

牧	特	物	牡	牺	牲	肚	胜	脸	胖
肤	腰	服	胆	脑	脚	腿	肥	脉	脱
鞋	靴	鞠	靶	甜	乱	舔	饭	馒	饱
引	弘	张	弦	弹	强	弥	弛	粥	弧
队	降	阵	阶	陆	除	际	陈	院	附

（2）右偏旁

邦	郑	邻	郊	邓	都	部	郎	那	郭
却	御	叩	即	印	斯	所	折	断	新
料	斜	斟	幼	动	励	助	劫	劢	勘
顺	预	颠	颜	额	频	烦	颖	赖	颗
收	政	玫	效	故	敌	敢	救	教	散
欺	欧	欲	款	歌	歇	歉	段	毁	毅
刊	刑	利	判	剑	刘	剂	刮	划	创
钊	到	刻	副	割	刷	制	倒	别	剥
封	耐	尉	形	彬	彩	彰	彭	影	彤
鸡	鸭	鸥	鸽	鹊	规	舰	靓	既	瓶

书写训练（第二版）

魂	魄	魏	翊	翔	翩	翻	稚	雎	雕

2. 纵向分布

（1）上偏旁

介	全	金	企	今	令	含	合	舍	会
佘	余	仑	仓	命	念	拿	贪	食	俞
弃	亥	变	章	哀	衰	亨	享	商	高
奔	套	奋	奢	奈	夺	夸	奄	希	爹
宋	灾	实	室	宝	宾	官	富	客	害
宁	字	守	兆	宗	家	它	宅	完	宠
写	军	冠	空	窄	容	究	穷	窕	窃
雯	霁	雪	零	霏	霸	露	霞	霍	需
学	觉	窦	受	舜	字	爱	觅	妥	巢
老	者	考	孝	灵	录	帚	尘	尖	肖
堂	棠	掌	裳	誉	常	党	尚	省	劣
革	草	落	苦	若	茶	莫	暮	著	苹
节	苏	艺	花	范	花	茶	芳	劳	菜
笠	竿	笙	筹	笑	笛	第	箱	算	箫

笔	策	筏	管	符	箭	简	等	筝	篇
美	羔	善	养	羡	羞	差	羌	着	盖
岸	炭	岁	岩	崖	岗	赏	岂	岚	崔
旱	显	昱	星	昊	暑	最	晨	昆	景
罢	罗	置	署	罩	蜀	罚	罪	栗	贾
男	胃	畏	思	累	奉	泰	奏	秦	春

（2）下偏旁

六	兵	共	其	具	真	黄	典	舆	类
贡	责	货	员	贵	贤	贯	费	贷	贸
勇	努	势	务	骂	驾	鸳	鸯	骜	毫
装	裘	袋	裂	襄	京	素	紧	紫	繁
集	桑	杂	柴	梁	架	染	梨	禁	祭
恭	慕	拳	挈	栗	梁	寺	尊	寻	导
李	季	享	基	型	室	坚	坠	堕	垫
孟	盘	盈	盆	盖	益	盐	盟	监	盗
杰	点	煮	燕	照	焦	热	烈	然	熟

志	悉	恶	悲	惠	恙	恩	息	怎	总
惠	意	患	思	想	愁	忽	急	怒	悠
委	娄	姜	妄	要	耍	婪	姿	娶	妻
告	杏	台	吾	启	召	吞	唇	咨	哲
看	昔	晋	普	曹	曾	替	音	香	鲁
留	备	番	瞥	盲	督	肯	育	肾	背

3. 斜向分布

（1）左上包右下

压	厌	历	厉	原	厚	庄	庆	应	座
店	庙	康	唐	庶	库	度	废	庭	序
疾	痕	疼	疗	病	痛	疯	虎	虐	虑
屏	尼	层	展	居	屋	届	屈	屑	履
属	局	尾	扉	雇	启	肩	房	扁	扇

（2）左下包右上

这	达	还	进	送	述	近	迫	选	适
连	过	辽	逢	逐	迹	遂	违	通	道
赵	赴	赶	趁	起	超	廷	延	建	处

（3）戈部

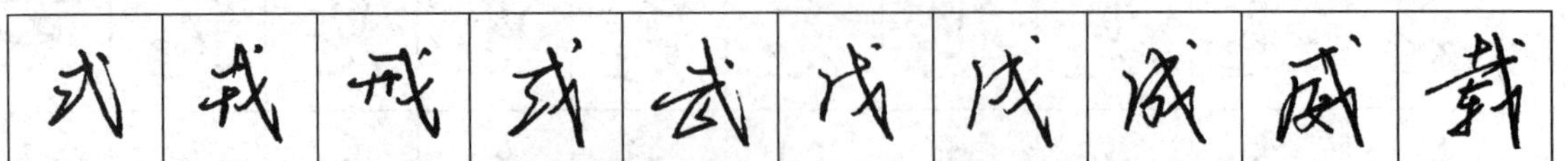

4. 字框

（1）门字框

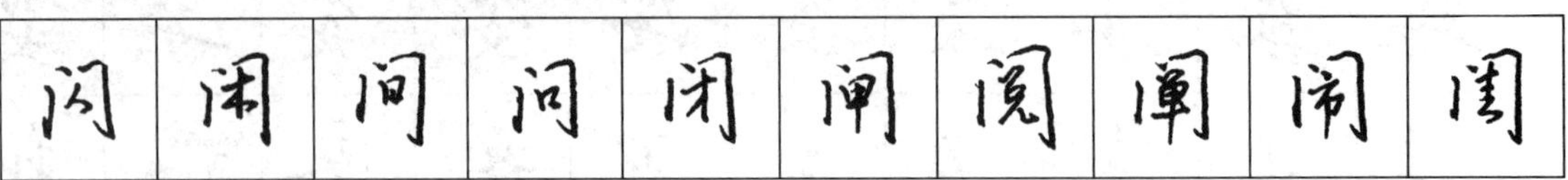

（2）同字框

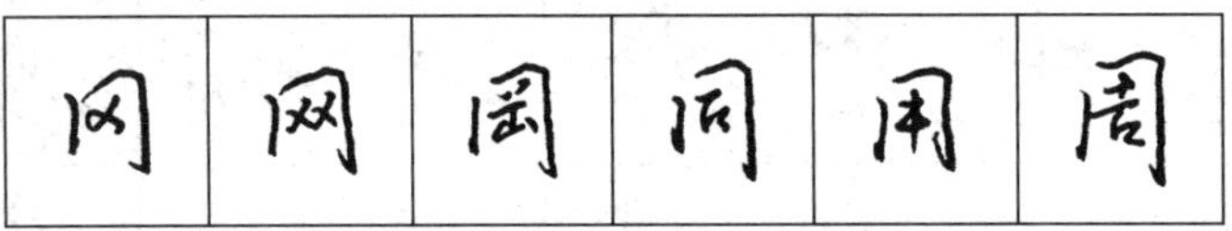

（3）两框

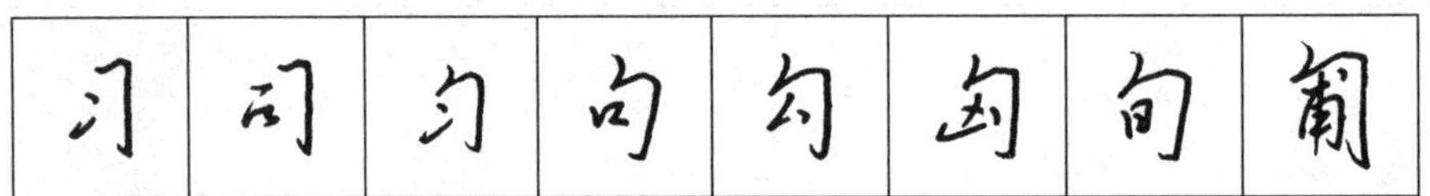

（4）三框

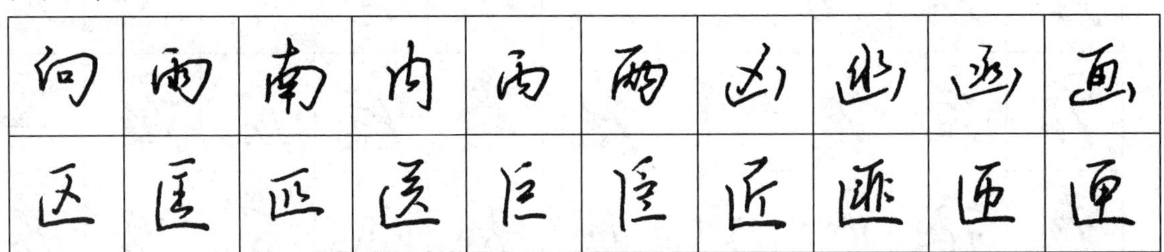

（5）四框

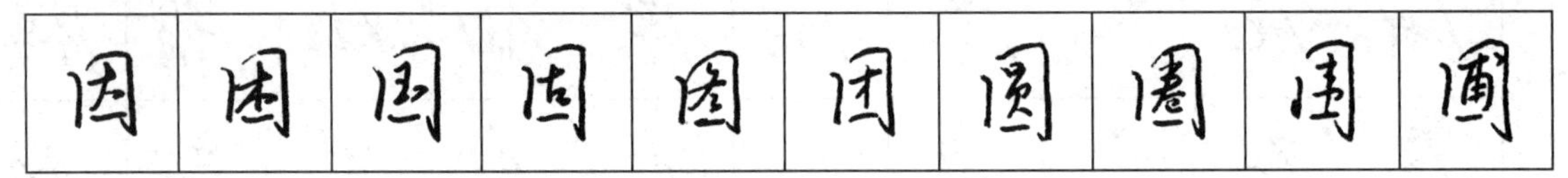

三、结构

1. 独体字

（1）画少结构

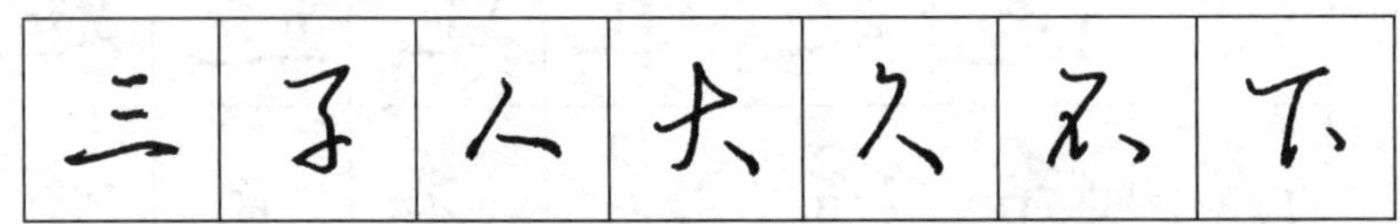

（2）画多结构

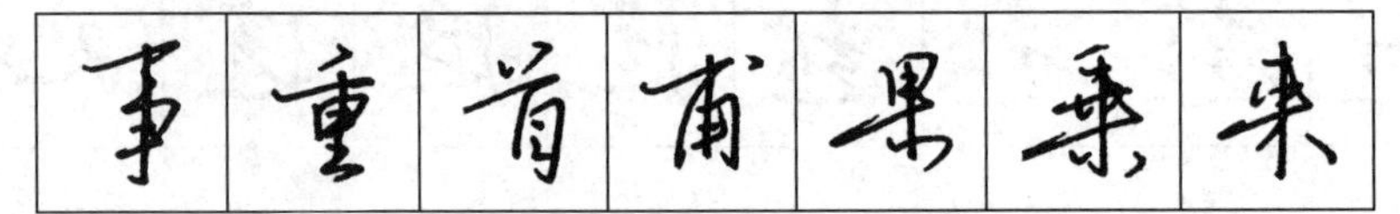

(3) 长方结构

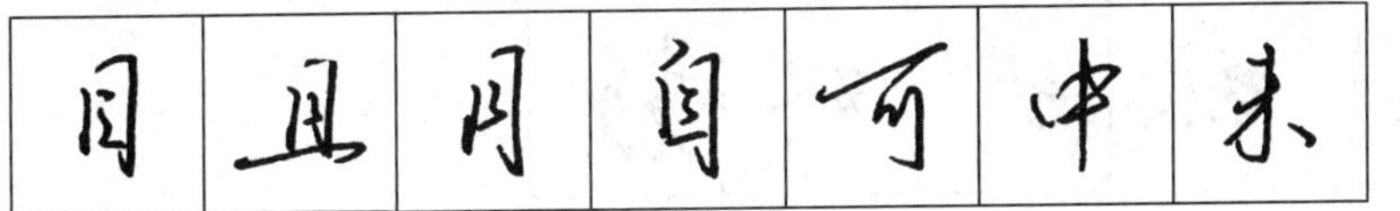

(4) 扁形结构

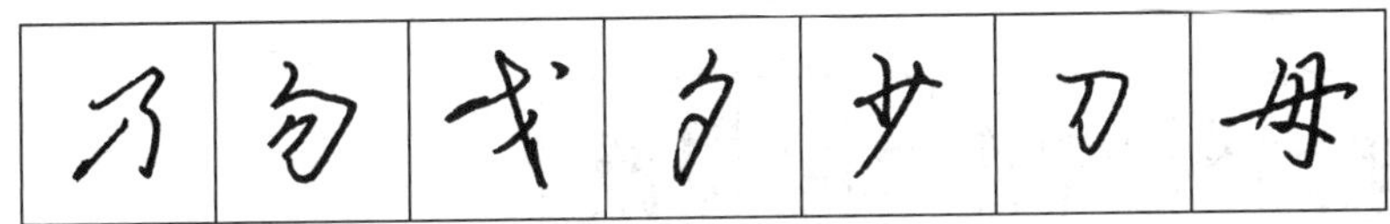

(5) 斜形结构

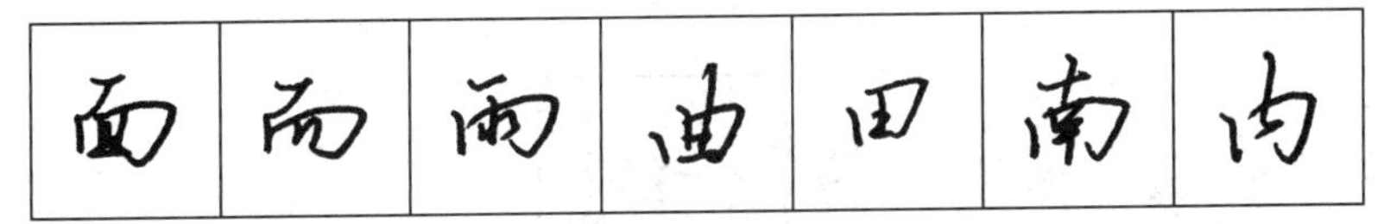

(6) 开肩结构

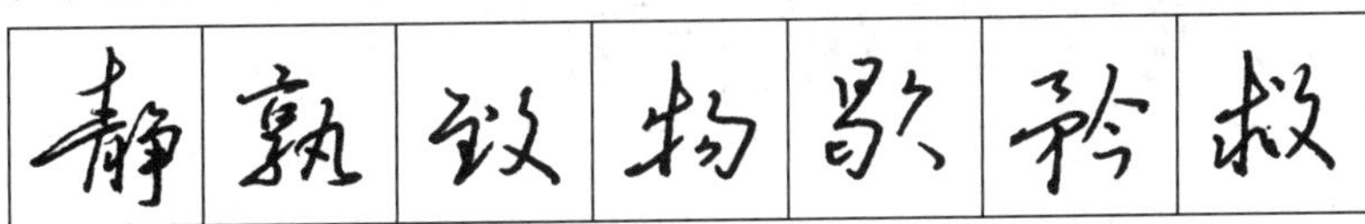

2. 合体字的结构形式

其一，横向结构——左右结构。

(1) 左右均等

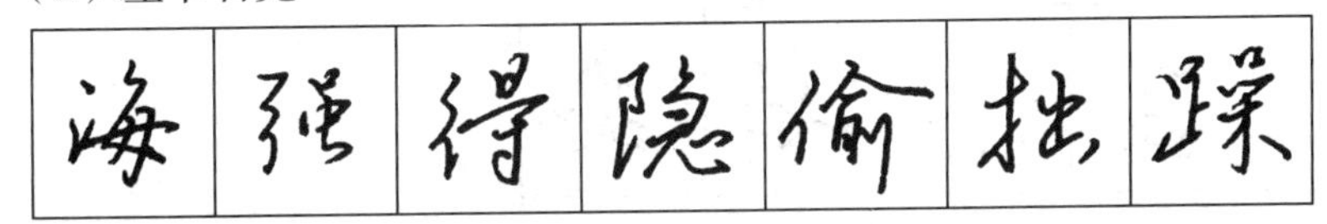

(2) 左窄右宽

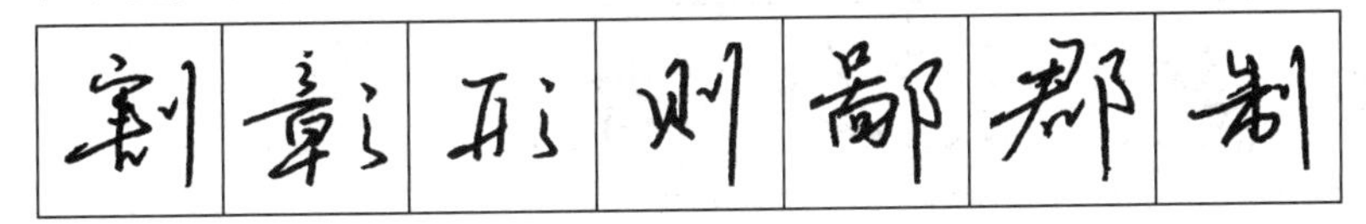

(3) 左宽右窄

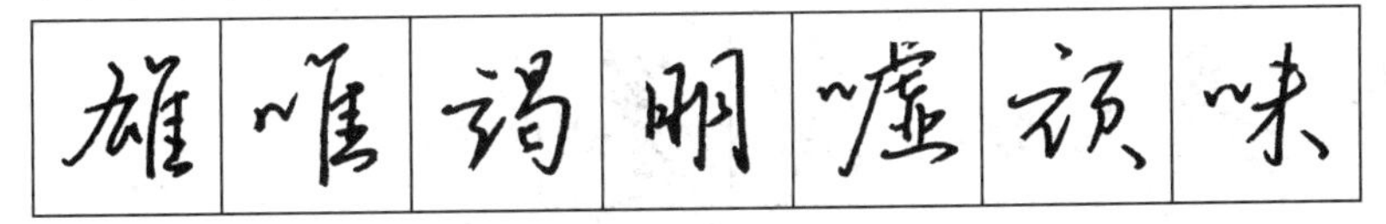

(4) 左矮右高

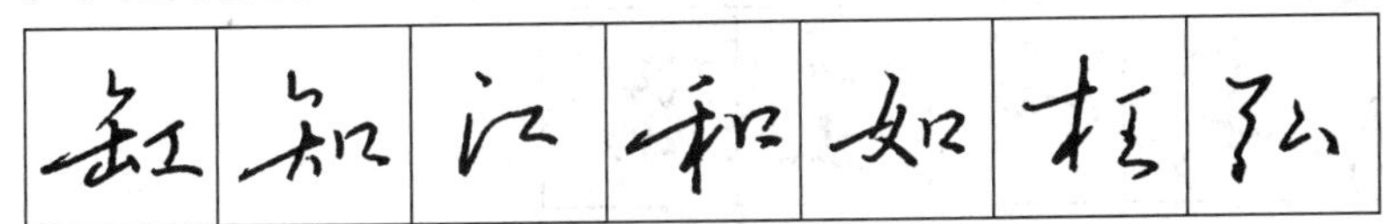

(5) 左高右矮

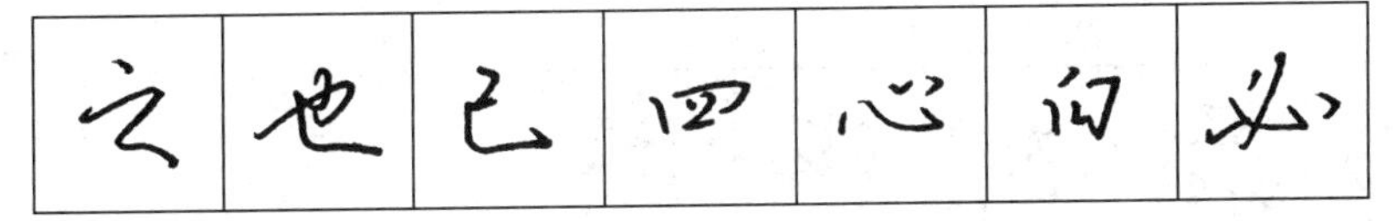

（6）左右相同

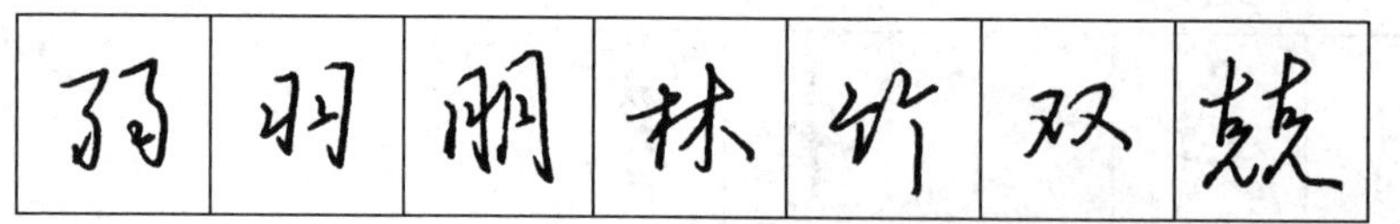

横向结构——左中右结构。

（1）左中右均等

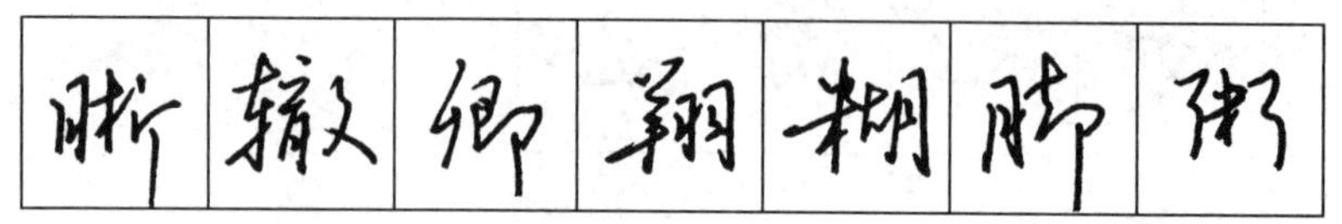

（2）左窄中右宽

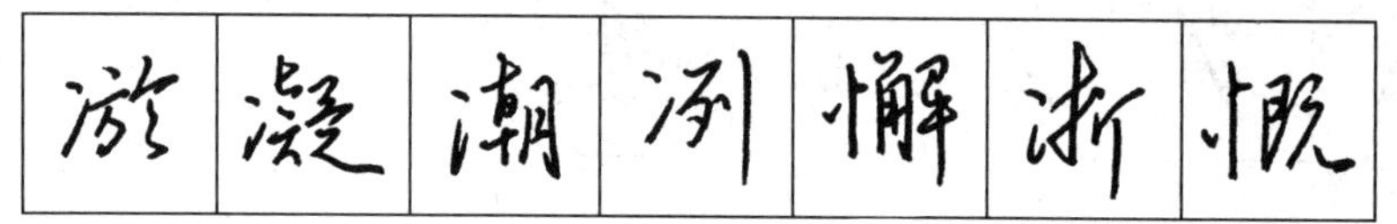

（3）中窄左右宽

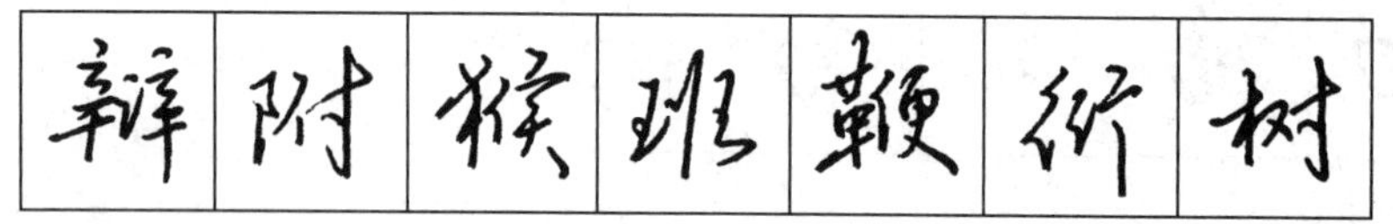

（4）左中窄右宽

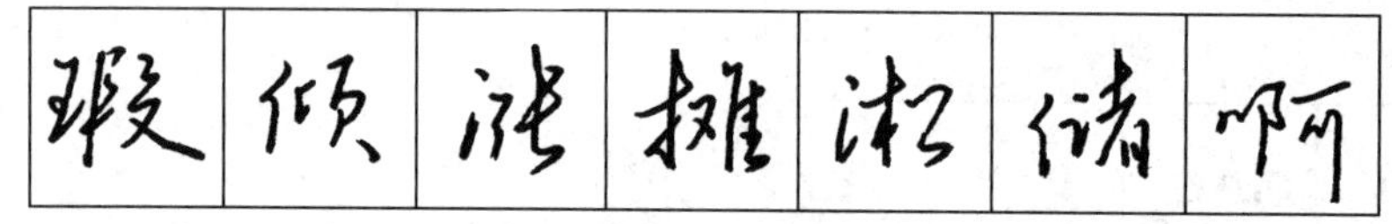

其二，纵向结构——上下结构。

（1）上下均等

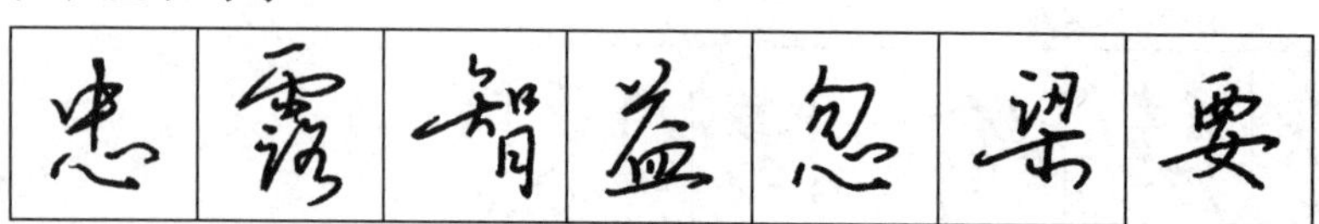

（2）上大下小

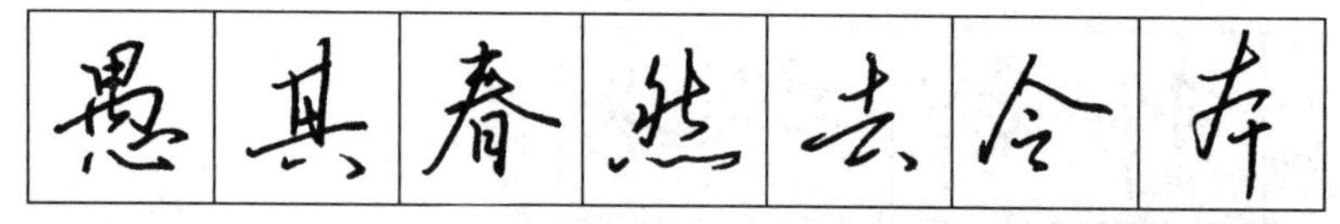

（3）上小下大

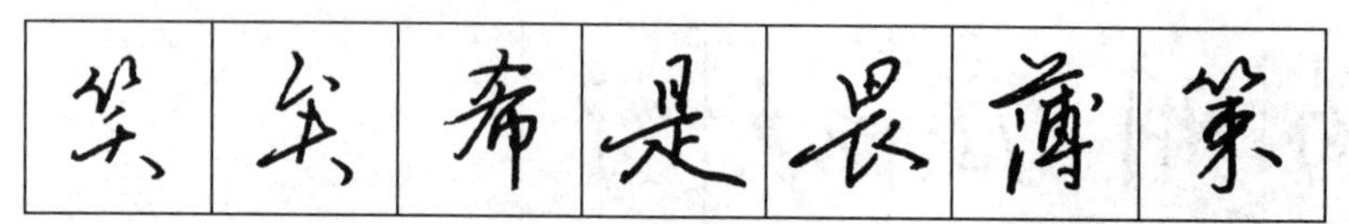

（4）上下相同

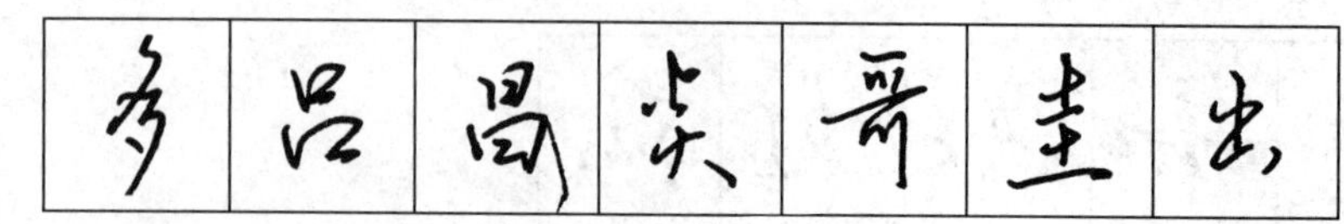

纵向结构——上中下结构。

（1）上宽中下窄

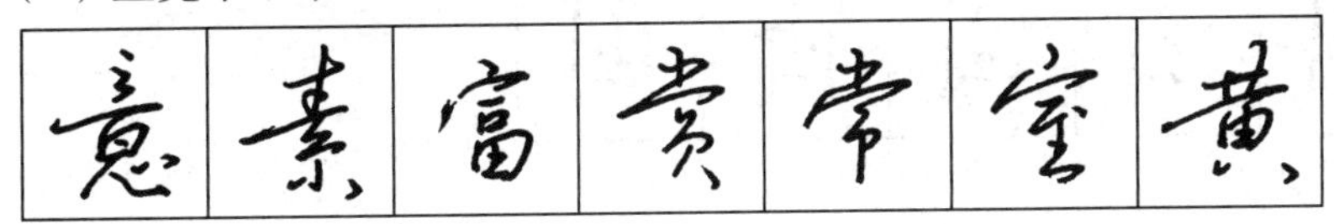

（2）上中窄下宽

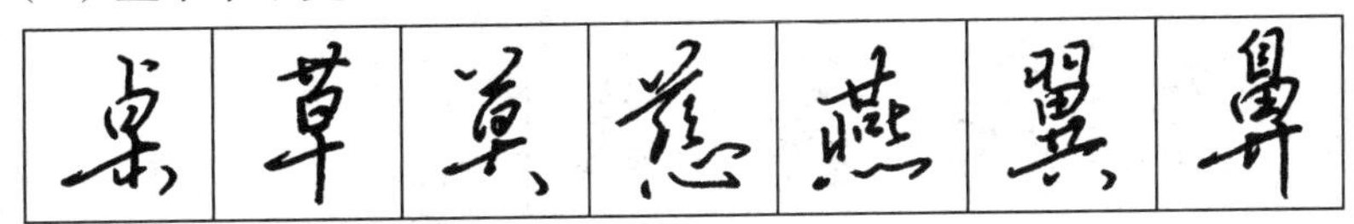

（3）中宽上下窄

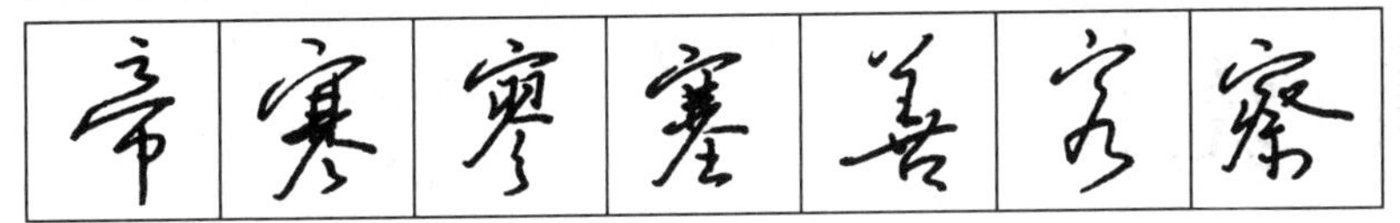

其三，包围结构——半包围结构。

（1）上包下

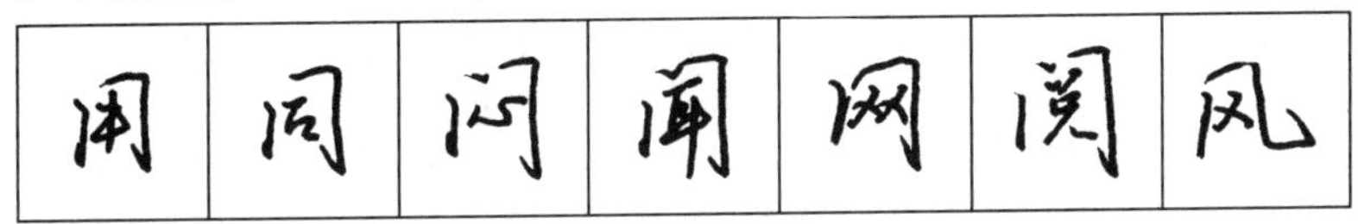

（2）下包上

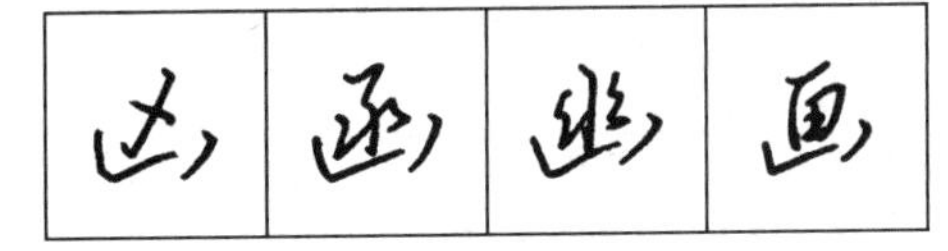

（3）左包右

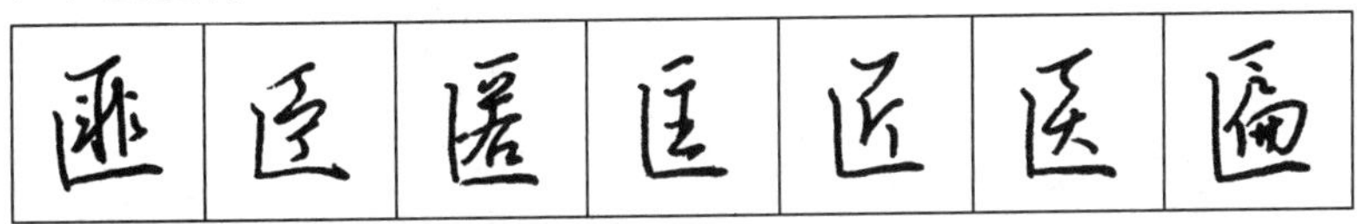

（4）左上包右下

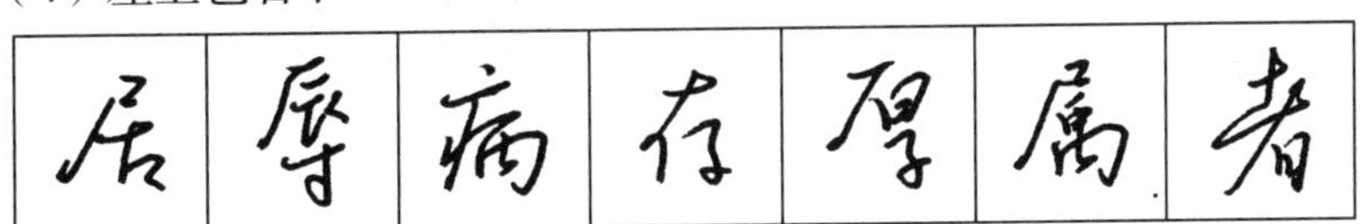

（5）左下包右上

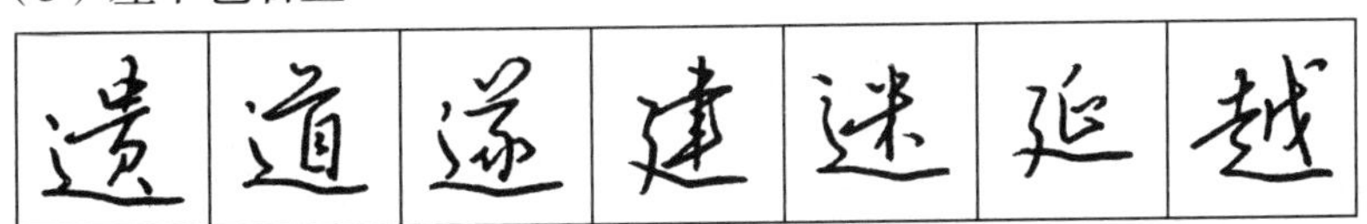

（6）右上包左下

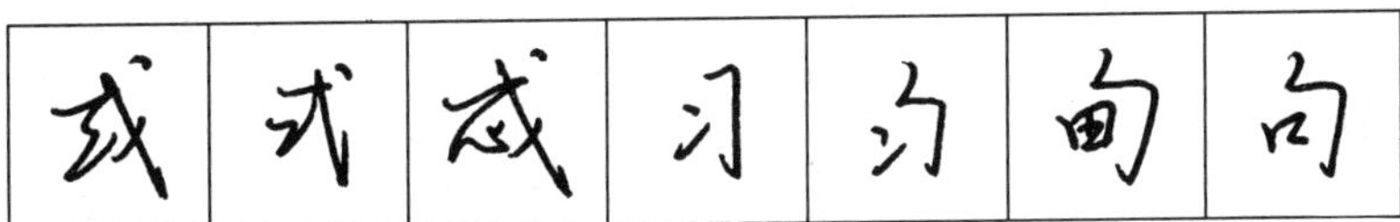

包围结构——全包围结构。

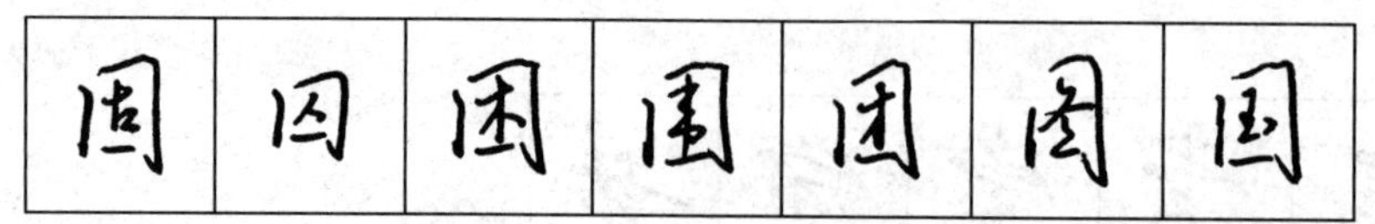

其四，特殊结构。

（1）三角结构

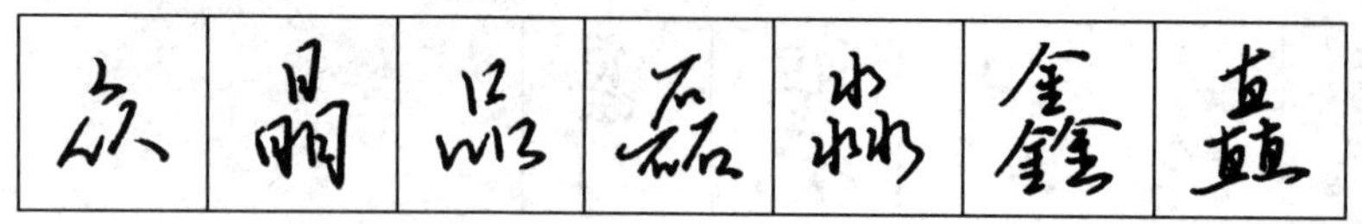

（2）四角结构

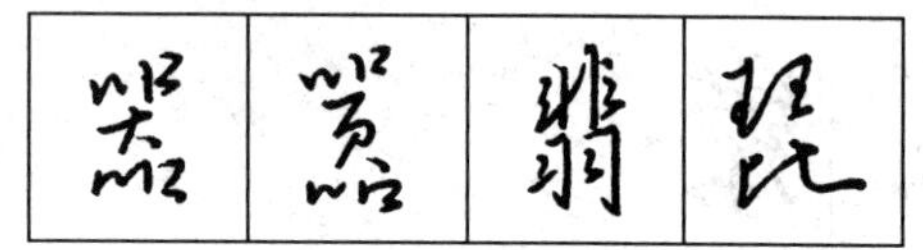

图书在版编目(CIP)数据

书写训练/庆旭,孙中国主编. —2版. —上海:复旦大学出版社, 2021.1(2023.7重印)
ISBN 978-7-309-15441-2

Ⅰ.①书… Ⅱ.①庆… ②孙… Ⅲ.①楷书-书法 ②行书-书法 Ⅳ.①J292.11

中国版本图书馆CIP数据核字(2021)第009163号

书写训练(第二版)
庆 旭 孙中国 主编
责任编辑/谢少卿

复旦大学出版社有限公司出版发行
上海市国权路579号 邮编:200433
网址:fupnet@fudanpress.com http://www.fudanpress.com
门市零售:86-21-65102580 团体订购:86-21-65104505
出版部电话:86-21-65642845
江苏扬中印刷有限公司

开本 890×1240 1/16 印张 10.5 字数 310千
2023年7月第2版第2次印刷

ISBN 978-7-309-15441-2/J·444
定价:35.00元